指文® 战史系列 038

神话、谎言和奇迹

溪山血战

Chien Dich Duong 9-Khe Sanh

胡烨 著

中国长安出版社

图书在版编目（CIP）数据

神话、谎言和奇迹：溪山血战 / 胡烨著 . -- 北京：中国长安出版社，2014.12

ISBN 978-7-5107-0846-6

Ⅰ . ①神… Ⅱ . ①胡… Ⅲ . ①印支战争 - 越南 - 1961 ~ 1975 - 史料 Ⅳ . ① K333.52

中国版本图书馆 CIP 数据核字 (2014) 第 283377 号

神话、谎言和奇迹：溪山血战

胡烨 著

策划制作：指文图书®
出版：中国长安出版社
社址：北京市东城区北池子大街 14 号（100006）
网址：http://www.ccapress.com
邮箱：capress@163.com
发行：中国长安出版社
电话：（010）85099947 85099948
印刷：重庆出版集团印务有限公司
开本：787mm × 1092mm 16 开
印张：15
字数：220 千字
版本：2019 年 1 月第 2 版 2019 年 1 月第 1 次印刷

书号：ISBN 978-7-5107-0846-6
定价：99.80 元

序

越南战争是冷战期间规模最大、持续时间最长的战争。长达20年的战争期间，越南社会主义民主共和国在社会主义阵营的支持下，和以美国、南越、韩国为首的联军进行了持续不断的斗智斗勇，演绎出了冷战期间许多著名的战役战斗——平也战役、同帅战役、巴嘉战役、德浪河谷地战斗、保邦战斗、溪山战役、西贡战役等，其中最有名的莫过于号称越战转折点的溪山战役。

这是一个被美国媒体严重夸大的不实的神话战役。美方宣称，越军以3万余人死亡的代价，把美军逼出了溪山，并扬言这是钢铁火海与人海较量的典型范例，越方不计代价、不惜人命的战法，最终迫使美军“无法承受”。溪山是这么让出的，南越的最终结局也是这样。通过这个谣言，连同德浪河谷地的谣言，编织了一个美丽的神话：美军在越战中从无败绩，只是迫于不惜人命的人海战术不得不退让。这个神话至今仍是普通大众对越战的基本看法，而造成这个看法的根源正是“神一样”的溪山战役。

笔者因工作关系，深悉越南语，也是一名越南战争研究爱好者，通过查阅诸多越南人民军的战史和资料，发现溪山战役并非美军吹嘘的那样是人海和火海的抗争，相反，在这次战役中，越南人民军无论是在战略谋划或战役组织，还是巧妙依托兵要地志运用各种战术打法，乃至士兵的素质，均表现出令人刮目相看的高超水准，许多小部队战斗甚至成为经典战例。更难能可贵的是，长达6个月的厮杀中，越军既给美军造成了惨重的伤亡，也最大限度保存了自己，越美双方的伤亡交换比不过7：6，最终把美军逼出溪山，不能不说是冷战期间最为精彩的战役。

为了写成这次战役单行本，笔者查阅了越美双方资料，并进行了详细对比，最大限度、尽可能客观地还原了这次战役的原貌。如果能以此书为契机，作为越战新的研究起点，那么作者将不胜荣幸。

胡烨

2014年7月10日于南宁

CONTENTS 目录

|第一章|

序幕

溪山地区，位于广治省向化县，面积 32 平方千米，西邻老挝边界，东靠长山山脉余脉。著名的 9 号公路穿寮保，进入溪山地区。这里山高林密，森林覆盖率达 90%，栖息着几十种野生动物，著名的印支虎也活跃在其中。在越南战争前，溪山地区除了法国传教士和法国殖民机构在向化县建立的简易教堂和乡公所外，当地居民多过着刀耕火种、自然经济的原始生活，是一个名不见经传的弹丸之地。可就是这个无名之地，在 1968 年却因一场大战一跃成为世界各大媒体的头版头条，甚至成为美国总统约翰逊关注的焦点。那么这场大战

昔日的溪山机场，现今安静祥和，早已没有了战争的硝烟。

的缘由是什么呢？战争双方为什么要在这个弹丸之地演绎出堪称越战转折点的会战呢？会战的背后究竟隐藏着怎样的故事呢？这一切还要从1954年说起。

1954年，对印度支那半岛来说，是一个不平凡的年份。越南在奠边府和安溪战役获胜后，法国被迫签署了《日内瓦停战协定》，越南以北纬17°为临时分界线，划分成了南北两越。

北方，以胡志明领导的越南劳动党成立了越南社会主义民主共和国，又称“北越”。南方，以吴庭艳领导的天主教派掌权，在美国庇护下成立了越南共和国，又称“南越”。南北两越从建国之初就相互敌视。

吴庭艳一上台，就依靠美国展开的心理宣传战，从越南北方煽动88.7万人南下（其中天主教民76.4万人，包括568名领牧和4名监牧），结合在南方的约百万天主教民，形成了较为稳定的政治民众基础。

在解决了政治民众基础后，吴庭艳又着手建立国家军队。在美国的帮助下，以保大政府军为核心，加上法国远征军编制内的越南籍将士，吴庭艳锐意组建了一支绝对“忠诚”于南越的国家军队，简称南越国军。为了明确建军目的，美国军事训练顾问团给南越国军提出的指导思想是：“摆脱对法国的依赖，坚定肃共。”很显然，南越国军的建军目的就是铲除越南人民军留在南方潜伏的军政干部与战士，把越南南方建成坚定反共的东南亚“自由国家”楷模。

在美国的大力援助下，南越国军于1956年6月初步完成了军队建设。

陆军：拥有4个野战师团、2个轻战师团、13个地方团、5个教派团、1个伞兵团。炮兵由7个营又9个连组成，机械部队由5个团组成，工兵6个营又14个连，运输兵12个连。

空军：100架作战飞机，含训练在内共132架。基地设在岘港、芙拜、芽庄、新山一机场，拥有喷气式F84、F86等机种，运输机主要是达科塔运输机。

海军：2个海军陆战营，1个海军别击连，121艘内河巡逻艇，25艘濒海舰艇，95艘小型登陆艇。海军分成4个军区。

保安军兵力6万人，每个郡由1个连驻守，省会由2个连驻守。

民卫和民事防卫力量相当于我国原先的连乡保甲武装，共有1.2万人，每个民卫队兵力20~25人不等，主要装备栓动步枪和手榴弹。

公安和警察也是从省到郡、坊、乡和村之间活动的南越准军事武装。其中，西贡市区共有1万名警察、公安。截至1956年，越南南方的公安警察密度就达到了每1000人就有1名公安警察的密度。

武装力量建立的同时，吴庭艳还把目光瞄准了宗教势力。在当时的越南南方，和好教、高台教和平川派是最大的武装教派团体，总兵力达14万，仅次于南越国军，是越南南方第二大武装力量，各大教派拥兵自重，对吴庭艳政权构成了巨大的威胁。因此，国军建设工作还没完成，吴庭艳就决心对教派武装宣战。

1955年3月29日，吴庭艳以精锐的伞兵部队向把持着西贡市堤岸区的平川派发起总攻击。南越国军凭借强大的战斗力，加上平川派掌握的警察力量临阵倒戈，很快攻克了平川派的两大根据地之一的堤岸区。为了彻底剿灭平川派，吴庭艳命手下得力干将杨文明

▲南越总统吴庭艳。

少将率部于9月21日进攻平川派第二大根据地——朗萨区，除了七门营逃进同塔梅根据地，在潜伏在南方的越南人民军干部的指导和教育下，逐渐成为越南南方解放军火种外，平川派主力全部被歼。

平川派剿灭战斗的胜利，让吴庭艳信心大增。他马上调转枪口，对和好教发起了丁先皇战役。指挥这次战役的又是日后闻名南越的杨文明少将。杨少将攻势十分猛烈，和好教抵挡不住，很快也被击溃。据南越国军联合参谋本部统计，丁先皇战役中，南越国军战死241人，负伤757人，失踪20人，击毙和好教2600多人，击溃2万人，活捉4000人，基本荡平了和好教武装。

解决了平川派与和好教，吴庭艳采取分化瓦解政策，基本铲除了高台教主力。三大教派武装的铲平，让吴庭艳底气和信心爆棚。接下来，为了实现所谓的“自由、民主”的国家，他提出了三大国策——“驱法、流放和灭共”。简单地说，就是驱赶法国殖民者，废黜保大，消灭潜伏在南方的越南人民军军政干部和战士。

吴庭艳宣布，要和法国切断一切往来关系，从根本上铲除殖民主义留在越南南方的痕迹。他采取的措施包括宣布完全脱离法兰西联邦，撤出法国远征军和所有的法国殖民统治机构，同时坚决消灭法国在越南南方的代理人。通过“驱法”，吴庭艳把自己伪装成了一个所谓的爱国、救国、抗战和完全独立自主的国家政权的领导人，俨然以正统名义在越南南方自居。

接着，吴庭艳宣布流放保大这个末代封建帝王，把自己伪装成为一个自由、民主、反封建的“民主国家”的总统。

第三个，也是引起越战的根本原因——吴庭艳的“灭共”国策。“灭共”政策，从南越建国开始，“灭共”就成为南越的首要“任务”。吴庭艳在完成了驱法和流放之后，迫不及待地开始了他的“灭共”之旅。

为了实现“灭共”的国策，吴庭艳成立了“肃共人民指导委员会”（Hội đồng nhân dân chỉ đạo tố cộng），由他亲自挂帅任会长，通信部、公安部和国防部牵头。这个委员会的任务是“指导”越南南方各省、市、县、乡进行“肃共”。拿吴庭艳的话来说，就是越南南方要做到“见共基层必灭，见共干部必肃”，让南越全体国家公务员都要投入到“轰轰烈烈”的“灭共肃共”行动中，彻底实现“肃共、灭共”国策。

在吴庭艳的指示下，越南南方到处都是

白色恐怖。南越使用国军、警察作为开路先锋，不断对抗法根据地进行扫荡和平定。他们走遍大街小巷，深入乡村，到处击毙和逮捕越共干部，武力掩护和支援南越的各个“肃共”工作队在抗法根据地建立南越基层政权。他们采取的政策是由外向内，再由内向外反复进行多轮扫荡和梳理，不仅在各个村屯建立政权，还反复布下大量眼线和探子，多层全方位密切监控群众，抓捕越共干部。

在残酷的甄别和扫荡下，潜伏在南方的越南人民军军政干部损失惨重。根据越方统计，截至 1958 年底，美吴集团就杀害了 6.8 万多名劳动党员和干部（平均每 5 名党员和干部中就有 3 人被捕，1 人被杀害），革命群众被捕监禁者不计其数，拷打致伤 68 万人，各地党员损失情况不一，具体如下：

在广治省，越南人民军北撤集结的时候，留下了 8400 名党员潜伏，党支部约 100 个。可到 1957 年初，广治省平原地区只剩 7 个党支部和 106 名党员（含 71 名在各县进行游击活动的党员），在山区只剩 70 名党员，其中甘露县和海朗县党支部全灭。

在第 5 联区（1965 年改名为第五军区），截至 1957 年，70% 的乡党员、60% 的县党员和 40% 的省委党员被捕入狱或是被杀害。许多县、乡完全失去了干部领导。其中，广南—岘港的党部在 1954 年 8 月统计时还有 3.5 万名党员，可到 1958 年底却只剩不到 100 名党员还在各县活动。至 1958 年底，整个第 5 联区各省一共才有 10 个党支部。许多县内的党组织已销声匿迹。

在南部平原（也就是日后著名的 B2 阵线），

▲南越副总统杨文明（右）。

1954年8月南部中区共有1.2万名党员干部，到1959年只剩2000人。在美荻省，1957年10月—1958年5月，美吴集团杀害或逮捕了3000多名干部、党员、农会成员和革命群众。到1959年底，在美荻省，领导力量只剩9个支部（周城7个，吉碑2个），18个乡只剩1~2名党员，31个村还有农会。基层党员只剩92名，省县党员200多人。还有500多名党员在周围游走活动。

在南部西区，诸如芹宜、永隆、茶永等省，美吴集团通过绥靖清剿、设屯和控诉，逮捕了51590名党员干部和革命群众，其中杀害了12270名党员干部。

在南部东区，鹅邑、新平和霍门等县的党部遭到美吴集团多次"清洗"，特别是霍门县，1954年还有100名党员，到1958年只剩1名，在鹅邑和新平的党员也从1000人锐减到8人。嘉定省还在活动的唯一一个党支部只剩下新富乡。土龙木省党部从1954年的1270名党员锐减到1956年的260名，许多支部只有3位党员，更多的乡支部绝迹。整个南部平原的党员数量从1954年的6万锐减到1959年的5000人。

吴庭艳的外交部长陈文度狂妄地宣称："我们百分之百地铲除了共区。"

如果继续坐视吴庭艳政府执行"灭共"政策，彻底铲除潜伏在南方的最后一点火种的话，那么北越再想统一国家也就很困难了。在这种情况下，越南社会主义民主共和国做出了一个影响印度支那格局20年的决定——开辟长山公路（即"胡志明小道"），正式掀开了越战的序幕。

第一节　特种战争

1959年1月，越南社会主义民主共和国在河内召开了扩大十五中全会，做出了开辟南北战略运输线，出兵越南南方的决定。5月19日，是越南"国父"胡志明的生日，这一天负责向南执行战略运输任务的559兵团正式宣告成立，首任司令员、越南农机局局长武禀大校在河内潘定慧大街25A号成立南向军事运输指挥机构，统一领导559部队和南向物资调拨业务。

从这一刻起，越南人民军的大量物资和兵力，通过长山山脉源源不断地运抵南方，挽救了最后的火种，并开始对吴庭艳政权进行反击。经过一年的力量积蓄，越南南方在1960年爆发了全民总奋起。北方打响了还击吴庭艳政权的第一枪！

1960年1月26日，在西宁市7千米的多海据点。越军以第60连、第59连（不满员）、第70连、特工80连、西宁省地方部队1个排、平川部队1个排，计300人，在阮友川（指挥长）、梅支寿（政委）、武强（副指挥）、黎清（副指挥）指挥下，奇袭了南越国军第21步兵师所属的32步兵团（兵力1694人），在自身仅装备法制MAS步枪、英式恩菲尔德步枪和几十枚地雷，以及8挺轻机枪的情况下，依靠战术突然性,以7死12伤的代价攻克了多海据点。南越国军第32步兵团伤亡160人，大部分将士溃逃，丢失大量武器装备：点45柯尔特手枪62支，汤姆森冲锋枪22支，卡宾枪173支，M1加兰德半自动步枪451支，勃朗宁自动步枪57支，点30重机枪5挺，BKP60 78挺，81毫米迫击炮1门，喷火器1具，57毫米无后坐力炮4门,以及大量电台——E8电台8部、PRC6 6台、SCR300 3台、大型电台BD71 5台。

多海大捷振奋了越南南方军民。很快，全民奋起席卷整个越南南方，到1961年，越南南方解放军（美方称为“越共”）成立，南方解放区内人口一度达到了600万之多，约占南越1300万人口的一半。这种燎原之势，引起了美国和吴庭艳政权的恐慌。为了扑灭南方的烈火，新任美国总统肯尼迪派斯塔利和参谋长联席会议主席马克斯维尔·泰勒上将到南越视察形势。斯塔利和泰勒两人提出了著名的“斯塔利—泰勒”计划,采取特种战争和“战略村”计划，预计在18个月内平定越南南方。肯尼迪总统对斯塔利和泰勒的计划坚信不疑，很快于1961年11月批准了这项计划。

在南越，已是焦头烂额的吴庭艳似乎也把“战略村”计划当成救命的稻草，不假思索就全盘采纳了泰勒的计划，把“战略村”定为继“灭共”后的又一个国策。“战略村”计划的展开，一开始给在南方蓬勃发展、大力建设根据地的越军确实造成了很大的打击，根据地人口很快锐减一半,减少到300~350万左右，越军根据地发展陷入了低潮。

为了粉碎美吴集团的“战略村”计划，越军急需加大向南方运输兵力和物资的力度，而要达到这个目的，就必须扩展老挝境内的长山公路战略运输走廊，特别是要彻底控制9号公路。但是，公然入侵老挝违反了日内瓦协定，怎么办？就在越南人为如何扩展战略运输走廊发愁的时候，天上掉下来一个大馅饼——老挝发生了内乱！

1960年8月，贡勒大尉指挥的老挝王国皇家陆军第2伞兵营，打出巴特寮旗号，在万象宣布起义，加入巴特寮阵营。万象起义震惊了老挝。右派的富米·诺萨万和文翁集团迅速调集兵力，在泰国皇家陆军一部出兵支援的情况下，对万象实施反攻。贡勒大尉一边指挥伞兵2营在万象和老泰联军巷战，一边向巴特寮求援。巴特寮也不含糊，立即向越南中央政治局请求出兵老挝，协助巴特寮扩大根据地，并反击老挝右派军队。

踏破铁鞋无觅处，得来全不费功夫。越南人民军一直冥思苦想的出兵老挝的借口，就这么轻易获得了解决。大喜过望的越南中央政治局立即指示越南人民军总部火速出兵老挝。1960年11月，越南人民军西北军区和第4军区全部行动起来，先是一部分军事干部和105毫米榴弹炮、120毫米重迫击炮分队赶到万象，支援贡勒的伞兵2营战斗。接着，西北军区的第316、335步兵旅（1960年裁军，316师缩编为旅），第4军区的325步兵师和第271步兵团，以及大量工兵、炮兵、通信兵、运输兵总计4万人开进老挝，配合巴特寮部队，向老挝右派军队发起攻击。

从1960年底到1961年4月，越南人民军在巴特寮部队配合下，先后解放了丰沙里、桑怒、川圹省全部和琅勃拉邦省大部分地区，后又抢在日内瓦会议关于老挝内战停火的协议达成前，对南寮—9号公路地区发起了进攻战

▲老挝内战给了越南人民军有效控制长山山脉的绝好机会。

役。至1961年5月3日停火期到来前，越南人民军突破了老挝右派军队沿9号公路一百多千米的防线，把具有重要战略意义的7号、8号、9号、12号、20号公路全部收入自己囊中。更为重要的是，《老挝内战停火协议》规定，在停火期到来时各方控制区得到签约国的安全保证，而美国恰恰是这次停火协定的签约国，这也意味着老挝境内的长山公路在整个战争中不会遭到美军的地面进攻，这是美国在越战中最大的政治失败，也是北越巨大的政治胜利，直接为越战最终胜利奠定了基础。

有了战略运输走廊地面不受美国入侵做保证，越军南下规模一年比一年大。从1963年初开始，越军在整个南方掀起了轰轰烈烈的破击“战略村”行动，开始越来越多地和南越国军正面交战。1963年1月2日的北村大捷，宣告越军初步具备了打M113装甲运兵车冲击战术的能力。经过一系列战斗，越军逐步扭转了1961—1962年的不利态势，和南越国军逐步进入了相持态势。

所谓此消彼长，越军逐步有利的同时，南越国军的情况则每况愈下，清剿行动屡屡受挫，装甲运兵车冲击战术不灵，直升机机降战术也一败再败，缴获武器越来越少，损失兵力和武器却越来越多。根据南越国军联合参谋本部统计的数字，1962年南越国军伤亡1.3万，丢失武器4800件；1963年，南越国军伤亡1.9万，美军死76伤421人，损失武器8300件；可到了1964年，仅前11个月，南越国军的伤亡就达到了26210人，美军死116伤851人，

▲越军持续不断的作战行动，给南越国军造成了越来越多的伤亡。图为1963年8月5日在西贡12千米外的德和被越军击伤的南越国军士兵。

丢失武器 11735 件。

连续不断的胜利，让越南人民军的信心日益高涨。从 1964 年 12 月 2 日开始，越南人民军在阮志清大将、黎仲迅少将、陈度少将指挥下，连续发起了安老战役、平也战役、归仁袭击战斗、波莱古机场破击战斗、巴嘉战役、同帅战役、19 号公路战役，连续获得了 7 次大捷。在这 7 次战役中，南越国军损兵折将近 1.5 万人，仅 1965 年前 7 个月南越国军就伤亡了 2.3 万。照这个伤亡比例打下去，南越国军崩溃在即，美国特种战争战略面临彻底破产。要挽救南越形势，唯一办法就是美军介入。在这个艰难的关头，美国总统约翰逊"果断"决定，正式介入越南南方的地面战争，采取以美军为主的联军实施"局部战争"，以强大的现代化武器装备和常规战略战术，与越南人民军捉对厮杀。这是美军自朝鲜战争后，又一次在亚洲进行地面战争，而结局却完全不同。

第二节　云祥到德浪河谷地

面对越南人民军掀起的冬春季攻势，美军当然不会坐视不管。在平也、归仁和波莱古大捷后，美国海军陆战队第 3 师 3500 人于 1965 年 3 月 8 日在岘港登陆，并迅速进驻岘港附近的朱莱基地。美军的出现，并没有让越军退缩。越南人民军还是继续他们的战略攻势，连续又获得了巴嘉、同帅和19号公路大捷。越军连战皆捷，让美军坐不住了。特别是朱莱基地的美军，直接面对的是巴嘉大捷的越军主力——第五军区第1步兵团（别号“巴嘉团”，是越南人民军第2步兵师绝对主力团）。

越军巴嘉战役的胜利让美军陆战3师情何以堪！从8月开始，陆战3师通信营持续捕捉到巴嘉团的电波信号。通过无线电定位和缴获的文件，陆战3师师长里维斯·沃尔特少将准确判明了巴嘉团正在距朱莱基地24千米的云祥村休整。8月15日，南越国军第2步兵师团长亲自来到陆战3师师部，沃尔特通报了一个重要敌情，声称巴嘉团1名叛逃的战士供认，该团准备对朱莱基地发动大规模进攻。天真的沃尔特少将不经核实，就对南越国军提供的情报照单全收。

在他的命令下，陆战3师迅速召开战地会议，决定先发制人，对云祥村实施机降和登陆立体进攻，具体作战由陆战7团团长皮特罗斯上校指挥。参加战斗的兵力约4000人，包括9辆M48“巴顿”主战坦克、4辆M-67喷火坦克和8辆安托斯六管无后坐力自行火炮，并得到6门155毫米榴弹炮、2门8英寸榴弹炮以及5个飞行中队的支援。

相比武装到牙齿的美军，越南人民军第五军区第1步兵团却寒酸得可怜。该团是第五军区两大主力团之一，编制为40、45、60、90步兵营，以及3个分别装备迫击炮、无后坐力炮和12.7毫米高射机枪的助战连，还下辖通信连、工兵连、特工连、侦察连、运输连

▲1965年3月8日，美国海军陆战队9团3营在岘港西北的红色2号滩头登陆。

和卫生连，总兵力2300人。打完巴嘉战役后，第五军区第1步兵团移驻平山县周围乡村整训干部，补充装备编制和训练部队。重点是总结巴嘉战役经验，并依据这次战役经验推广新的袭击战斗模式。为了研究下一阶段作战，越南人民军准备在1号国家高速公路西面开辟新的战场，第五军区第1步兵团团长黎友渚少校和4位营长，以及所有连长、团指营指主要机关参谋人员前往第五军区司令部参加干部培训。留守部队的只有团政委阮定仲少校和各营政委,以及营参谋长和各连副连长、指导员。

对越军第五军区第1步兵团的实际位置，美军的判断也是错得离谱。实际上，在云祥村（平天县平海乡）的只有第1步兵团团指。40营在平山县平通乡，60营在平山县平基乡，45营在平山县平安乡，90营在山靖县山光乡，81毫米迫击炮连在平天县平海乡安泰2村，团无后坐力炮连在东河，团属12.7毫米高射机枪连在清水乡。

由于对越军第五军区第1步兵团兵力部署位置判断出现了严重的失误，加上越军早有战斗预案，因此美军进攻一开始就碰了壁。8月18日06点30分，陆战3团3营K连一登陆就直面越军1团团指，越军1个工兵排（15名指战员）迅速展开队形，占领阵地，顽强阻击了30分钟，挡住了K连冲击，成功掩护团指安全转移。

在陆战4团2营机降方向，第60步兵营5、6连和平山县21连依托四通八达的交通壕和43高地进行了坚决阻击，给美军造成了不小的伤亡。为了击破越军3个连的抵抗，让陆战4团2营取得突破，美军又匆忙用16架H34直升机在富永附近实施机降，把预备队投入战斗，企图用2个陆战营的兵力，合力吃掉越军3个连。然而，美军的进攻还是没有成功。

虽然越军只有3个连又1个排的兵力投入战斗，而美军已经把全部战斗兵力都投入了战斗，可占据兵力压倒优势的美军始终没有

▲1965年8月17日，星光行动，美国海军陆战队的安托斯自行无后坐力炮登陆云祥半岛，准备反击。

吃掉越军哪怕1个连的兵力。根据60营营指的报告，团政委阮定仲少校于08点00分果断命令第40步兵营投入战斗，配合第60步兵营夹击陆战4团2营，力求吃掉美军一部，同时指示第45步兵营和第90步兵营做预备队，等待夜幕降临再对美军发起总攻。这个部署可以说十分正确，简单地说，就是先以部分兵力缠住和消耗对手，待对方筋疲力尽后再投入预备队冲击，一举结束战斗。

09点30分，根据阮定仲少校的命令，第60步兵营又把7连和8连相继投入战斗，4个连协力奋战，挡住了美军2个陆战营对至村的攻击。其中，7连指导员阿润表现出色，他熟练使用各种步兵武器，用火箭筒击毙了多名美军，指挥部队顽强阻击美军陆战4团2营进攻。在60营拼死战斗的同时，肩负着配合第60步兵营，吃掉陆战4团2营任务的第40步兵营也投入了战斗。然而，40营的运气不好，冲在最前面的1连刚刚运动到禄多村外围开阔地，就被美军武装直升机和喷气式战斗机发现，而且他们还撞上了增援陆战4团2营的陆战7团3营和9辆M48“巴顿”式主战坦克和大量安托斯六管无后坐力自行火炮。40营1连眼看没法实现对陆战4团2营的包夹任务，只得就地转入打坦克战斗。战斗中，1连用B40火箭筒（56式40火箭筒）和反坦克钢珠手榴弹猛烈攻击坦克，打坏了2辆M48坦克，一度还给美军步坦战斗队形造成了混乱。这时，2连赶了上来，在2连火力掩护下，1连勇敢冲进美军战斗队形中，但遭到美军猛烈火力拦阻，损失很大，冲击受挫。3连的运气也不太好，还没冲过禄多村，就被美军航空火力击中了战斗队形，被迫在2连右翼展开，协助60营6、7连正面抗击陆战4团2营的进攻。

看到40、60营全部兵力投入战斗也没能吃掉或重创美军，而且在美军进攻压力下，云祥村失守在即，团政委阮定仲少校果断决定撤出战斗，率部转移。美军在付出了54人战死、204人负伤的代价后，终于占领了空空如也的云祥村。越美双方在南越的第一战——云祥战斗就这样落下帷幕。双方都宣称取得了胜利，美军声称这次战斗击毙越共668人，俘虏19人，缴获步兵武器109件。越军声称云祥战斗，第1步兵团歼敌800多人，并巧妙跳出了美军包围圈，是谓“云祥大捷”。实际上，这次战斗，越美双方都蒙受了较大的损失，战术上是不分胜负的平手，战略上越军在兵力火力悬殊的情况下，巧妙跳出了美军的包围圈，是胜利的一方。因此，从战略战术角度综合考虑，云祥战斗确实是越军得分，美军失分。

云祥战斗就像水中投下的石块，往四周掀起层层波纹，很快在各个战场引发了效应。美军方面，受到星光行动“胜利”的鼓舞，加强了对越军各个根据地的扫荡行动。越军方面，受到“云祥大捷”的振奋，认为美军不过如此，于是积极寻求战机对美军实施大规模进攻。在这种背景下，双方很快爆发了第二次对决，也就是越军口中的1965年第九次大捷。

对美国远征军司令威斯特摩兰上将来说，云祥战斗并没有引起他多大的兴趣。在他看来，南越最危险的地方不在北部，而恰恰在南部东区和西原。其中，南部东区包括福隆省、平隆省、隆庆省、福绥省（今头顿省）、巴地省、平阳省（原先的土龙木省）、边和省、西宁省和平绥省，以及西贡—嘉定特区，这里是南越的政治、军事和经济中心，首都西贡就位

◀1965年8月17日，星光行动中，美国海军陆战队的一架直升机把1门107毫米迫击炮送上阵地。

于其中。从 1965 年起，越南人民军集中主力，连续对南越国军进行了几次致命的打击。

1964 年 12 月 22 日—1965 年 1 月 4 日，越南南方解放军第 1 步兵团在第 2 步兵团的配合下，突然插到 2 号联省公路，在地方部队巴地省 445 连的配合下，对福绥省天主教居民聚居地——平也战略村发起攻击。

这次战役，越军采取攻点打援战术，先攻克平也战略村，然后留下少量兵力据守，1 团退到周围设伏，首先把前来救援的南越国军别动军第 33 营 2 个连大部分歼灭，然后又通过击落 1 架美军直升机，迫使南越国军海军陆战队第 4 营 2 个连赶来救援，以 2 团设伏，干净利落全歼了海军陆战队 2 个连。最后，当南越国军认为越军连续取得了 3 次胜利，肯定已经撤军的时候，越军突然在 2 号联省公路设下埋伏，重创了南越国军装甲兵，一举击毁 3 辆 M24 霞飞坦克和 2 辆 M113 装甲运兵车。平也战役的结果：越军 2 个团战死 92 人，负伤约 350 人；南越国军伤亡 445 人。1964 年 12 月 4 日到 1965 年 1 月 4 日这一个月以来，南越国军损失创下 1959 年以来的最高峰，共计伤亡 4050 人，其中战死 990 人，负伤 2070 人，失踪 990 人，丢失武器 2050 件。由于这次胜利，越南南方解放军第 1 步兵团获得越南中央军委授予的“平也团”荣誉称号。

然而，平也战役的结束，并不意味着南越国军的苦日子结束，越军依旧继续在越南南方对南越国军掀起全面攻击。据南越联合参谋本部统计的数字，1965 年 1 月南越国军战死 975 人，失踪 450 人，丢失武器 1785 件；2 月战死 870 人，失踪 1450 人，丢失武器增加到 2590 件；3 月战死 730 人，负伤 1585 人，失踪 665 人，丢失武器 1355 件；4 月伤亡 2310 人，丢失武器 745 件；5 月伤亡 3855 人，丢失武器 1505 件。

在南越国军连续遭到打击、前5个月损失惨重的时候，越南人民军决心选择福隆省，集中平也团和第2步兵团发起福隆—贝江战役（后改名为“同帅战役”），拔掉同帅军事支区。6月9日21点45分，担任主攻的第2步兵团在2门75毫米山炮和2门无后坐力炮支援下勇猛冲击，以重大伤亡攻克了同帅军事支区，接着又和平也团一起顽强打击南越国军第7步兵团1营、伞兵7营和别动军52营反扑，重创了南越国军。这次战役，南越国军败得比平也还惨。前往增援的第7伞兵营在同帅附近的橡胶园遭到伏击，参战的470名将士只剩159人，第7步兵团1营也损失近半数兵力。战役末期，为了挽救败局，威斯特摩兰上将竟然下令美国陆军第173空降旅从龙头转移到福隆市的福永机场，准备用美军来救援南越国军。面对美军的增援，越军主动结束战役，撤出战场。战役结束后，南越国军打扫战场，发现尸横遍野——战死416人，同时负伤174人，失踪233人，清点到对方尸体不过126具。实际上，越南人民军为了这次胜利也付出了惨重的代价，总计损失约600人，主攻的第2步兵团就战死了134人，负伤290人（计424人的代价）。但，这毕竟是一次出色的拔点攻坚打敌反扑救援的经典战例。为了表彰第2步兵团的胜利，越南中央军委授予第2步兵团“同帅团”荣誉称号。

平也战役和同帅战役的胜利，让美军彻底意识到南部东区形势危急。为了稳定形势，威斯特摩兰上将把美国远征军三大精锐——第1机械化步兵师（大红一师）、第25步兵师（热带闪电）和第173空降旅调到南部东区，准备对越军进行大规模清剿。

在美国陆军的战斗序列里，大红一师是绝对的精锐王牌之师。该师全副机械化，火力猛，机动性强，是驻欧全训师，战斗力绝非驻日美军的半训师可比。把大红一师放在南部东区，足以说明威斯特摩兰上将对西贡受到威胁的重视。截至1965年11月，美国陆军第1机械化步兵师在南部东区一共集结了8个机

越南南方的越军采取主力部队、地方部队和乡村游击队三种武装力量形式蓬勃发展人民战争。图为活跃出击的隆安省1营。

械化步兵营、2 个野战炮兵营，师长是越战名将希曼（Seaman）少将。为了有效拱卫西贡，美国陆军第 1 机械化步兵师在西贡西北呈扇形展开，进行半径 55 千米的地毯式搜剿，他们的任务是和驻平阳省的南越国军第 5 步兵师团、驻后义省的南越国军第 25 步兵师团，以及隆庆省的南越国军第 10 步兵师团相互配合，重点打击越南南方中央局所在地的西宁省——阳明珠根据地和南部东区的越军主力部队。

面对美军咄咄逼人的攻势，南部东区的越军主力进行整合，以适应大规模战争的需要。1965 年 9 月 2 日，越南人民军南方部队的第一个师——第 9 步兵师在平隆省成立，下辖第 1 步兵团（平也团）、第 2 步兵团（同帅团）和第 8 军区所属各营合并组建的第 3 步兵团，师长是在奠边府战役中担任第 312 师 209 团团长的黄琴大校。

黄琴大校是越南人民军中的传奇将领。他于 1947 年参加越南人民军，边界战役前先后参加了粉碎法国远征军入侵北浒省越北中央根据地的越北秋冬季战役、泸江战役、滔江战役、黎洪峰一号战役。在边界战役中，他率领第 209 团 130 营主攻东溪，协助阮友安的 174 团 426 营顺利克城。接着，在红河中游战役的保竹歼灭塞尔加尔营的战斗中，黄琴亲率 130 营侦察排摸进敌阵，打乱了塞尔加尔营的部署，为 141 团和 209 团在保竹盆地吃掉塞尔加尔营立下了汗马功劳。可东北战役的冒溪一战，却让黄琴遗恨终生，面对约 130 人的土族武装，209 团 130 营使出吃奶的劲，也没能攻克冒溪煤矿，反而全团蒙受了 400 人的损失。好钢不怕锻，经历了冒溪之耻的黄琴指挥能力有了明显提高，越战越勇，在李常杰战役（312 师进攻义路）中表现出色，全歼了法军第 8 殖民地伞兵营 1 个连。和平战役期间，由于团长阮鹏和团参谋长阮勤在战前侦察中遭到法军伏击光荣牺牲，黄琴由 130 营营长升任 209 团团长，他出色指挥了 209 团在和平战役中获得了宁米—同江运动伏击战的胜利，这是越南人民军在和平战役中获得的唯一一次干脆利落的运动伏击战全歼战例。随后，他又在西北战役、桑怒战役中屡立战功，历史性的奠边府战役中，他的 209 团拔兴兰高地，克 D2 高地，攻 506 高地，活捉德卡斯特里少将，是奠边府战役中表现最耀眼的步兵团。由于出色的表现和卓越的指挥能力，1961 年黄琴升任第 312 步兵师师长。在任上，黄琴大校兢兢业业，肩负着总部的希望，严格按照总部要求的训练大纲，对第 312 步兵师以总部直属总预备队的标准进行训练。在他的努力下，第 312 步兵师的战斗力更上一层楼，同时还奉总部的命令抽调 5 个营南下越南南方，参加抗美救国战争。1964 年 10 月，奉总部的命令，黄琴大校把师长职务交给黎清大校，自己则开赴越南南方，担任越南南方解放军参谋长，协助黎仲迅少将和陈度少将先后指挥了平也战役和同帅战役。特别是同帅战役，更是黄琴的得意之作。鉴于黄琴的能力，越南中央军委在组建南方第一个步兵师——第 9 步兵师的时候，特地任命他为第一任师长。

狭路相逢勇者胜，两勇相斗智者胜。越南人民军第 9 步兵师一成立，他们面对的就是美国陆军最精锐的王牌——第 1 机械化步兵师。究竟战斗力谁更强，答案很快就会揭晓。

1965 年 11 月 10 日，为了策应南越国军第5步兵师团的清剿行动，美国陆军第1机械化步兵师师长希曼少将计划沿13号公路实施扫荡，配合南越国军5师团的作战，顺便对保邦战略村进行民事"问候"。这个任务就交给了第1机械化步兵师3旅加强2营，营长是乔治·舒菲尔中校，兵力编制为2营的D、E、F连，以及第4装甲骑兵团1中队A小队、第33炮兵团2营C排支援。舒菲尔中校计划很巧妙，白天扫荡，黄昏龟缩防守。

跟在南越国军第5步兵师团7团屁股后面行进2天后，舒菲尔中校决定在保邦战略村周围沿着13号公路组织三个环形防线：装甲骑兵和炮兵在保邦战略村北面展开，D连在南面，他的营指和D、F连居中。可就在各部按照这个计划组织阵地的时候，舒菲尔中校却临时改变了决定，把炮兵和装甲骑兵撤到保邦战略村南面，让D连位置北移，使中央的2营本部和炮兵、装甲骑兵联合组成较为宽大的箱形防御地带（横宽300米，纵长400米）。

老早就得到美军情报的黄琴大校（13号公路是平隆到福隆省的重要交通路线，沿途多为越军老根据地）一直密切注意舒菲尔的动向。不过，黄琴对敌情过于高估，情报显示美军压过来的是3旅全部兵力并得到2个装甲骑兵中队的支援，兵力约2500人（超出美军实际兵力的5倍以上）。16点00分，侦察兵向黄琴报告，美军在保邦和同索之间的区域，在没有坚固工事可依托的情况下，用坦克

▲M113装甲运兵车在越南战争中大显身手，特别是在1963—1965年给越军造成了很多的麻烦。

装甲车围成钢铁环形阵，步兵躲在阵内依托钢铁巨兽保护。对于这种“有利”的态势，黄琴意识到这是一个打运动进攻的绝好机会，在向陈文茶中将报告战斗决心后，迅速获得了上级批准。黄昏前，黄琴大校把第1步兵团和第2步兵团所有团营指挥干部召到师指开会，首先通报美军主力在保邦战略村北部展开（此时美军已经把炮兵和装甲骑兵向南转移），一部兵力在保邦战略村南面到同索之间展开。黄琴的战斗决心是用第2步兵团（同帅团）在第1步兵团（平也团）1营的加强和第9步兵师炮兵与上级加强炮兵的支援的情况下，对美军发起攻击，采取运动进攻打法，以期全歼美军主力。

为了确保首战的胜利，黄琴大校展开了2个作战方案：第一方案是夜间集中兵力打掉保邦战略村北面的美军主力，第二套方案是先打保邦战略村南面的美军机群，然后白天视情况战斗。他要求全师要先按第一套方案打，然后白天视情况决定是否继续战斗。这是越军第9步兵师对美军的第一战，黄琴大校显得格外重视，他把主攻任务交给了第1步兵团1营，在战前特地给该营补充兵力，增加到400人。火力装备为：8具喷火器、2门57毫米无后坐力炮、2门81毫米迫击炮、2挺重机枪和2门60毫米迫击炮。G时（越军的进攻发起时刻）定为24点00分。

接到任务，第2步兵团团长谢明钦少校和政委阮文光少校一合计，决定以第1步兵团1营为先锋，急行军赶到保邦战略村北部，采取梯次攻击战法，奔袭美军。利用月光映照，第1步兵团1营沿着指定路线，扑向保邦战略村北部。然而，当1营抵达指定位置时，却发现目的地没有敌人。

第1步兵团1营没有气馁，马上改变战斗决心，按照第二套战斗方案向南朝同索方向摸去。在1团1营南下不久，第2步兵团也抵达了保邦战略村北部目标区，但他们的主观能动性不强，团长谢明钦少校没有遵照黄琴的命令改变方案，而是下令部队撤回集结位置待命。更糟糕的是，第1步兵团1营和第2步兵团指挥所失去了联系，没能及时把自己的行动告之2团，导致配合失当。

11月12日05点00分，第1步兵团1营经过艰难的搜索，终于在同索北面发现了舒菲尔战斗群。1营没有犹豫，立即展开战斗队形，准备以1、3连兵分两路，2连为预备队，调上8具喷火器和2门57毫米无后坐力炮，在2门81毫米迫击炮和2门60毫米迫击炮的支援下，把手榴弹捆在一起形成集束手榴弹，力求打破美军坦克装甲车，冲进美军战斗队形（当时，1团没带B40火箭筒）。

就在1营进行战斗准备的当头，他们和2团电台终于恢复了联系。1营长陈南雄上尉立即向2团团长谢明钦少校和阮文光少校报告情况，并请求在06点00分打响进攻。谢明钦和阮文光同意1营的决心，并立即把美军新的位置通报给撤退到集结位置的2团各营，并要求2团所有能够联系得上的部队，务必抓紧时间赶到战场，全部投入战斗！

在谢明钦和阮文光的严令下，第2步兵团各单位刚刚回到集结位置，还没喘上口气，就扔掉一切与战斗无关的负重，赶往保邦战略村南部，参加战斗。06点00分，1团1营发起了攻击，81毫米迫击炮和60毫米迫击炮连续发射了45枚炮弹，作为炮火准备，掩护

1 营冲击。

遭到越军攻击，舒菲尔战斗群的官兵们训练有素，立即组织猛烈拦阻火力。其中，第4装甲骑兵团1中队A小队的3辆M113装甲运兵车正面对敌，直接冲向1营进攻战斗队形，一边开车，一边用1挺车载12.7毫米重机枪和2挺车载7.62毫米轻机枪朝越军猛烈扫射。1团1营在美军反击下，打得十分艰苦，伤亡很大，虽然陈南雄上尉把预备队2连也调上来投入战斗，可仅仅冲到距美军阵地不足40米就被挡住了。

就在陈南雄上尉对战斗僵持感到绝望的时候，第2步兵团5营和6营赶到了战场。在两位营长——阮文纲和云登的率领下，5营和6营沿着13号公路从侧翼对舒菲尔战斗群发起猛烈攻击。关于5、6营的战斗情况，越美双方描述迥然不同。《越南人民军第9步兵师战史》（2012年版）第57页描述："5营和6营从两个方向对进夹击美军，对敌人造成了分割包围态势。"美军战史描述："在第三次冲击中，又一群越军从东南穿过13号公路冲击我军防线，但再次被舒菲尔战斗群击退。07点00分，越军又发起第四次冲击（显然，在美军眼里，5营和6营的攻击分别是独立方向的战斗），显然他们是接到了黄琴大校的死命令，蜂拥向南穿过保邦的护堤和从战略村附近的一片丛林冲出。在迫击炮、无后坐力炮和自动火力的掩护下，他们给美军造成了一定的麻烦。"

在越军眼里，5营和6营的冲击，已经"动摇"了美军防线，于是陈南雄上尉命令黎天少尉率1个步兵排迅速突破美军防线，直插美军指挥所和炮兵阵地。对黎天步兵排的勇战，

◀美国陆军装甲骑兵在越战中使用包括M113装甲运兵车、M41轻型坦克和M48重型坦克在内的坦克装甲车驰骋疆场。图为在保邦战略村周围纵横冲杀的美军M113装甲运兵车。

美军战史予以了肯定：“特别是一个敢死队突破了美军的防线，冲进来向1个榴弹炮阵地猛砸手榴弹，炸死2名炮手，炸伤4人。”遗憾的是，这是整个战斗中越军唯一一次突破美军防线的战斗。接下来，当第1步兵团1营试图利用黎天少尉的穿插继续进攻时，却在美军阵前30~50米处再度遭到猛烈的炮兵火力和步机枪火力拦阻。特别是美军第33野战炮兵团2营C排用2秒延时引信高爆弹，采取把炮口压到最低在直瞄距离平射的战法，连续轰击55发，打退了第1步兵团1营的最后一次冲击。在地面激战的同时，美国空军的天袭者攻击机也临空攻击，支援舒菲尔战斗群。最初，他们的火力打偏了方向，炸弹落进保邦战略村，炸死了部分平民。但舒菲尔中校很快引导机群调整了打击方向，协同海军航空兵的A4天鹰攻击机对保邦战略村附近护堤投下集束炸弹和凝固汽油弹。在美军强大炮火和航空火力打击下，越军实际上已经打不动了。可《越军第9步兵师战史》仍在打肿脸充胖子：“黎天同志率领的24名勇士打掉了敌人第3步兵旅指挥所，切断了敌人的有效通信联络，美军开始乱作一团，四散动摇。1团1营迅速前进，占领了美国陆军第1机械化步兵师3旅指挥所和敌炮兵阵地。接着，我军乘胜追击，继续消灭残敌。09点00分，3团8营和9营也投入战斗。战至11点，我军完全控制了整个阵地。美军在莱溪基地的炮兵和飞机疯狂而残酷地轰击试图毁灭阵地。在这种情况下，师指下令各单位收缴战利品，然后迅速撤出阵地。”事实的真相是，美军连续出动天袭者和A4天鹰攻击机后，又调来1个F100小队进行战场攻击，迫使越军主动撤出战斗，战场恢复了平静。

这是南部东区美越双方第一次大规模交战。双方损失都不轻：美国陆军第1机械化步兵师3旅2营统计，自己战死20人，负伤103人，2辆M113装甲运兵车和3辆安托斯自行无后坐力炮车被击毁，3辆M113装甲运兵车被重创，战场清点到146具尸体。《越军第9步兵师战史》第58页记载：“美军第1步兵师、大红一师的2个步兵营、2个坦克装甲车支团、1个炮兵连和第3步兵旅指挥所全部被我军消灭，美军伤亡超过了2000人，39辆坦克装甲车8门火炮被我军击毁破坏。我师牺牲109名干部和战士，负伤200人（其中3团牺牲30人，负伤58人），其中黎天同志指挥穿插攻击美军第1机械化步兵师的3旅指挥所的24名干部与战士全部壮烈牺牲。”

这次战斗结束后，越军大肆吹嘘自己的胜利。在军史中，越军声称，这是一次史无前例的大胜，仅仅几个小时的交锋，美国陆军最善战的精锐机械化步兵师就丢掉了2000多名美军官兵。对这次战斗的“胜利”，越军上下欣喜若狂。黄琴在回忆录中描述了战斗结束后，他向陈文茶汇报的情况：

当他见我朝他走去时，惊奇地问道：“你们打（保邦）了吗？”

“我们已经打了，战斗结束了。”我答道。

“战斗怎么这么快就结束了？他们可是美军啊！（战斗）结果如何？”他急切地问道。

“十分理想。”

陈文茶笑了，他抓住我的手再次紧握，并说道：“我们得赶紧回去，把这个好消息告诉阿清（阮志清大将）。”

作为长期以来大兵团集中作战的拥护者，阮志清大将大喜过望。“我已经收到你在保邦打美军的捷报，”战斗结束后，他特地对黄琴大校和陈文荼中将强调，“我兴奋得简直难以入眠……（这次胜利）标志着我军在对美军第一轮交手中就获得胜利！我祝贺你们。”阮志清还通知黄琴大校，越南南方中央局和越南南方解放军司令部决定，由于这次战功，将授予黄琴一级军功章。

保邦战斗和早期与美军的各次战例一样，让阮志清大将更加确信，只要敢于和美军打近战，那么敌人并不像想象中的那么可怕。阮志清认为，美军步兵害怕近战，而这却是越军最擅长的。“揪住敌人的衣领狠狠地揍他。”他声称，“美军最怕和我们的战士打近战。”

遗憾的是，越军对这次战役的“胜利”价值估计过高。实际上，在整个战斗过程中，他们打击的目标仅仅是美国陆军第1机械化步兵师3旅2营营部、D连、装甲骑兵1个小队和1个炮兵排，总兵力不到250人。美越实际战斗兵力对比仅1:10。在这种情况下美军能保持严密的阵形，没有被越军突破，一直坚持到空中支援到来，最终粉碎了越军的大规模冲击，并获得约1 ：3的伤亡交换比，无论从战略还是战术角度来看，都说明美国陆军第1机械化步兵师训练有素，战斗力强悍，是当之无愧的赢家。

不过，云祥和保邦战斗并不算特别吸引眼球，真正引起世界关注的，是美联社记者盖洛威妙笔生花写出的德浪河谷地战斗，这是美国陆军在1965年经历的规模最大、伤亡最大的战斗，也是越南人民军在1965年对美作

▲在德浪河谷地机降的美国陆军骑兵7团1营。

战最大的胜利和骄傲。

德浪河谷地，地处波莱美—宝浒—德古—波莱切围成的方形区域，面积约 12 平方千米，距波莱古 45 千米，平均海拔 400~500 米，往南延伸到柬埔寨边界的朱邦山脉（海拔 732 米）。谷地植被多以灌木丛和高高的大象草（美军称为阔叶高草）组成，高约 0.7~1 米，给越军隐蔽接敌，实施战斗突袭创造了极为有利的战场条件。

这里是西原军区（B3 阵线）的老根据地，也是长山公路沿 19 号公路周围秘密战略运输走廊的一部分。从战略位置和地形来看，此地既是越军必须死守的地方，也是发挥他们运动进攻优势的绝好战场。1965 年 10 月底，在第 33 步兵团南下赶到战场后不久，西原军区决定发起波莱美攻点打援战斗。在原第 325 步兵师师长、现调任西原军区副司令员兼参谋长的阮友安大校的指挥下，第 320 步兵团对波莱美的南越国军别动部队发起攻击，形成了围困之势。为了应对波莱美危机，美国陆军第 1 骑兵师从平定省归仁市赶赴波莱古省的安溪市，并向波莱古机场运送了上千吨技术装备。美军的调动，给越军造成了很大的压力。西原军区判断，美国陆军第 1 骑兵师很可能以波莱古机场为中心，对 14 号公路和 19 号公路沿线的越军战略运输走廊分支和第 33 步兵团后续行军纵队，甚至沿线分布的越军各个兵站和仓库区实施垂直机降打击。如果真是这样的话，将对西原军区后方重要根据地——德浪河谷地构成重大威胁。

西原军区党委和司令部召开紧急作战会议，决定在美军拥有同时在几个点机降和很可能突袭西原军区后方根据地——德浪河谷地的情形下，利用美军单次直升机兵力投送最多只能投送 2 个连的限制，以及二次兵力投送时间窗口大的弱点，对波莱美实施围而不打，隐蔽集结兵力在德浪河谷地，把美军骑兵 1 师吸引到德浪河谷地，然后予以打击。

不过，计划是好的，可越军也有自己的难处——第 33 步兵团还没有赶到战场，第 66 步兵团位置在波莱美附近，需要调整部署急行军赶到德浪河谷地待机。第 66 步兵团经过连续不断的行军，丝毫没有得到任何休整，部队体力透支，健康程度大幅下降，弹药和粮秣也没有得到补充，而且从团长兼政委罗玉州中校到普通战士均对敌情一无所知。

由于时间紧，任务急，第 66 步兵团 7、8、9 营赶到德浪河谷地时并不满员，每个营平均只有 80% 的兵员，约 400 人。抵达目的地，第 66 步兵团围绕朱邦山展开了布防：团指在松村北面，7 营在朱邦山东南的松 2 村，8 营在波比，9 营在朱邦山东北。

1965 年 11 月 11 日，西原军区司令员朱辉珉少将和阮友安大校给第 66 步兵团团长罗玉州中校交待任务，要求该团对胆敢进犯德浪河谷地的美军实施围歼战斗。一次战斗用 4 个营来打，这是西原军区从来没有过的大手笔，也表明了朱辉珉和阮友安打歼灭战的决心。在战前部署过程中，阮友安大校根据美军直升机机降投送兵力和运输补给的作战特点，要求第 66 步兵团组织 10~12 个飞机猎杀小组（每组 3~5 人），装备 56 冲锋枪和轻机枪，编织一张绵密的直升机猎杀网。

罗玉州中校接到任务自然不敢怠慢，回到团指立即召开紧急会议，决心以 8 营在 1 个装备 12.7 毫米重机枪的火力连加强下，首先前出埋伏到08–96区域，对美军第一波机降部队实施打击，掩护在朱邦山周围的第66步兵团7、9营和第33步兵团3营展开兵力，对美军实施围歼战。

计划是好的，可实施的时候却出了纰漏。11月13日拂晓前，8营在营长黎春丕大尉率领下，穿过朱邦山东北区域，前往08–96区域设伏。11点00分，朱里山脉的越军观察台突然发来一个莫名其妙的报告，称美军在08–96区域机降了一个小分队侦察，然后又迅速撤走了。实际上，美国陆军第1骑兵师7团1营并没有在这天行动，可这个错误的报告却让罗玉州开始却步。他担心伏击计划泡汤。为了避免暴露目标，他命令黎春丕撤回波比休整待机，9营停止前进，转而给第66步兵团团指和7营背粮。同一天，第33步兵团1营赶到第66步兵团和第33步兵团防线结合部，但没有做好战斗准备。可以这么说，越军战前拟定的计划就因观察台的误报而错失良机。罗玉州不知道的是，哈罗德·穆尔第二天就将对他实施打击。越军的这个错误导致初战的被动。

1965年11月14日清晨，位于波莱宁索的美军炮兵群突然对朱邦山脉东北地区进行猛烈的炮火准备，B52战略轰炸机也和武装直升机一起扑过来，对可疑的越军阵地实施火力打击。10点00分，在哈罗德·穆尔中校率领下，美国陆军骑兵7团1营2个连在02–90–9区域（美军地图代号X光）着陆。其中，美军1个排的兵力在第66步兵团9营营指附近着陆后，直接扑向了9营11连阵地。美军机降之初，9营浑然不觉大难将至，直到营指前不到500米处警戒的哨兵被美军射杀，9营

▲德浪河谷地之战是美国陆军在越南进行的第一次大规模直升机机降作战，实际效果却不尽人意。

营指才发现大事不好，美军摸上来了。

当时，第66步兵团9营营指可谓一片混乱：营长阮文定大尉前往团指领受任务，营参谋长正为准备邦美蜀1号作战（Ban Mê Thuột）而亲自组织战场实地侦察，营政委在12连检查工作，营副政委随同营长在团指。美军进攻时，营指最高级别的指挥员是营作战助理——阮幸中尉。

虽然当时9营没能在第一时间围绕朱邦山脉部署好防御阵势，但不明敌情的美军也没有冒进。利用美军的犹豫，阮幸中尉当机立断，命令留在9营营指的所有干部，包括女卫生员、书记员、通信联络兵，迅速在营指前沿占领阵地，依托野战工事坚决阻击美军，保障营指安全。

9营营指战斗打响不到5分钟，南面的13连听到枪声就及时运动过来，配合9营营指打保卫战。13连的及时救援行动，也得到了15连的响应，该连立即组织全部兵力从西北方向果断冲击美军。11点00分，9营营长阮文定大尉带着11连和12连部分兵力终于赶了回来，从南面投入了战斗。在1门82毫米迫击炮连续对美军攻击队形组织射击的支援下，9营11、12、13、15连从各个方向朝美军两路进攻部队实施猛烈冲击。在越军4个连兵力采取小群多路（每路2个班到1个排不等）战术的突击下，美军骑兵7团1营两路进攻部队疲于应付，被迫退却。特别是几乎要冲到9营营指位置的美军1个排（应该是指萨威杰步兵排）被击退，让9营营指转危为安。17点00分，连续被越军压迫攻击了一天的美军，为了遏制越军的突击，使用空炮火力对越军各路进攻战斗队形疯狂轰击。为了避免不必要的损失，越军主动脱离战场：11、12、15连往西北方向撤往坤渚小溪，13连撤往7营方向。第一天战斗下来，9营宣称歼灭美军150人，击落1架天袭者喷气式战斗机，粉碎了美军打掉9营营指的企图。

13连在撤往7营的路上碰到了营政委，抵达7营营指又遇上了团长罗玉州中校。似乎是对自己错过了昼间战斗的不满，9营政委一面向团长罗玉州中校介绍9营的战斗和敌情，一面积极求战。团长罗玉州中校也看出来，目前的情况是“歼灭美军的好时机”，遂命令13连以1个排的兵力夜袭牵制住美军，13连主力迅速归建9营，同时命令7营做好战斗准备，接替9营投入对美军的攻击，做到打则必胜。

接到罗玉周的命令，7营营长黎先化上尉不敢怠慢，赶紧在松2村收拢兵力。除了3连奉派继续参加背粮任务外，1连和2连已经集结完毕。按照9营的通报，黎先化对战场情况判断如下：在被9营重创后，美军分成2个集群，采取环形防线固守，天上飞机不断空投伞降照明弹，地面炮兵不断对环形防线外围实施炮火封锁，防范越军夜袭。尽管如此，罗玉州中校和黎先化上尉依旧决心趁夜狠狠打击美军。

11月14日21点30分，第66步兵团7营营长黎先化上尉下令对9营东面的美军骑兵7团1营主力展开攻击。为了打好这次夜袭，罗玉州中校命令7营1连和2连，在15连2门82毫米迫击炮支援下，实施攻击。22点50分，在迅速完成一切准备后，7营1连、2连以及15连边出发边动员组织部队，给指战员们传达作战任务和通报9营基本战斗经验（不

越南南方特殊的大象草地形给越军带来地利隐蔽优势，同时给美军的搜索造成了不小的麻烦。图为在德浪河谷地大象草中搜寻的部队。

过，1连和2连出发上路的兵力并不满员，而是各留下15人照顾病号，各连投入战斗的兵力约为100人）。

虽然名为夜袭，可因7营1、2连在夜间迷了路，加上美军的炮火封锁，越军直到11月15日凌晨05点00分才找到美军骑兵7团1营的位置。在距美军阵地约150米处，配属7营的15连2门82毫米迫击炮迅速架起，对美军骑兵7团1营主阵地连续射击14弹，作为炮火准备。接着，7营1、2连展开战斗队形，以班排为单位，分成8个方向对美军骑兵7团1营实施小群多路渗透冲击，搞不清越军进攻兵力的美军被打昏了头。第66步兵团7营2连2排在1个机枪班加强下，以3具B40火箭筒、6挺RPD–5机枪、3挺轻机枪和13支56冲锋枪勇猛冲杀，迅速撕开了美军的防线，直插美军骑兵7团1营指挥中心位置，把哈罗德·穆尔吓了一跳。

在2连2排中心开花的鼓舞下，1连和2连1、3排蜂拥而入，不到10分钟就全面撕开了美军骑兵7团1营的环形防线，双方展开极为激烈的混战和近战拼杀。至09点45分，由于7营1连和2连兵力不足（仅200余人），加上美军战机疯狂实施对地攻击（也就是黑斯廷斯呼叫“断箭”密语，招来大批美机，对原本人数就处于劣势，但却勇敢实施攻击的越军实施猛烈攻击）。7营营长黎先化上尉被迫下令撤出战斗，对美军实施围困监视，等待3连赶来，再调整部署发动第二次攻击。第一次冲击结束后，黎先化命令1连抽调3排和2门60毫米迫击炮埋伏在美军骑兵7团1营环形防线外围，专门伏击在美军骑兵7团1营主阵地降落的直升机，遏制美军的补给品运输和伤员撤退作业，给美军制造困难。同时，他还命令在德浪河谷周围的10~12个飞机猎杀小组迅速赶来，配合1连3排和2门60毫米迫击炮，加入对美军直升机起降的封锁和袭扰战斗，准备调整部署实施第二次冲击。各飞机猎杀小组和执行封锁任务的1连3排又2门60毫米迫击炮表现出色，宣称击落了4架直升机。

11月15日17点30分，美军为了补充损失，又机降了2个连，并收容士兵尸体。趁着这个机会，越军组织了一轮迫击炮急袭射击，宣称打坏2架直升机。在1连3排（含2门60毫米迫击炮）和各个飞机猎杀小组的努力下，撤出战场的7营1连和2连得到了喘息的机会，黎先化上尉对第一次冲击感到十分满意，踌躇满志准备第二次进攻。

遗憾的是，截至傍晚，3连（含2门82毫米迫击炮）都没能赶到和7营主力会合。眼看夜幕降临，心急如焚的第66步兵团团长罗玉州中校根据目前美军分成2个集群（骑兵7团1营主力和B连2排）分别构筑环形防线固守的情况，决定先以1连1排在2门82毫米迫击炮支援下，于当夜组织果断袭击，扰乱美军防线，待3连投入战斗后，再对美军实施各个击破。

俗话说来得早不如来得巧，罗玉州中校刚刚布置完任务，就惊喜地看到3连（含2门迫击炮）到了。20点00分，3连刚刚背粮返回驻地，气都还没来得及喘上一口，就接到了准备参加第二次攻击的命令。经过2个小时的紧张准备，22点00分，3连在7营作战助理黎清中尉和1连1排部分战士带路的情况下，踏上战场。由于准备仓促，连长、副连长和正副指导员在行军路上，分工跑遍全连各排班，向排班组干部和普通战士传达7营1、2连战斗经验和当夜的作战任务，并明确了对美军的战斗打法，那就是强调小群多路，每路兵力不得超过2个班，冲击战斗中必须散开队形，冲进美军阵地后以班和组（越军1个班9人，一个战斗组3人）为单位，班长和组长负责掌握部队，与美军贴身混战，争取打乱美军的阵地组织，在肉搏拼杀中大量杀伤美军。

11月16日凌晨02点15分，第66步兵团3连和1连1排靠近了美军骑兵7团1营白昼阵地位置。发起战斗前，3连连长裴毅中尉向营长黎先化上尉报告了情况，并请求指示。黎先化没有犹豫，下令“打”。裴毅马上下令展开战斗队形，3连和1连1排呈疏散搜索队形，从5个方向小群多路扑向美军阵地。然而，抵达白昼美军阵地位置时，裴毅却发现阵地上空无一人。难道美军跑了吗？这个怀疑笼罩心头，不过要跑也没那么简单，朱里山脉的越军观察台盯梢很紧，如果美军乘直升机撤退的话，观察台应该会通报。美军肯定没跑，一定是夜间收缩防线了！

聪明的裴毅马上命令部队继续搜索，10分钟后果然发现了美军阵地。激动的裴毅赶紧给黎先化上尉报告最新情况，黎先化的答复依旧是：“打，给我狠狠打！”为了给3连鼓劲，黎先化还命令伴随战斗的2门82毫米迫击炮务必把携带的所有炮弹打光。于是，21发82毫米迫击炮弹划出一道道弧线射向了美军骑兵7团2营B连（迪杜里克连）阵地，这是7营在整个德浪河谷地战斗中最大限度的炮火准备了。在短促的爆炸声中，裴毅下令3连攻击美军第一集群（骑兵7团1营主力阵地，主攻方向2营2连），1连1排攻击美军第二集群（似乎是美军骑兵7团1营迫击炮阵地）。

然而，关于这次进攻的描述，越美双方却相差很大。《第304步兵师作战经验汇集》第107页“第66步兵团波莱美运动进攻战例”

记载道："发起攻击不到10分钟，1连1排就像小刀切黄油一般地插进了美军迫击炮阵地，破坏了美军3门迫击炮并夺取了部分阵地，有力支援了裴毅的3连对第一集群的主攻。在3连方向，3排一开始弄错了方向，错过了最初的战斗，而1排和2排的反复冲击又被美军骑兵7团2营2连打退。眼看当晚进攻有受挫之虞，03点00分，晃了一圈的3排总算搞对了方向，这一插直接切入了美军骑兵7团1营营指位置附近。然而，美军的拦阻火力还是太猛了，3连3个排虽然拼命展开队形，轮番实施班排级别渗透冲击，但始终没能突破美军的拦阻火力网，在损失了半数兵力后被迫退却。"

实际上，越军这次进攻完全没能突入美军阵地，在骑兵7团1营和萨威杰排极为顽强的抵抗下，第66步兵团7营3连冲击以失败告终，这是德浪河谷地战斗中第66步兵团唯一一次进攻失利。

对3连的表现，罗玉州中校很是失望。11月16日上午，他命令损失较大的7营暂停攻击，退出战斗。用了一夜的时间研究敌情后，罗玉州决心使用7、9营全部兵力，在11月17日展开攻击，可当越军再度摸到美军阵地时，却发现哈罗德·穆尔中校的骑兵7团1营已经撤退了。

第一次德浪河谷地战斗就这么草草地结束了。7营宣称歼灭美军250人，击落6架直升机。在总计3天的战斗中，第66步兵团相继投入了7个连的兵力（其中包括2个火力连，实际战斗的步兵连只有5个，战斗兵员不足600人）。损失方面，根据《第66"波莱美"步兵团团史》第77页记载："11月15—16日的战斗中，7营牺牲55人，负伤98人。"美军方面，骑兵7团1营2天战死了79人。从交换比来看，第66步兵团7营用如此少的兵力连续战斗，能给予美军如此大的打击，比起保邦战斗第9步兵师使用6个营的兵力都没能解决掉美军哪怕1个加强营，确实是个漂亮的大捷。可无论是西原军区司令员朱辉珉少将和副司令员阮友安大校，还是第66步兵团团长罗玉州中校，都对这次战斗结果很不满意，因为战斗结果并没有实现西原军区战前设想的歼灭战要求。

不过，第66步兵团很快就撞上大运。骑兵7团1营从空中撤出了战场，可麦克代德中校的骑兵7团2营却进入了德浪河谷地——上级给他们的命令是从陆路撤出战场——这给了第66步兵团第二次战斗的机会。

说起骑兵7团2营营长麦克代德中校，好歹也是参加过朝鲜战争的老兵，可他选择的撤退路线却是往西北方向，从越军第66步兵团和第33步兵团结合部的松村和生村之间的三岔路方向往坤渚溪撤退。这是个致命的决定，直接要了骑兵7团2营的命。

路上，美军碰到了越军第33步兵团1营1连的一个防空警戒组（3人），抓俘了2名越军战士，可第3名战士却侥幸逃回，及时给第33步兵团1营报信。接到报告，第33步兵团1营没有犹豫，马上让陈明进中尉带着1连赶到坤渚溪边波比桥，准备拦截美军。

与此同时，罗玉州中校也接到了朱里山脉的观察台报告，称美军开始向坤渚溪方向转移。真是个天赐良机！因没有吃掉骑兵7团1营正一肚子火的罗玉州当即命令8营营长黎春丕大尉带领全营官兵赶赴松村和生村三岔路口，拦截美军。出发前，阮友安大校特地传达了西原军区的命令——第 66 步兵团要不惜一切代价，吃掉这股美军！

当时，8 营齐装满员，兵力 483 人，下辖 3 个步兵连（6、7、8 连）和 1 个火力连，并得到 1 个 12.7 毫米重机枪连（6 挺 53 式重机枪，每挺 2000 发子弹）加强。在军区先前拟定的战斗计划里，8 营就是主攻营，结果却落在了后面。这让黎春丕他们憋着一口气。现在终于得到主攻的机会了，大家都摩拳擦掌，恨不得立即消灭美军。士气可鼓不可泄，黎春丕抓紧时间定下了战斗决心：遇敌即战，不管美军兵力多少，都要展开全营兵力，猛烈果敢攻击，不放过一个美军，打一个干脆利落的歼灭战。

11 月 16 日 22 点 00 分，第 66 步兵团 8 营抵达坤渚溪边，全营吃饱喝足美美睡了 6 个小时（11 月 16 日 23 点 00 分—17 日 05 点 00 分），才越过坤渚溪继续前进。从 06 点 00 分开始，8 营以战斗队形，缓慢搜索前进，但始终没有发现美军。12 点 00 分，害怕"踏空"的黎春丕下令拉开松散队形，以 6、7 连在波比桥附近警戒，8 连摸到松村和生村三岔路口侦察，可还是没有发现美军迹象。就在这个时候，第 33 步兵团 1 营 1 连连长陈明进中尉气喘吁吁地带着部队赶了过来，刚好碰上第 66 步兵团 8 营 6 连。陈明进赶紧向 6 连通报敌情，称美军正朝坤渚溪走来，已经过了松村和生村三岔路口。这个消息很快传到了 8 营营长黎春丕大尉的耳朵里，歼击美军的机会来了！他立即命令部队展开队形，做好战斗准备，同时派通讯员赶往 8 连位置，向他们通报敌情，要求本应作为尖兵搜索的 8 连，马上掉过头来，向波比桥方向突击，协同营主力夹击吃掉美军。

▲正是这些看似普通的越南人民军指战员们，通过努力奋战打败了美国，夺取了最后的战争胜利。

黎春丕抓紧时间，进行战斗部署，他把全营步兵分成 2 个梯队：6 连（欠 3 排）为第一梯队，8 连和 6 连 3 排为第二梯队。部署完毕，全营按第一梯队和第二梯队，隐蔽展开队形，朝美军方向搜索前进。仅仅几分钟的工夫，6 连就发现了毫无警觉一路朝坤渚溪走来的美军。双方相距不到 200 米时，美军突然开火，不过弹道十分散乱，越军第 66 步兵团 6 连连长判断，这是美军的预防性射击，部队并没有暴露，遂命令 6 连 1、2 排不要还击，继续利用高高的大象草做掩护隐蔽接敌。当双方距离缩短至 40~50 米时，连长命令 RPD–5 轻机枪开火，在猛烈的轻机枪火力支援下，6 连 1 排和 2 排战士们飞身跃起，端起 56 冲锋枪朝美军队形（应该是骑兵 7 团 2 营 D 连）猛烈开火，一边射击一边展开冲击。越军宣称，不到 5 分钟的工夫，6 连 1 排和 2 排就干净利落地全歼了美军 2 个排。12 点 07 分，越军第 66 步兵团 8 营和美军骑兵 7 团 2 营在 300 米的战线上全线展开激烈混战。面对突如其来的打击，美军手足无措，慌乱朝 66 团 8 营各路冲击队形组织拦阻射击。虽然美军拦阻火力十分猛烈，但 6 连及时抢占了有利地形，居高临下取得了战场主动权。8 连在听到枪声后，也及时赶到战场，从背后对美军发起攻击，形成了对美军腹背夹击的态势。为了确保胜利，8 营营长黎春丕大尉亲自冲在最前面，冷静指挥 6、7、8 连从四面八方猛攻美军，不幸被密集子弹打中胸部负伤。得知第 66 步兵团投入战斗，第 33 步兵团 1 营也在副营长阿伦上尉的率领下，主动靠拢过来，配合第 66 步兵团 8 营战斗。在 2 个营的协同下，美军骑兵 7 团 2 营被紧密包围在坤渚溪前，进退两难。在空中，美军武装直升机和喷气式战斗机不断俯冲下来，为了救援地面战友而拼命攻击压制越军第 66 步兵团 8 营和第 33 步兵团 1 营。密集的航空火箭弹和机枪火力给越军造成了很大的伤亡，第 66 步兵团 8 营营长黎春丕大尉英勇战死，营副政委也重伤倒下。第 33 步兵团副营长阿伦上尉负起了指挥 2 个营（第 66 步兵团 8 营和第 33 步兵团 1 营）的重任。

至 14 点 30 分，美军骑兵 7 团 2 营的战斗队形完全崩溃，幸存的美军士兵散落得到处都是，为了活命，美军也拿出了拼命的劲头，殊死抵抗。为了彻底歼灭美军，越军第 66 步兵团 8 营和第 33 步兵团 1 营各位战士自动结队，形成战斗组（3~5 人）搜剿美军。双方用

▲挖战壕顽强抗击美军进攻的越军地方部队。

刺刀和枪托进行残酷的肉搏拼杀，一直持续到深夜。战士高亭舒拒绝美军的救护，反手刺死了试图给他包扎伤口的美军救护兵，接着又和一名美军同归于尽。连副教导员丁文德虽然三度挂彩，可还是重伤不下火线，带领部队继续顽强追杀美军。至 16 点 00 分，第 33 步兵团 1 营副营长阿伦上尉也战死疆场。虽然不到 4 个小时，越军连续倒下了 3 位营级指挥干部，可第 66 步兵团 8 营和第 33 步兵团 1 营还是坚持奋战至战斗结束。其中，黎文调和黎克俄两人冒死冲进美军战斗队形，击毙了 20 多名美军，是西原军区第一批歼美军超过十人的勇士。

这场震撼德浪河谷地的第二次战斗整整打了 8 个小时，美军损失惨重，计战死 155 人，负伤 121 人。越军声称，美军最终只有不到 12 人逃出了战场。第 66 步兵团 8 营和第 33 步兵团 1 营指战员们获得了越军在抗美救国战争中第一次真正意义的大捷！这次胜利的消息很快传遍越南社会主义民主共和国，整个北方欢腾起来！这次战斗双方实际战斗兵力对比约 2 ∶ 1，越军 2 个营不到 900 人对决美军一个骑兵营 400 人，给美军歼灭性打击，于情于理都是一次胜利。

对这次波莱美—德浪河谷地战役，越南人民军感到十分自豪，前后一共投入 4 个营的兵力，连续对美军 2 个骑兵营实施打击，取得了 1:1 的战斗伤亡交换比（并非美军宣称的 10:1）。《第 66“波莱美”步兵团史》79 页对这次战斗损失有详细的统计：“全团在 11 月

▲在越南南方，地雷是有效的反击美军的利器。图为布设地雷抗击美军扫荡的越军战士。

14—17 日牺牲 157 人，负伤 239 人，合计伤亡 396 人。”这个数字和《第 304 步兵师作战经验汇集》中的“第 66 步兵团波莱美运动进攻战例”一致。关于第 33 步兵团 1 营的损失，没有查到相关数字。不过，时任西原军区副政委的邓武协将军在他的回忆录《战役前指政治工作》一书中记载 66 团 4 天战斗一共牺牲 208 人，负伤 146 人，第 33 步兵团 1 营损失不明。不管怎么说，作为抗法独立战争中 304 师的主力——第 66 步兵团在南下抗美第一次战役波莱美—德浪河谷地之战中能取得这样的伤亡交换比，是当之无愧的胜利。

为了纪念这次胜利，越南人民军特地把这次战役称为“波莱美大捷”，入选“越南人民军抗美救国 50 次著名战役”之列。对战役中立下赫赫战功的第 66 步兵团，越南人民军中央军事委员会不仅给该团颁发了集体二等军功章，而且还授予第 66 步兵团“波莱美团”的荣誉称号。从此，第 66“波莱美”步兵团的名号响彻整个西原战场，并成为 1972 年 10 月成立的越南人民军第 10 步兵师的拳头骨干部队。

德浪河谷地战斗的胜利，把越南人民军在 1964—1965 年的攻势推向高潮。遗憾的是，高潮过后就是潮落。因为越南人民军积极活跃的攻势，除了依托有利的地形，使用适合的战术外，最关键的是长山公路持续不断提高的运输量。如果光有战斗力，而没有持续不断的战役后勤保障，这种进攻势头也是撑不了多久的。

美国远征军正是掌握了越南人民军这个死穴。在德浪河谷地战斗结束后，美国空军对长山公路实施第一次成功的空中绞杀战，卡住了越军的脖子，并掀起了 1965—1966 年第一次旱季战略反攻，让越南南方作战的越军骤然陷入了困境。

第三节　逆境

1964—1965 年的战略进攻连战皆捷，让越南社会主义民主共和国感到十分振奋。从中央军委主席、国防部长武元甲大将到四总部（总后勤局、总政治局、总参谋部和总技术局）都认为美国远征军在越南人民军铁拳打击下，并没有展现出“过人的战斗力”，之前对美军强大战斗力和现代化武器的担心是有些“多余”的。在这种情况下，越南中央军委提出了借助 1965 年战略进攻胜利的势头，继续在 1966 年扩大战果的计划。

然而，庞大的计划对应的是日益增长的物资运输需求。为了满足总部的要求，第 559 兵团急速扩编，形成军人 16485 名、交通工人 1604 名、青年冲锋队员 7665 名，计 25754 人的总兵力编制，装备 46 辆架桥冲击车、10 辆凿岩车和压路机、738 台各型运输卡车。为了适应新的战略形势，同时为了增强领导，根据新的任务和组织，政治局指定党中央委员、运输交通部部长潘仲惠同志担任第 559 兵团司令员兼政委，武禀上校担任副司令员，总后勤局副主任武春展大校担任第559兵团副政委，汽车管理局局长武文敦担任第559兵团参谋长。总部赋予559兵团在1966年旱季运输的任务是往南方运输14345吨物资，往老挝战场运送5919吨物资。

雄心虽大，却低估了美国空军的战斗力。从一开始，美国空军就集中机群，对12、20号和35号公路的各个重要节点实施轰炸，加上道路状况不佳，第559兵团开局不顺。1966年1月，第559兵团在美国空军封锁下，第一次受挫：原定本月送往治天地区的200吨物资只到了79吨，运往第五军区中部沿海省份的100吨物资只到了27吨。

为了抢通道路，保障第559兵团完成运输计划，越南中央军委决心不惜一切代价重点保障20号公路畅通，以20号公路为运输干线实施物资抢运。为了实现决心，河静省、广平省、宁平省抽调了4个青年冲锋队，与工兵4团、工兵10团、交通运输总局100多名干部工人合计7000人奋战在20号公路沿线。此外，总部还增调了6辆冲击架桥车和50辆嘎斯卡车，但道路打通作业在美国空军轰炸下进展缓慢。特别是春山到同先之间的20号公路段，耗费约1个月，好不容易在2月初打通公路，美国空军就发现了越军的行动，各式战斗攻击机蜂拥而至，大肆攻击这段交通线。负责保卫这段交通线的越军第20高射炮营4连用12.7毫米高射机枪英勇还击，虽然宣称击落1架F105“雷公”战斗攻击机，但根本没法阻止美军的空袭。

从1966年2月开始，美国空军突然加大了对20号公路和9号公路的轰炸密度，实施全天候空中打击，汪穆、斜空、班东、德姆等运输干线的各个重要节点都被美机封锁控制，遭到了连续的轰击，一时间变成了地狱封锁线。2月底，越军第52汽车营通过德姆、班东路段时，于斜空东面S形拐弯点被美机发现。结果，美国空军出动大机群对第52汽车营实施了连续2天的狂轰滥炸，一举炸毁了45台汽车。

虽然第559兵团迅速把所属的第12高射

美国空军撒播的落叶剂（橙剂）在改变越南南方作战环境的同时，也毁坏了大片森林。

通过美国空军轰炸封锁区，在长山公路艰难运行的卡车队。

炮营和第20高射炮营（装备37毫米高射炮和12.7毫米高射机枪）部署到20号公路和9号公路沿线，遂行积极防空作战，宣称击落了3架美机，击伤美机一批，但却是杯水车薪，根本没法有效保卫20号公路和9号公路各个重要节点和路桥，以及各个汽车营行车队形。

虽然559兵团指战员们竭尽全力，但2月的运输结果依旧令人沮丧：沿9号公路运输量仅870吨（约合计划量的32%），罗合仓库区232吨（约合计划量的23%），治天地区327吨（约合计划量的96%），沙云仓库区107吨（约合计划量的27%），第五军区中部沿海35吨。

截至1966年2月底，第559兵团在从1965年11月到1966年2月这4个月期间，仅仅完成了计划运输量的10%！灾情最严重的莫过于1965年11月刚刚在波莱美—德浪河谷地打了胜仗的西原军区，他们整整4个月的时间几乎没有得到物资接济，导致粮弹缺乏，一线部队几乎到了喝粥的地步。

为了挽救形势，总后勤局主任丁德天少将指示第559兵团司令部派红旗（Hồng Kỳ）同志下去组织加紧给第5军区、西原和前方各个兵站运输物资，同时动用外汇在柬埔寨东北地区和老挝南部抢购1万吨大米、药品和1000吨汽油交给第559兵团。为了帮助第559兵团克服困难，1966年3月初，越南中央军委派总后勤局主任丁德天少将和总政治局副主任范玉茂少将（奠边府战役曾任第351工炮师师长）前往长山公路运输线检查和指导工作。总后勤局、总政治局机关的许多干部也随同前往。丁德天少将和范玉茂少将与第559兵团司令部一起研究，总结出了许多运输、保障交通、作战保卫运输走廊、政治工作和改善第559兵团生活条件的办法。

在一线检查指导工作的丁德天少将和范玉茂少将，根据旱季运输只剩2个月（3、4月）的情况，决心调整运输计划。鉴于往西原和第五军区的运输受阻，而通往柬埔寨和下寮的运输线仍畅通如前，丁德天不顾中央军委指示，暂停对西原军区的大规模粮弹运输作业，把粮食供应重点放在改善第559兵团内部伙食（559兵团不少部队也断粮了）和供给沿长山山脉行军南下的部队上；汽油主要供给沿长山公路的各个汽车营，其次尽力满足南部平原（B2）战场需求。总的计划是从北方往长山公路沿线各个兵站和559兵团各部队抢运3400吨大米，往斜产运进2500吨汽油，往南部平原运送2500吨武器装备，并在斜产预置1000吨武器弹药，往老挝战场运进2500吨各类物资。

从这道命令来看，明显看出559兵团已经放弃了1966年旱季对西原军区和第五军区的大规模后勤保障，转而把重点放在前线各个兵站仓库的预置和南部平原，以及南下长山部队和自身部队的供应。当然，丁德天也并没有放弃对通往西原军区和第5军区的运输路线抢通的努力。鉴于运输干线20号公路和9号公路屡遭美军轰炸破坏，特别是20号公路部分重点轰炸路段难以通行，丁德天少将决定集中力量，修建塔梅到芒诺之间的环形道和通往下寮的新干线——49号公路，绕过美军重点轰炸地段，让20号公路重新盘活起来。为了保障开通49号公路，丁德天少将把装备37毫米高射炮的4个高炮营（第10、14、16和18高炮营）调了上来。

至1966年3月底，塔梅到芒诺之间道路的通车使用，减少了斜空、班东、德姆公路的车辆密度。1966年4月3日，第98工兵团完成了49号公路的修复，立下战功：38个昼夜急速修通204千米，及时满足了从柬埔寨北运物资的计划要求。不过，塔梅到芒诺之间的道路通车和49号公路的修通，也没法掩盖1966年旱季运输的败局。由于559兵团的陆路运输在20号公路和9号公路遇到极大困难，导致给南方各个战场，特别是西原战场和第五军区的物资供应急剧下降，这不能不说是一次失败的运输战役。丁德天看到了问题的所在，那就是应该趁着雨季继续抢路，把力量放在抢修多条环形道、迂回道上，形成纵横环形迂回的综合多向道路，避免节点一遭轰炸就全线瘫痪的窘境。丁德天是这么说的，当然也是这么做的。他的决定为日后长山公路不断发展成综合性公路体系，变成一条打不烂、炸不垮的公路系统奠定了基础。

但是，南方战场毕竟还需要物资供应。旱季运输的失败，并没有让越南中央军委气馁。1966年5月4日，在雨季到来之际，越南中央军委主席、国防部长武元甲大将命令第559兵团把机械化运输部队（主要是汽车）撤回后方休整，在前线留下精干部队进行多种方式的人力运输，保障雨季期间对南方各个战场的弹药供应。

根据武元甲大将的命令，第559兵团把大部分汽车营、高射炮营、伤病员和在雨季期间用不上的部队共12270人撤回广平、义安、河静省休整。留在前线继续参加雨季运输战役的兵力共有16609人，包括7320名直接参加运输工作的兵员（汽车驾驶兵、自行车兵、水手、代马输卒），以及9289名各机关、仓库人员和工兵、步兵、防空兵（主要是保卫20号和17号公路的12.7毫米高射机枪营）。

为了完成雨季运输任务，第559兵团党委和司令部决定以1个Zil-157卡车连负责斜黎到诺卡登之间的运输，确保每日8吨的运输量。自诺卡登到斜空，和斜空到9号公路的重要节点——班东，运输工具主要依靠舟船（沿车邦河）和自行车。特别是在班东沿线的9号

在美军的围剿下，平定省山区硝烟四起，生灵涂炭。

公路，第559兵团拟使用1500辆自行车昼夜不停地运输，确保日均运输量能在8吨范围浮动。自班东继续东进，采取人力背负或是自行车驮运方式进行。雨季的运输计划是给斜空仓库区运进37吨粮食，给治天地区运进8吨粮食，给5号兵站运进70吨粮食，给沿长山山脉南下行军进入战场的部队补给63吨粮食，给第五军区运进23吨粮食。

然而，雨季期间持续不断的暴雨引发的山洪、泥石流和道路多处塌方、路面淤积，Zil-157卡车和自行车都难以通过，559兵团只能完全依靠人力背负运输，而且兵团内部一再断粮，部队因生病和营养不良减员率达到了50%~60%，奋战在一线的各单位全部失去了战斗力。这样，继旱季运输战役失败后，第559兵团在雨季期间企图维持对越南南方各个战场的持续战役补给再一次受挫。

1966年运输战役的失败是美军在越南战场获得的第一个战略性胜利，也是越南人民军在整个抗美救国战争中面临的第一次严重挫折。虽然在1966年仍有5万大军源源不断南下进入南方各个战场，可物资供应的断链，让在南方作战的越军骤然陷入了极大的困境。趁着越军供应困难，美国远征军不失时机在1965—1966年对整个越南南方各个根据地发起了第一次旱季战略反攻。

美国远征军总司令威斯特摩兰上将，针对越南人民军采取的战略是“觅歼”（Search and destroy），他打算以1965—1966年的旱季为契机，进行第一次大规模战略进攻，先铲平在越南南方斗争风潮中发展迅速的各个“越共”主要根据地，完成对南方的越军主力的围歼，打断“越共”的脊梁，然后在1966—1967年展开全面清剿，预计用2年时间彻底扫平“越共”，“还南越一个太平”。

在内外交迫的困境下，越南社会主义民主共和国被迫调整了1966年度的战略计划，转入战略防御。对1966年的斗争方向，越南中央政治局指出：“消灭和消耗美军一部分重要力量，令其损失惨重，无法有效支援和挽救西贡伪军、伪政权。消灭击溃伪军、伪政权大部分力量，粉碎敌人继续进行侵略战争的能力。”

然而，美军毕竟是现代化装备，火力猛、机动性高，清一色机械化，作战兵力火力高速投送，这一切给各个根据地进行反围剿作战的越南人民军带来了很大的困难。

在南部平原，美军对古芝县周围根据地继续扫荡，虽然遭到西贡—嘉定军区的古芝7营和约3000名乡村游击队的灵活而顽强的抵抗，最终被迫退出根据地，但这次行动还是给古芝根据地造成了很大的破坏：1000多座房屋被摧毁，2000多座房子受到不同程度的损坏，成千上万顷良田受到化学武器的污染，几百座果园被铲平，越军的许多交通壕和地道被捣毁。

在第五军区中部沿海省份——平定省，趁着越军第3“金星”步兵师调出，美军和韩国国军首都师团大肆围剿平定省根据地，烧杀掠劫，给平定省带来了很大的灾难。仅在安仁县的金泰乡，韩国国军首都师团第26步兵联队就杀害了600多位平民，在富吉县的鹅果乡也杀害了150人，几千座房屋被铲平摧毁，损失上万耕牛，几万人无家可归。

在美军重点围剿的富安省绥和市（美国远征军在1965—1966年旱季战略反攻的五大重点围剿区之一），美军和韩国国军第9师团（白马师团）所属的第28步兵联队协同作战，对绥和市周围的和美、和城、和东、和新、和协、和春等县根据地进行残酷围剿。越军在绥和市周围根据地的兵力只有绥和377连、富安省特工202连、省特工14营，难以抵挡美韩联军攻势，只能采取游击战术以拖待变。当美韩联军烧杀掠劫至最终撤离根据地时，一共杀害了1583位平民，其中大部分是老人、妇女和儿童，破坏了几千座房屋，射杀了三分之二的耕牛，毁坏上千吨粮食。

在第五军区北部的广治省和承天省，美军和南越国军为了防范越军直接从边海河南下渗透，更是加强了扫荡和“平定”（即“绥靖”），加大了越军由北往南物资供应的困难的同时，还压制了治天地区的越军发展态势。

在越南南方战场反围剿连续吃紧的情况下，越南中央政治局和中央军委决定对南方各大军区的划分重新做出调整，以适应新的斗争形势。在这种情况下，两个新的战场出现了，这将决定整个越南战争的命运，也为日后著名的溪山战役埋下了伏笔。

|第二章|

9 号公路—北广治阵线

第一节　一个重要的战略进攻方向诞生

1966 年 4 月，在美军第一次旱季战略反攻即将结束之际，越南中央政治局和中央军委认真总结了整个越南南方在军事和政治两方面反围剿的斗争结果。在进行各方面综合评估后，越南中央政治局和中央军委对整个越南南方战役进行及时指导：反对美帝国主义侵略的人民战争战略应该抓紧动员一切从城市到农村、从平原到山区、从解放区到敌控区的各阶层人民群众，高度发挥人民的爱国情操，坚决进行反侵略反伪政权的斗争。为了在政治和军事两方面有力打击联军，越南中央政治局还特别要求，越南南方解放军应该运用灵活创造性的政治斗争和军事打击形式，发挥“两条腿、三路夹攻、三种地区、三种武装力量”① 的威力，争取更大的胜利，尽早粉碎联军的战略反攻，为总进攻和总奋起时机的到来创造有利条件。

在肯定西原和南部平原反围剿斗争胜利的同时，也对第 5 军区中部沿海及治天战场的表现提出批评。特别是紧挨北越的治天战场，越军的作战力量基本都是北方调来的主力部队。虽然美军、韩国国军第 2 海兵旅团和南越国军第 1 师团，在第一次旱季战略反攻过程中连续实施了多次行动，没能实现“觅歼”治天

① 两条腿——军事和政治，三路夹攻——政治、军事和兵运三种斗争，三个地区——城市、山区和平原，三种武装——主力部队、地方部队和乡村游击队。

战场越军主力的企图，但在反围剿斗争中，治天战场的越军一开始还是严重低估了联军的综合战斗力，不少战斗损失较大，导致不少军事干部存在着右倾思想。绝大部分干部在思想上出现了很大的波动，在讨论如何对付美军“觅歼”战法的会议上，治天战场许多干部都认为，在“局部战争”中美军凭借着现代化武器和强大的战斗力，给越军带来了很大的困难，不少悲观者甚至认为如果再像1965年那样使用军事力量和政治力量对美军实施大规模进攻，则很容易被联军包围消灭。在这种情况下，不少人提出“消极避战”的方针，也就是在治天战场避免大规模战斗，不断“避战”躲过联军主力部队的“觅歼”，同时秘密在群众中建立革命基础，等待时机成熟再对联军实施进攻。在这个“指导思想”的影响下，1965—1966年旱季，治天战场活动的越军主力部队——第9步兵团、第57步兵团和第806步兵团完全没有主动进攻联军，一再避战，武装工作队和地方部队、乡村游击队消极对待建设工作，治天战场的形势远比南方各个战场消极。

针对这种情况，越南中央政治局一方面严厉批评了治天战场的“消极避战”情绪，指出其危害性，另一方面，针对这个区域是直接和越南社会主义民主共和国相接壤的要害之地，开始重新调整部署。1966年4月，越南中央政治局和中央军委决定把治天战场从第五军区独立出来，单独成立治天军区，辖区包括广治省、承天省和顺化市，由中央军委直接领导，目的是迅速恢复该地区的军事斗争和政治斗争风潮。

▲狠狠打击美军头某基地的越军M46式130毫米加农炮。

根据越南中央政治局交付的任务，越南中央军委很快组建了治天军区的领导班子，由治天区委直接领导，越南劳动党中央执行班候补委员、奠边府战役期间曾任越南总军委作战局副局长的陈文光少将，担任治天军区区委书记兼军区司令员。中央军委主席武元甲大将交给陈文光少将的任务是：“消灭和击溃伪军主力，消灭部分美军，准备政治力量和都市武装力量，为条件成熟的情况下实施总进攻和总奋起创造条件……要切断敌人（指联军）的战略交通线，协助建设扩大我军的战略运输走廊，同时配合南方各个战场在各种情况下的军事和政治斗争。”①

治天军区（代号B4阵线）的成立，一下子盘活了治天战场。在越南中央军委直接领导下，治天军区司令员陈文光少将提出了积极

①越南中央军委常属决议治天战场的任务，1966年4、5、6月，越南军事历史院保存，电报序号TW480。

▲越南人民军总政治部主任阮志清大将，正是他提倡的揪住美军的衣领打，抵消了美军部分空炮火力优势。

恢复“人民战争，向南猛烈发展进攻”的战略方针，确立了在思想上要组织好军区主力部队猛烈进攻联军，在政治斗争上积极配合民众奋起，巩固和扩大解放区，同时壮大发展武装力量的思想。

在陈文光少将指导下，治天地区焕发青春，全军区主力部队开始大胆活动，在猛烈发展地方部队和乡村游击队的同时，隐蔽插入敌后，在承天省顺化市周围的光奠、向茶、向水等县进行积极战斗。乡村游击队也展开多次小规模战斗和除奸除霸行动，掩护人民积极奋起，消灭乡村级别的南越官僚体系，夺取政权。蓬勃发展的斗争形式，让越军取得了不少胜利。

1966年6月初，治天军区两大主力团之一的第6步兵团816营在地方部队掩护下，打败了扫荡丰章乡的美军1个营，击落4架直升机。接着，承天省特工部队袭击了顺化市附近的安九美军野战后勤仓库区，宣称歼敌近百人。最经典的战斗莫过于治天军区第6步兵团812营，在工兵、侦察、火力连（均为6团直属技术兵种连）支援下，由营长阮国庆大尉指挥，在1号国家高速公路的二号公路桥上组织了一次成功的破交伏击战斗。

1966年6月29日，在第812营刚刚占领

◀越南女游击队员在村庄内进行政策宣传。

阵地，展开兵力和火器不久，南越国军海军陆战队第2营就从顺化市附近的芙拜基地（美军在顺化周围最大的军事基地）开出，援救遭到攻击的9号公路沿线要地——东河周围据点。当南越国军海军陆战队第2营车队（26辆军用车，含2辆M113装甲运兵车）驶入二号公路桥中心区时，阮国庆大尉一声令下，812营埋伏在周围的工兵组按下地雷起爆装置，炸毁了首车，然后6团直属火力连和侦察连展开轻重机枪和迫击炮火力轰敌。南越国军还没反应过来，812营就以2个步兵连勇猛冲杀过去，经过15分钟战斗，重创了南越国军海军陆战队2营。二号桥大捷，振奋了治天军区，也让越南中央军委更进一步认识到治天军区的潜力。

在治天军区连续胜利的鼓舞下，越南中央军委也开始讨论成立新的阵线——9号公路—北广治阵线，代号B5阵线。这个新的阵线包括北纬17°线以南的永灵、犹灵、东河在内的广治省北部山区，然后沿着越门河与9号公路到溪山地区（包括溪山地区的中心——向化县，美军称为溪山村）。越南中央军委赋予B5阵线的任务是："创造我军一个新的战略进攻方向，直插敌人在越南南方战场的要害，迫使敌人分散兵力到广大山区，实现钳制敌人战略机动兵团，防范入侵我第四军区，确保北方主力部队得到安全休整区，给其他各个战场，特别是直接给治天军区斗争创造有利条件，让敌人从被动走向更加被动的局势。"

这是一个艰难的决定。当时，整个越南南方的战场态势对越南人民军十分不利。虽然截至1966年雨季，美国远征军在越南南方的总兵力才28万人，可他们凭借着现代化优势技术装备，不顾雨季的困难条件，同时对第五军区平原省份和南部东区（第七军区）连续实施两次大规模进攻。特别是在第五军区的平原省份，越军不少小根据地在美军和韩国国军的反复清剿下，遭到严重破坏，为了保存力量，不少地方武装力量和省集中部队被迫从平原地区撤到了山区。

这种情况，让越南中央军委感到十分担心。因为南部东区和中部中区平原是越南南方广大根据地的内线战略地盘，同时也是南部平原和第五军区5个主力师（2、3、5、7、9师）猛烈活动区，能够直接威胁到联军的战略后方。现在，这两个重要的战略地盘受到了

▲战斗中的越军水上游击队。

美军进攻重压的威胁。为了确保这两个重要的战略地盘仍牢固掌握在自己手上，越南中央政治局和中央军委研究再三，最终决定成立9号公路—北广治阵线（B5阵线），根本目的是钳制住美军战略机动兵团，让美军没法在南部平原全力以赴地围剿，基本目的是粉碎美军把地面战争扩大到北方的可能。拿武元甲大将的话来说，就是目前（1966年）越南南方有两大重点战场：南部东区是主要战略方向，直接威胁联军的政治军事中心——西贡；9号公路—北广治阵线则是重要的战略钳制方向，通过不间断的进攻把美军逐步吸引到9号公路沿线，减轻整个南方，特别是南部东区和第五军区平原省份的压力。

根据越南人民军情报局提供的报告，联军在9号公路—北广治地区建立了一系列由点及线的防御体系：在广治铁路桥（后汉河）到边海河的协量桥之间的1号国家高速公路，美伪军建立了诸如爱子基地、东河基地、管昂、头某、31号据点等一系列作战基地／据点，这些基地／据点的密度很大，间隔仅5~7千米。在9号公路沿线，从南中国海到老挝的沙湾那吉，联军（包括老挝王国皇家陆军）建立了一系列基地和据点，作为封锁防止越南北方武装力量南下的“防卫墙”，主要以越门、东河、甘露、溪山、寮保为基地／据点形成封锁线。在9号公路北面，联军的重点是17号公路线（9号公路北支线），沛山、昆先、182高地、同治、660高地、850高地等为联军9号公路北线封锁核心基地／据点。

在美军投入的兵力上，越南人民军情报局判断，威斯特摩兰为了在9号公路沿线实施“防守”和“有限进攻”战略，夺取该公路的战场主动权，陆续把驻朱莱和岘港的美军陆战3师各部调到北广治。截至1966年7月初，越军判断，美军陆战3师先后调动1个团又2个营的兵力，南越国军海军陆战师团和伞兵师团在顺化—岘港平息了第1步兵师团叛变后[①]，也抽调了1个旅团又4个营的兵力，进驻北广治地区，准备协助美军建立牢固的对北封锁线。

联军对9号公路—北广治战场的增兵，让越南中央政治局和中央军委更是定下了把9号公路—北广治阵线确定为一个重要进攻钳制战略方向的决心。越南中央军委主席武元甲大将在组建9号公路—北广治阵线的同时，也决定在这个方向投入第324步兵师。

为了组织好这个新的阵线，越南中央军委和总部赋予第4军区直接负责9号公路—北广治阵线司令部领导班子的筹建工作。第4军区对中央军委的任务给予了高度重视，在中央军委的授权下，第四军区抽调了大批军事骨干调给9号公路—北广治阵线司令部。他们以抗法时期著名的原141团、66团和57团团长，在日后的顺化战役中担任战役司令部参谋长的军区副司令员南隆大校担任9号公路—

① 1966年3月，南越政府总理阮高其解除顺化市长、佛教信徒阮诗曼的职务，随即引起全国性佛教徒抗议，罢工、罢市、罢商、罢课席卷整个南越，第一军区精锐的第1步兵师团也宣布临阵倒戈，控制了顺化和岘港，要求阮高其下台。双方僵持了近3个月后，阮文绍和阮高其在美国的支持下，出动战略总预备队海军陆战师团和伞兵师团“平叛”，一举“擒下”第1步兵师团，恢复了对顺化和岘港的控制。

北广治阵线初代司令员，第4军区政治部主任郭士轲（Quách Sĩ Kha）大校出任9号公路—北广治阵线政委，第324步兵师师长、奠边府战役期间曾担任第209团参谋长的朱方带上校任9号公路—北广治阵线副司令员，第324步兵师政委阮先利上校出任9号公路—北广治阵线副政委，广治省委书记常志公和永灵特区书记胡士坦负责指导9号公路—北广治阵线的党委工作。

在司令部领导班子组建的同时，司令部下属各个机关也得到了第四军区和军区各部队抽调骨干的加强：阮公澄中校担任9号公路—北广治阵线政治部主任，阮威山少校出任9号公路—北广治阵线参谋长，志强担任9号公路—北广治阵线后勤部主任。关于司令部的位置，根据第4军区南部的战略布置和9号公路—北广治战场的态势，在最靠近17°临时分界线的昆县设立阵线司令部的基本指挥所，在永灵县的永执美禄区设立9号公路—北广治阵线司令部前进指挥所（简称前指），形成背靠依托广平省和永灵特区，向南积极主动发展进攻的有利战略态势。

1966年6月10日，9号公路—北广治阵线司令部在昆县召开司令部成立以来的第一次军事会议，由阵线政委郭士轲大校主持。会议先是强调了越南中央军委和总部交付9号公路—北广治阵线的任务，然后对阵线内各武装力量的兵力展开和斗争方式做了研究讨论。在分析了敌我在9号公路—北广治战场的态势后，会议决定：使用主力部队第324步兵师在广治省和永灵特区地方部队，以及广治省乡村游击队的密切配合与掩护下，进行各种创造性的打法，实现越南中央军委交付的关于吸引和钳制联军（主要是美军）战略机动兵团一部分重要力量到9号公路—北广治战场的任务，给越南南方各大根据地粉碎联军"觅歼"行动创造有利战略条件，同时还要抓住时机，巩固和建设广治省革命力量（特别是要发展9号公路—北广治南面区域的乡村游击队）。

▲积极袭击美军的越军狙击手。

为了执行阵线党委和司令部的决定，1966年6月20日，9号公路—北广治阵线司令部召开军政扩大会议，把阵线内营以上军政干部，甘露县、犹灵县县委书记，以及各县队长和越南人民军总参谋部代表召集到一起开会。在会上，9号公路—北广治阵线司令员南隆大校首先表明了自己的态度，称9号公路—北广治阵线未来一段时间内敌我斗争将十分艰苦，需要广治省地方上各人民武装力量，特别是第324步兵师要做好充分的战斗和思想准备，迎接残酷的斗争。

按照9号公路—北广治阵线的战略位置和斗争需要，第4军区主力——第324步兵师和31步兵团，奉命划归9号公路—北广治阵线司令部。南隆大校给朱方带的第324步兵师的任务是："配合广治省各武装力量，消灭一部分伪军，把美军主力吸引到9号公路，

打扫战场的越军地方部队指战员。

牢牢钳制住敌人的战略机动兵团，让敌人陷入被动应付态势，给越南南方各个战场创造战略有利条件，特别是直接支援治天平原地区的政治斗争风潮，巩固建设山区根据地，扩大战略运输走廊。”

对第31步兵团的安排，南隆大校给他们的任务是分散成连排规模，插入敌后进行小规模活动，大力建设和发展乡村游击队，掩护各地方武装力量（广治省和各县武装工作队和地方部队）壮大。阵线政委郭士轲大校给第31步兵团的方针是：“积极、主动、小规模活动，连续进行各种形式的战斗（包括敌人兵运工作），建设革命基础发动人民游击战争，同时要注意逐步消灭消耗敌人各部分兵力。”

除了第324步兵师和第31步兵团，越南人民军总部还给9号公路—北广治阵线增强了第27步兵团，包括特工、工兵、通信和运输等兵种，任务是在敌后配合第324步兵师或第31步兵团进行协同或独立小规模战斗。

根据总部交待的任务和实际兵力情况，9号公路—北广治阵线司令部决定把整个阵线划分为三个区域，依次安排第324步兵师一个团进行作战活动：

以头某、甘露到犹灵、三德为第一区域。在这一活动区域，第324步兵师90团（后改称第1步兵团）在324步兵师特工连加强下，以头某和402高地（9号公路南面）由南越国军2个连把守的要地为主要攻击目标，目的是钳制和吸引美军来援。

以门村和新兰为第二活动区域，由第324步兵师812团（后改名为第2步兵团）负责，该团的任务是消灭门村守敌，破毁9号公路沿线的部分重要桥梁，配合第一区域活动的第1步兵团攻克头某、402高地，威胁联军在9号公路中间线的防御稳定性。

以永灵地区为第三区域，由第324步兵师

803 步兵团（改名为第 3 步兵团）和第 27 步兵团担任 9 号公路—北广治阵线预备队，负责保卫阵线司令部前指和随时准备根据需要在第一或第二区域投入战斗。

根据情报显示，在第 324 步兵师作战区域内的对手，主要是南越国军别动军 5 个营、地方军 6 个连。当时，这批南越国军正在美军空中支援下，在控制区内进行平定，强制把甘露和犹灵两地的人民驱赶进新生村（1964 年，南越总统阮庆把战略村更为“新生村”）进行强制集中。

针对南越国军的部署和别动军是国军的精锐，实力不可小觑，为了给主要作战方向的第 1 步兵团创造有利条件，继续扯散对方的兵力，南隆大校命令第 31 步兵团用 2 个营的兵力插到昆先和头某方向，掩护 2 个装备 82 毫米无后坐力炮的火力连对南越国军、美军的各个火力基地（炮兵阵地）实施游动炮击，故布疑兵，迫使敌人分散对付。

经过 1 个多月（从 5 月底开始）的战场准备，在粮弹物资供应到位后，第 324 步兵师第 1 步兵团和第 2 步兵团（原 90 团和 812 团）奉命行军占领进攻出发阵地。虽然在行军开赴进攻出发阵地途中，第 1 步兵团和第 2 步兵团部分连排迷路，触雷或行军队形遭到敌炮轰击蒙受了部分伤亡，但经过 10 个小时的连续行军，处理好了遇到的各种突发状况后，第 1 步兵团和第 2 步兵团按时抵达了规定位置，展开了战斗队形。9 号公路—北广治方向初战即将打响。

面对咄咄逼人的越军，联军在 9 号公路—北广治方向又是如何准备的呢？

第二节　不平静的溪山

对联军来说，9 号公路—北广治方向，特别是寮保到溪山周围，早在 1959 年 5 月越南人民军 559 兵团开辟长山公路时，南越国军和美国中央情报局就已经开始重视这一地带的防务。

根据越军统计资料的记载，从 1959 年 5 月 19 日到 10 月，559 兵团所属的第 301 陆地运输营就把 60 挺轻机枪和 100 支冲锋枪、数千发子弹送到了第五军区，这是长山公路送往南方的第一批军火。

不过，长山公路的开辟并没有瞒过南越政府和美国中央情报局的眼睛，特别是这条战略运输线要穿过 9 号公路。在这种情况下，南越国军从 1959 年 9 月开始，在 9 号公路紧挨越老边界的寮保—溪山地区，组织了一系列巡逻封锁战斗，并很快给越军造成了不小的威胁。

1959 年 10 月，越军第 301 陆地运输营分成 11 队，照例穿过长山山脉，沿 9 号公路执行军事运输任务，由阮明通中尉负责掩护的第 6、7 运输队在路过边界的德荣地区时，遭到南越国军的跟踪伏击。这位来自义安省义禄县的中尉为了掩护运输队，率掩护组抢先开火，把南越国军吸引过来，保障了运输队安全脱身。他的掩护组却被南越国军咬住，经过一番战斗，阮明通中尉倒在了血泊中，成为559兵团在15年长山公路运输史上战死的第一人。

虽然南越国军不断巡逻防范，可在没有建立有效封锁线之前，越南人民军南下的物资流与日俱增。按照越方的记载，1959年通过长山公路运进越南南方的武器装备共有1667支各式步机枪，几十万发步枪、冲锋枪和机枪子弹，以及其他军用物资。伴随南下的还有542名干部与战士，大部分是连排指挥员、训练特工部队的干部、机要人员和武器修理人员。1960年，559兵团往南方运进了50吨物资（其中有30.6吨武器弹药）和1808名干部与战士。1961年，第559兵团更是创纪录地向南方运进317吨大米和117吨武器装备，通过长山山脉行军进入南方战场的干部与战士多达7664人（同一时间，通过长山山脉北撤的负伤干部与战士有616人）；最重要的是越南人民军第338步兵旅所属的炮兵营163名炮兵干部与战士成建制越过了长山山脉，他们是越南人民军第一批进入南方的炮兵建制部队。

越南人民军持续不断的兵力和物资南下的直接结果，就是使越南南方的战斗规模越来越大，这给吴庭艳政府推行的“战略村”国策造成了很大的冲击，也引起了美国驻南越军事顾问团和中情局驻南越代表的担心。早在1960年，中情局就向肯尼迪总统提出了警告：“北越人民军不断跨过边界，把兵力和物资投送南下，很快就能有聚集起足以在南越全境掀起大规模游击战或是在越老边界发起进攻战役的能力。”同样，美国驻南越军事顾问团也认为，吴庭艳政府要想坐稳江山，保证剿灭境内的“越共”，首要条件就是有效封锁边界，特别是9号公路的寮保—溪山一线，堵住“四处漏洞的边界”。顾问团的利奥内尔·麦加尔（Lionel C. McGarr）在1961年10月给美国国防部长麦克纳马拉的信中声称：“由于越老边界（指寮保—溪山）人烟稀少和山岳丛林地形崎岖，给阻止或削弱北越穿越越老边界往南方渗透物资和兵力增加了额外的困难。”他认为，如果不能阻止越南人民军通过越老边界的兵力和物资南下投送的话，那么越军很快就会拥有在越老边界进行大规模战役进攻的能力，并能控制边界上的有利地形，保障战略运输线的持续运转。他的意见是应在溪山地区沿着越老边界建立一道可靠的封锁线。但，这个计划因南越国军实力弱小，没能实现。

▲战地越军女通信兵。

虽然麦加尔的意见被否决，但并不意味美国就低估了溪山方向的威胁。相反，麦克纳马拉很欣赏另一套应对措施——“边界控制”计划。内容主要是由美国陆军特种部队（绿色贝雷帽）参与到中央情报局的“边界山村防御”计划中。中情局出资，美国陆军特种部队出人，所指派的人先是当教官，后做顾问，组织和指挥蒙塔格纳人在边界修筑一系列边界屯哨。

面对美国和南越开始沿边界实施的“边

界控制”计划，越南人民军当然不会坐以待毙。1961 年 5 月，越南人民军在老挝境内控制了查尔平原的同时，也发起了南寮—9 号公路战役（史称“第一次南寮大捷”），一举攻克了 9 号公路沿线老挝境内的领土，特别是芒法兰、芒菲、车邦、班东等地，极大扩展了长山公路的战略运输走廊范围。

相对于越南人民军一步步实现战略运输走廊范围扩展的行动，美国和南越的“边界控制”计划却反应迟钝。直到 1962 年 7 月，美国陆军特种部队（绿色贝雷帽）第一批人员才从岘港出发，乘坐着二战时期的旧货——2.5 吨轻卡车，带着初出茅庐、刚刚训练归来的蒙塔格纳别击队员（英文是 CIDG，越南文叫“别击队”），在韦维尔上尉带领下，赶到了溪山地区。不过，绿色贝雷帽出师不利，一开始就有 2 名新兵——乔治·格鲁姆斯和弗兰克·昆宁被越军俘获，蒙受了 10 年牢狱之苦，直到越战结束才回归故里。

韦维尔一行人选择了溪山附近紧挨 9 号公路的一座法国堡垒（越军称为古堡）作为基地据点，取名为“阿拉莫”基地。在这里，代号 A-131 特遣队的绿色贝雷帽在丘克·克尔切克上尉率领下，于溪山地区周围反复巡逻，但因兵力有限，收效不大。对韦维尔和克尔切克而言，溪山地区最初的困难主要是补给。为了开辟补给场，他们选择在向化军事支区（溪山村）、寮保、遥观河谷建立直升机机降点。

不过，溪山地区毕竟是南越的领土。美国陆军特种部队在“边界控制”计划中起到的作用只是辅助性质的，主要还得靠南越国军。根据美国和南越的协定，溪山地区负责堵防边界的重任主要由南越国军第一军团负责。

1962 年 12 月 13 日，南越国军第 1 步兵师团 304 名官兵搭载直升机，在溪山地区实施机降，然后建立了联军的第二个基地——围村基地。受到这次行动顺利完成的鼓舞，南越国军在美军的帮助下，连续在溪山地区实施机降——1963 年 3 月 31 日，南越国军 70 名伞兵在溪山的法国堡垒区域成功着地。一周后，130 名南越国军士兵又在距越老边界仅 2 千米的 743 高地附近机降。

随着南越国军的不断增兵和美国陆军特种部队的进驻，溪山地区的“边界控制”计划似乎进行得有条不紊。表面如此，实则不然。从 1962 年 7 月到 1963 年 12 月，联军和越军双方连面都没碰过，更不要说相互战斗。唯一例外的是 1963 年 4 月 11 日，一架 O-1 轻型观察机在溪山山谷西北面的 861 高地和 881 高地之间受到步兵武器射击，这是美军记载的遭遇越军攻击的第一遭。

进入 1964 年，溪山地区的形势发生了显著变化。这一年，越南南方中央局根据越南中央政治局的指示，掀起了全面破击战略村的风潮。根据这个指导精神，第 5 军区加强了广治省的军事进攻和政治斗争活动。9 号公路沿线周围的南越国军各个据点先后遭到了越军的打击：先是 1964 年 2 月 9 日，广治省地方部队突入博隆郡，摧毁了南越宣称是“不可侵犯”的博隆军事支区，打死了博隆郡长陈定林，接着又成功策动博隆郡成乡的一个民卫排武装兵变，在他们的内应下，广治省直属特工 10 连干部战士于 1964 年 6 月 24 日奇袭头某基地成功，全歼了当地守军。

广治省轰轰烈烈的游击战争也蔓延到了溪山地区，联军面临的攻击次数开始增多。

▲美军绿色贝雷帽，他们在越战初期扮演了关键的角色。

1964年3月，一架O–1观察机被越军击落，美军飞行员理查德·怀特塞德上尉战死，同行的绿色贝雷帽A–728特遣队成员弗洛伊德·托马森上尉被俘，这是绿色贝雷帽在溪山地区第三名被俘的队员。无独有偶，边界对面老挝境内的班会珊也遭到了越军的袭击。驻防于此的老挝王国皇家陆军第33步兵营营长于1964年在溪山东部的9号公路段乘车触雷身亡。

接二连三的越军袭击和伏击行动，让美军震惊之余，也提高了警惕。在巡逻过程中，绿色贝雷帽在溪山山谷南面首次发现了越军行军过后遗留下来的营地，设施齐全让美军感到震惊。美军意识到，越南人民军南下的兵力和物资规模都有很显著的增长①，仅靠单纯的巡逻和在边界建立屯哨，根本无法满足封锁边界的要求。在这种情况下，美国驻南越

① 1962年，越南人民军第559兵团通过长山山脉向南方战场转运了625吨武器装备和弹药，以及140吨军用物资，以及196吨大米；同时共有9990名干部与战士翻越长山山脉，抵达南方战场，320名负伤干部和伤兵通过长山山脉北撤。1963年，559兵团遇到了老挝王国皇家陆军和南越国军发起的兰山12行动，损失了相当数量的物资和仓库区，全年向南方战场运送436吨物资，含340吨武器装备和弹药，南下干部与战士7116人，北撤负伤的干部与战士1080人。1964年，第559兵团为了保障越南南方解放军发起1964—1965年的冬春季战略攻势，一共南运了2000吨物资，南下干部与战士2.3万人，其中第325A步兵师的第101A步兵团、第95A步兵团和第18A步兵团，以及第304步兵师66A步兵团（著名的波莱美团）、第42步兵团和第320步兵团连续不断行军南下，成建制进入了南方战场。

军援司令部（MACV）决定抽调太平洋战区舰队陆战队第1通信连、陆战3团2营G连和1个81毫米迫击炮班组成通信监测队，编制5名军官和152名士兵，由阿尔弗雷德·格雷少校指挥，进驻溪山地区，任务是检测越南人民军南下部队的通信联络，收集敌情资料，以便更准确地封锁边界。不过，通信检测队的监听效果不大，很快又在1964年7月19日撤回了岘港。

通信检测队靠不住，美国陆军特种部队只能和蒙塔格纳别击队继续并肩战斗。绿色贝雷帽们很清楚，越军南下的规模越来越大，他们现在面临的问题已经不是简单的封锁边界，而是万一遭到大规模（团营规模）攻击的情况下，如何自保。显然，单纯靠直升机补给已经不适合这一地区的作战。因此，绿色贝雷帽们放弃了“阿拉莫”基地，移到溪山地区的斜昆山谷，在这里修建机场。经过6个月的苦干，美军工兵们硬是在斜昆山谷修建起了溪山基地雏形，一条简易机场跑道，周围含1个大型指挥掩体，4个混凝土碉堡，和15座可供别击队和绿色贝雷帽住宿的野战营房。

基地的建设为的就是战斗。因此，绿色贝雷帽们在基地初具雏形后，继续不断扩展，在1965年大干苦干，很快把基地建成为一个可靠的机场要塞。当美国海军陆战队第3两栖军军长勒夫·沃尔特中将视察溪山基地时，都为绿色贝雷帽兴建基地之快和简易机场的完善（可降C-130“大力神”运输机）感到十分吃惊。

从1965年7月开始，绿色贝雷帽和蒙塔格纳别击队一起，从溪山基地出发，进行为期3~15天的巡逻之旅，终点——边界对面老挝境内的班会珊基地，和老挝王国皇家陆军第33步兵营碰头后，才返回溪山基地。绿色贝雷帽们对盟军老挝王国皇家陆军的印象很差，彼得·莫拉肯回忆称：“老挝人带着妻小、厨子和与他们相关的一切宿营，根本不像个军队的样子！”

抱怨归抱怨，盟军有了总比没有好。不过，相对老挝王国皇家陆军，绿色贝雷帽更信任南越国军。不巧的是，由于南越国军正规部队在反击越军进攻战斗中兵力吃紧，第一军区把溪山地区的伞兵部队和第1步兵师团全部调回广南省，取而代之的是保安军和民卫队，以及蒙塔格纳别击队和南越别击队（京族）。截至1965年10月，溪山地区美军和南越国军的兵力部署情况是：溪山基地由30名绿色贝雷帽队员、2个蒙塔格纳别击连、南越国军1个别击特遣队负责驻防；向化军事支区（溪山村）由南越国军保安军1个连（得到南越国军1个炮兵连支援）驻防；围村由南越国军2个蒙塔格纳别击连驻防。溪山地区的美军指挥官是约翰·瓦格赫尔斯坦因上尉。进入1965年12月，美军突然发现溪山周围越军活动次数剧增。出巡的绿色贝雷帽先后5次和越军遭遇。在一次战斗中，约翰·瓦格赫尔斯坦因上尉指挥绿色贝雷帽在蒙塔格纳人配合下击毙了32名越军。

1966年1月3日，由于形势紧张，美军开始增兵溪山地区，绿色贝雷帽一个连抵达溪山。美国远征军总司令威斯特摩兰上将还亲临溪山基地，他向这里的守军承诺，一般情况下守军会得到美国空军、美国海军和美国海军陆战队的战术飞机支援，必要情况下可以出动B52战略轰炸机对越军可疑集结区进行地毯式

▲蒙塔格纳别击队员。

袭炸。对美军的增兵，越军很巧妙地采取了游动炮击战法，用游动不定的炮火袭击来消耗对手。1月3日傍晚，南越别击队刚出溪山基地巡逻，几发120毫米迫击炮弹突然在战斗队形中爆炸，3名别击队军官当场被炸死。

游动炮击的效果十分显著，让美军和蒙塔格纳、南越别击队不断付出血的代价。截至1966年2月，溪山基地的联军在越军游动炮击下就有13人战死，50~60人负伤。出巡的绿色贝雷帽也时有损失：1966年3月15日，接替瓦格赫尔斯坦因上尉出任溪山基地指挥官的戴维·霍尔姆斯中校在一次深入老挝境内的巡逻任务中不幸战死沙场。

最糟糕的是，美军没法进行炮火反击。当时没有反炮兵雷达，丛林作战光测和声测的反炮兵侦察效果不佳，另一方面，美军的81毫米迫击炮射程有限，因此只能在越军的游动炮击下煎熬。

对溪山地区突然遭袭，美国远征军总司令部的情报部门马上加紧工作，捕捉越军情报，他们很快嗅出了异味，发现越南人民军第324步兵师正从第四军区的河静省（距17°临时分界线180千米）南下。不仅如此，美国远征军情报部门还准确识别出了第324步兵师3个团的番号，并判断第4个团（31步兵团的番号美军没能识别）也在南下进入广治承天。远征军总部的情报部门人员很快又通过无线电定位，判明顺化市西面约32千米处有一个越军师级指挥部，事后得知这是越军治天军区司令部临时指挥所，军区司令员陈文光正在此地。根据这些情报，威斯特摩兰上将认为越军准备要在广治省发起一场大规模进攻。

可当威斯特摩兰上将的警告传到负责广治省和承天省防务的美第3两栖军军部的时候，曾在南越第一战——云祥战斗中栽了个大跟头的师长、现任第3两栖军军长的沃尔特少将，却得出了相反的结论。第3两栖军的情报工作实在太差了，直到1966年4月15日，该军情报主任都还没有发现第324步兵师所属的1、2、3团和第31步兵团南下的消息，更对越南中央军委筹备组建治天军区的情况一无所知。当时，美第3两栖军在广治承天的部署仅有陆战4团（团长：唐纳德·谢尔曼上校）进驻顺化的芙拜基地，9号公路沿线基本都是南越国军别动军和保安军负责。

出于对广治省和承天省形势的担忧，威斯特摩兰上将飞到岘港，召集第3两栖军主要指挥官开会。在会上，威斯特摩兰上将特地问沃尔特少将，为什么他们不相信美国远征军总部关于越军正在大规模集结的报告，沃尔特干脆地回答：“我们曾组织过多次远程搜剿行动，可就是没有发现敌人任何大部队集结的迹象。如果他们真的在（集结兵力），那很可能隐蔽在距老挝边境不远的群山中。”

不过，沃尔特的回答是很心虚的，因为就在他说没有发现越军大部队集结迹象的同时，越南人民军第95B步兵团从联军手中夺取了阿绍河谷，作为长山公路往治天军区新的干线通行区。对这个失利，威斯特摩兰上将感到十分气愤，加上溪山基地从年初开始就频繁遭到越军的游动炮击，他一怒之下命令沃尔特少将立即出动兵力，前往溪山地区实施搜剿作战。

沃尔特少将不敢怠慢，赶紧命令驻顺化芙拜基地的陆战4团团长唐纳德·谢尔曼上校组织一个战斗群开赴溪山。谢尔曼比较自私，他没有从所部抽调兵力，而是让配属给陆战4团作战的陆战1团1营（营长：范德贝尔中校）在105毫米榴弹炮和迫击炮各1个连的加强下，组成战斗群开赴溪山，实施代号“弗吉尼亚”的搜剿行动。

▲在“弗吉尼亚”行动中攀登陡崖的陆战1团1营将士。

首先抵达溪山基地了解情况的营长范德贝尔震惊地发现，绿色贝雷帽“神情紧张”，很少外出巡逻，而是把这个原本是溪山基地最重要的任务推给南越国军别击队和蒙塔格纳别击队。遗憾的是，这两个别击队的报告往往是错的。范德贝尔多年后回忆起这段往事还愤恨不已：

让我吃惊的是，特种部队指挥官竟然相信他们（南越别击队和蒙塔格纳别击队）的报告。情报主任在介绍敌情时，向我描绘了和敌人接触的情况，显然他们认为特种部队的（溪山）营地被敌人包围了。

4月17—18日，陆战1团1营搭乘陆战队航空兵第152运输机中队的C–130“大力神”运输机在溪山基地完成集结。范德贝尔中校决心以溪山为基地，进行半径10千米的搜剿作战。然而，这次搜剿行动完全扑空，1团1营没有遇到任何一名越军，只得失望地返回了溪山基地。

眼看“弗吉尼亚”行动就要泡汤了。心有不甘的陆战3师情报主任乔治·卡灵顿上校建议范德贝尔中校带着全营从溪山沿着9号公路徒步行进，一边搜索，一边撤到东河基地，目的是为了查明是否有越军穿过非军事区南下渗透进南越。对于这个“馊主意”，范德贝尔竟然很认真地执行了。经过7天行军，他们终于抵达了东河基地。除了一身的疲惫，范德贝尔们没有发现任何越军迹象。也就是说，“弗吉尼亚”行动完全就是白费力气的无用功。尽管如此，威斯特摩兰上将和沃尔特少将还是亲临东河，“庆贺”范德贝尔们“首次”沿9号公路走到东河的“壮举”。

对于“弗吉尼亚”行动的扑空，威斯特摩兰上将和沃尔特少将有截然不同的看法。对威斯特摩兰上将来说，这次行动的失败并不能改变他对越军要集结重兵准备发动进攻的看法；而沃尔特少将则认为，这次行动扑空完全证明了陆战队第3两栖军的判断，那就是越军根本没有完成大规模兵力集结，更谈不上进攻了。鉴于两人的分歧，威斯特摩兰认为陆战队就是桀骜不驯，根本无法服从他的命令。他声称要向广治省和承天省调来美国陆军作战部队，而且不能受陆战队第3两栖军的节制，他打算把陆战3师和拟定调来的1个美国陆军师统一整合成一个陆军军级单位，直接对他负责。

实际上，威斯特摩兰上将的担心并非多余。就在“弗尼吉亚”行动结束（5月1日）后不久，9号公路—北广治地区还真起火了。1966年5月19日，越军突然对犹灵和昆先展开攻击。犹灵基地守军43死54伤，昆先基地守军伤亡20人。3天后，南越国军第2步兵团2营在距东河8千米外的一次搜剿行动中宣称击毙越军35人，活捉3人，但自己也付出了战死7人的代价。

▲沿着9号公路从溪山地区返回东河基地的陆战1团1营。

犹灵、昆先遭到攻击和东河搜剿战斗遇到抵抗，终于让沃尔特少将警觉起来，9号公路危急！东河危急！根据他的命令，凯利中校的陆战4团2营从芙拜基地乘C-130“大力神”运输机急赴东河基地。与此同时，陆战3师师长基勒少将火急火燎地指示凯利一到东河，就在南越国军配合下，展开代号“雷诺”的行动的觅歼作战。

从1966年5月30日到6月8日，陆战4团2营对东河周围半径8千米地带进行全面搜索，除了击毙3名越军外，没有发现越军任何大部队，反倒是一支美国空军雷达测绘分遣队遭到越军伏击，6人全部战死。

虽然“雷诺”行动再次扑空，但南越国军第1步兵师团却以敏锐的嗅觉发现了已经逐步集结展开的越南人民军第324步兵师。但，威斯特摩兰这次却不打算先发制人了，他认为“弗尼吉亚”行动和“雷诺”行动两次扑空，证明越军战役集结的灵活隐蔽，对付这种对手唯一的办法就是后发制人，也就是让越军先攻，暴露他们的兵力规模和战斗企图，联军再予以反制，这样的效果才是最理想的。

威斯特摩兰的设想是好的，可他的设想能否如愿，答案很快就会揭晓。

第三节　战火燃烧的北广治

1966年6月26日凌晨05点00分，9号公路—北广治阵线进攻的枪声全面打响。得到第324步兵师特工连加强的第324步兵师1团2营在营长黎文全和政委黎国辉指挥下，对9号公路沿线的头某基地展开攻击，全歼南越国军别动军1个连，缴获30条各类枪支，取得了头某大捷。

在头某大捷的同时，为了配合第1步兵团2营的战斗，第324步兵师2团在甘露县地方部队和县游击队掩护下，连续对门、梅和、班协、方义等各个南越民卫屯展开攻击，宣称毙伤南越民卫队和保安军200人。与此同时，9号公路—北广治阵线的各个火力连和第31步兵团也对昆先、洞金、洞某进行游动炮击和小规模袭击，发射了几百发82毫米迫击炮弹和75毫米无后坐力炮弹，给9号公路沿线各个基地和据点的南越国军以很大的杀伤。

9号公路—北广治阵线的第一波攻势，完全在威斯特摩兰上将的意料之中。作为后发制人策略，他命令沃尔特少将立即对第324步兵师进行还击。相对威斯特摩兰的“成竹于胸”，沃尔特少将却显得有些紧张。9号公路

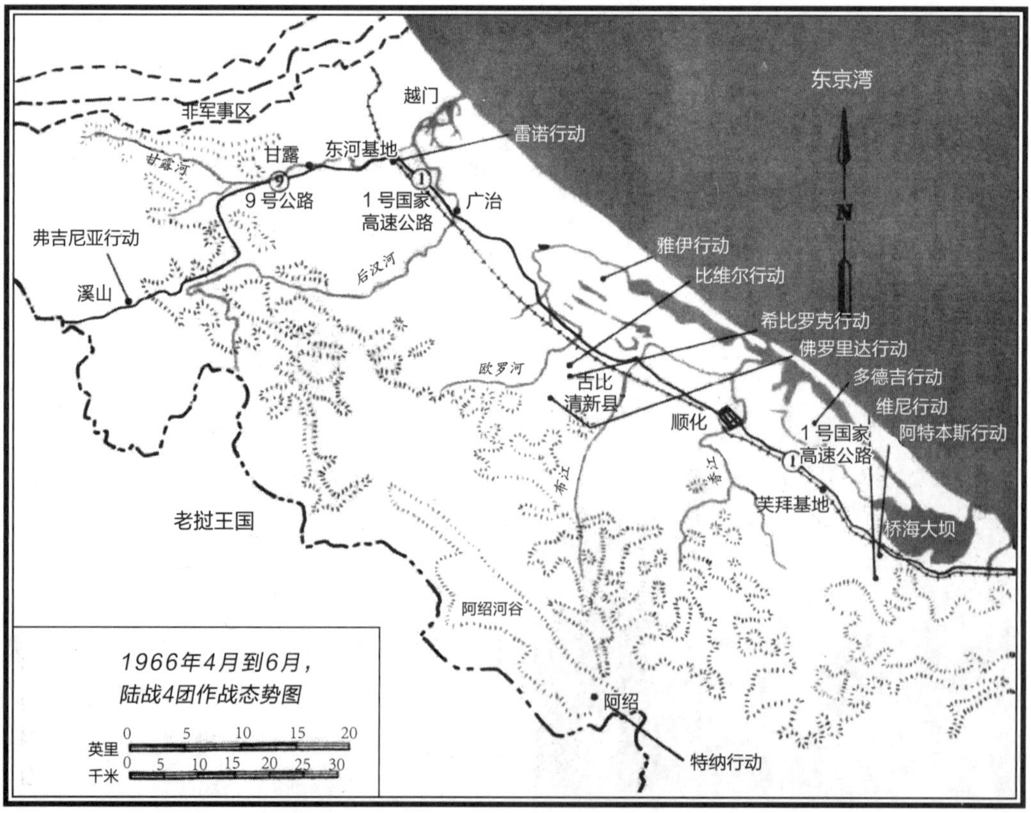

▲1966年4月到6月，陆战4团作战态势图。

全线遭到攻击，显然表明威斯特摩兰许久以来的警告已成现实，而他的判断却完全错误。现在，他渴望进行报复还击，挽回自己的声誉。

陆战队第3两栖军很快行动起来。驻芙拜基地的陆战4团抽调第3两栖军侦察连1个排和陆战4团A连1个排、陆战1团2营E连、陆战12团3营H连（炮兵连，得到2门155毫米榴弹炮加强），组成查理战斗群，由科尔比上校指挥开赴东河基地和甘露支区。接着，哈宁菲中校带领的陆战1团2营也进驻东河基地，美军做好了还击准备。

对美军增援甘露支区和东河基地的行动，9号公路—北广治阵线认为，通过第324步兵师1团、2团，以及第31步兵团在头某、甘露、新兰、东河周围的作战行动，不仅钳制了广治省的南越国军第1步兵师团诸部，而且成功把美军部分兵力吸引过来。对于第二阶段的作战行动，9号公路—北广治阵线司令员南隆大校认为，先让第324步兵师1、2团休整几天，调上预备队3团在第31步兵团和甘露县地方部队、乡村游击队配合下，对美军初期觅歼行动进行阻击，然后再换上主力——第324步兵师1、2团对美军展开反击，抓住战机，歼击美军有生力量。

美军方面，自陆战1团2营和查理战斗群进驻东河后就分工明确：查理战斗群负责侦察，哈宁菲的陆战1团2营负责作战。1966年7月初，查理战斗群的特雷博恩上尉率领一支巡逻队登上东河西面25.7千米、标高213米的一个无名高地。由于该高地位置重要，特雷博恩随即将其命名为洛克派尔高地，也就是日后著名的洛克派尔火力基地的前身。对这个高地的重要性，熟悉地形的越军自然了如指掌。特雷博恩的巡逻队随即遭到周围依托隐蔽良好的堑壕的越军火力还击。在呼叫炮兵火力反击后，特雷博恩率巡逻队返回了东河。接下来的10天里，查理战斗群继续往洛克派尔周围巡逻了18次，但有14次遇到越军的抵抗而没能完成任务。根据陆战队的报告，洛克派尔周围约有300名越军。

这个判断实际是正确的。根据《第324步兵师战史》的记载，1966年7月初，在300高地（洛克派尔基地的越方称谓）周围，第324步兵师3团（原第803团）7营早已枕戈待旦。7月9日，美军“1个营”在300高地机降，遭到7营顽强阻击，被击毙“多人”。

对越军的集结情况，南越国军第1步兵师团驻扎东河的部队也获得了不少情报。7月6日，南越国军在洛克派尔附近抓获了1名越军士兵。这名士兵供认自己隶属于第324步兵师2团5营，并承认了1团和3团都已进入南越境内。7月9日，第324步兵师2团的1名中尉主动向美军投诚，他不仅供出了第324步兵师各团的位置（当然，这些位置都已经发生了变化），以及9号公路—北广治阵线所属的营以上单位的番号，并声称第324步兵师的任务是解放广治省。虽然他的口供有所夸大，但

▲陆战4团2营乘坐KC-130运输机抵达了东河基地。

这些情报还是引起了陆战3师师长基勒少将的警觉。他向沃尔特建议，应该立即向非军事区的广治省北部增兵，以强大的兵力和火力向越军第324步兵师反攻，力争把对方赶出南越。沃尔特少将和威斯特摩兰上将照准所请。

7月11日，陆战3师副师长英格利什准将飞往顺化，在南越国军第1步兵师团指挥所，和南越国军第1步兵师团长吴光长少将、陆战4团团长谢尔曼上校召开军事会议，决定在9号公路沿线的甘露——东河地区发起觅歼作战，美军行动代号是"哈斯汀"，南越国军行动代号是"兰山289"，行动发起日定为7月13日。

行动前，基勒少将下令在甘露附近开设战斗指挥所，由英格利什准将统一指挥这次行动，参战部队由陆战4团2营和3营、陆战1团2营、陆战3团1营等4个陆战步兵营和陆战12团3营（炮兵营）组成，编成德尔塔战斗群，空中支援由陆战队第1航空联队（我们最熟悉的陆战队航空兵，太平洋战争的瓜岛战役和朝鲜战争的长津湖战役表现出色）负责。不过在战斗准备过程中，英格利什发现原计划有疏漏，为了重新拟定计划和战斗准备，他把"哈斯汀"行动发起日推迟到了7月15日。

这是美国海军陆战队在越战中的第一次内陆山区地形蛙跳机降作战。空炮的作战协同关乎成败。为此，陆战队第1航空联队所属的陆战队第16航空大队长理查德·休特上校亲赴甘露附近的行动指挥所，协调直升机和固定翼战术飞机对陆战队步兵的支援。炮兵方面，18门105毫米榴弹炮和12门155毫米榴弹炮负责支援德尔塔战斗群，另有一个105毫米榴弹炮兵连支援南越国军第1步兵师团在9号

▲南北越分界线——边海河，北岸高高飘扬的是北越金星国旗。

▲"哈斯汀"行动前拿下的一个重要制高点，约200米高的洛克派尔基地。

公路南面的“兰山 289”行动。

对美军即将展开的“哈斯汀”行动，南隆大校早有准备。他命令第 324 步兵师 2 团和 3 团迅速赶往 300 高地（洛克派尔）、巨定、博德、402 高地、班协、沛山周围展开布防，重点是 402 高地、沛山、300 高地、博德。双方都在磨刀，就看临场发挥了。

7 月 15 日清晨，“哈斯汀”行动正式拉开帷幕。美军陆战队第 12 航空联队的 A4“天鹰”攻击机和陆战队第 11 航空队的 F4-B“鬼怪”式战斗机对班协、300 高地、巨定、博德、402 高地实施绵密的航空火力突击。07 点 25 分，美军炮兵群实施 20 分钟的炮火准备。由于准备充分，美军的航空火力和炮火准备给越军造成的伤亡微乎其微，反而让越军做好了战斗准备。

07 点 45 分，陆战 4 团 3 营在瓦尔中校的率领下，搭载 20 架 CH46“海武士”运输直升机，于 300 高地东北 8 千米的科洛尔着陆区机降。这个地点出乎 324 师的意料，美军受到的抵抗并不强烈。但着陆区选择不当，狭窄的空域让 2 架 CH46“海武士”运输直升机在空中相撞，第 3 架 CH46 为了规避相撞直升机的残骸，不慎撞树。3 架直升机报废的同时，还连带导致陆战队员 2 死 7 伤。傍晚，越军又击落了 1 架满载兵员的 CH46“海武士”运输直升机，残骸坠落在瓦尔中校营指附近，13 死 3 伤。这一系列损失给“哈斯汀”行动蒙上了一层阴影。

09 点 35 分，在陆战 4 团 3 营顺利着陆后不久，陆战 4 团 2 营（营长：本奇中校）也在多佛尔着陆。最初，他们也没有遇到抵抗，只是周围高高的大象草让他们步履维艰。与此同时，瓦尔中校率领的陆战 4 团 3 营继续往前推进，很快他们就在右江边上进入了 402 高地。越军第 324 步兵师 2 团 6 营 6 连早已在此等候多时。

当陆战 4 团 3 营试图过河时，立即遭到了 6 连密集的火力打击，美军 3 死 5 伤，战斗中，越军 2 团 6 营 6 连火力组组长阮飞雄立下战功。在第 324 步兵师签发的立功状中，声称阮飞雄带领火力组顽强战斗，先后 12 次击退美军冲击，歼敌 32 人，为 6 连守住 402 高地和确

▲科洛尔着陆区，图上可见3架受损的直升机。

▲1架满载路战队员的CH-46直升机被越军火力击中后，在科洛尔着陆区附近坠毁，导致搭载的陆战队员13死3伤。

保后方300高地（洛克派尔）的安全做出了重要贡献。虽然战绩过分夸张，但6连的火力确实很猛，美军冲了3次都没能过河，只得退到河边200高地组织环形阵地过夜。6连不依不饶，组织所有步枪、机枪和迫击炮火力猛打美军,甚至连瓦尔中校呼叫炮兵和航空火力支援，也没能压住6连。20点45分，越军324步兵师2团又把5连给调了上来，对陆战4团3营K连阵地猛烈冲击，几乎撕开了美军防线。经过3个小时激烈战斗，美军才好不容易击退了对手。

对“哈斯汀”行动第一天的表现，双方比较满意。越军方面记载：402高地的第2步兵团6营6连顽强战斗，连续击退敌人多次冲击，歼敌近100人。在6连鼓舞下，5连奉命顶着敌人空炮火力打击，对美军实施勇猛反击，歼敌100多人，宣告了9号公路—北广治阵线对美军的首次胜利。

美军方面，第一天基本完成了计划任务，不过死伤交换比显然不尽人意。美军声称清点到对方31具尸体，己方18死2伤。

7月16日，瓦尔中校进展相对顺利，越军第324步兵师2团5、6连损失较大，从402高地周围撤了下来。陆战4团3营渡过了右江，从越军阵地周围缴获35箱12.7毫米机枪弹、24枚反坦克地雷和1000发冲锋枪弹。在东北方向，本奇中校的陆战4团2营付出2死7伤的代价后，也渡过了右江，于14点45分与瓦尔会师。当晚，倒霉的陆战4团3营K连再次遭到越军的猛攻，K连以1死5伤的代价击退了这次进攻，宣称越军遗尸79具。

同一天清晨，陆战1团2营（营长：斯保尔汀中校）和第7舰队陆战队一个营（陆战5团3营，营长：爱德华·博洛纳茨中校）分别在克罗尔东北偏东3000米（越军地图标注为巨定）和越门河口2500米（越军地图标注为博德）着陆，企图配合陆战4团3营和2营围歼集结在402高地到300高地之间的越军第2步兵团5、6营，但行动又一次扑空。当天唯一的花絮是陆战12团3营的155毫米榴弹炮群发现一支行进中的越军部队，连射51弹，宣称毙敌21人。

连续2天都没能捕捉到越军主力，英格利什准将决定再逼上一步，对行动中心区小山谷实施机降，企图来个中心开花。7月18日中午，爱德华·博洛纳茨中校的陆战5团3营再度机降，除了哈罗德·佩特吉尔斯上尉的M连宣称击毙越军21人，缴获2挺机枪和11支步枪外，这次机降再度扑空。

与此同时，陆战4团2营和3营奉命逐步离开右江河谷，继续觅歼越军。越军依托300高地附近的观察台将美军行动尽收眼底，他们如同猎人似的等待对手犯错误。事实证明，美军这一动还真犯了错误。按照计划，陆战4团2营先走，陆战4团3营随后跟进，负责断后的是3营K连。15点30分，当陆战4团2营和3营主力撤退完毕，K连也将多余弹药和被打坏的直升机爆破，准备随同陆战4团3营营指一起撤退的时候，悄悄隐蔽赶到的越军第324步兵师1团1营和3团7营突然对他们发起了猛烈攻击！参加了这次战斗的瓦尔中校回忆道：

我们在战壕里已经待了很久，准备跑步东进的时候，后卫部队速度太慢，憾未跟上，当敌人发起攻击的时候，他们仍留在原地。

K连1排的麦克吉蒂中士回忆道：

一开始，我们先是遭到迫击炮火力轰击，很快自动步枪子弹从四面八方打来……他们吹着军号，挥动军旗……敌人端着步兵武器踩着迫击炮弹冲了上来，我估计他们有1000人之多。（敌人太多了）我们根本杀不完。我班将士相互间失去联系，和连主力的联系也断了。我带着部分官兵在阔叶高草丛里，机枪手不得不把枪架顶在膝盖上射击。敌人虽然没有突破我们的阵地，但1~2个班的兵力插进了我们的战斗队形里。

眼看K连在越军猛攻下危在旦夕，瓦尔中校赶紧命令副营长克拉克·亨利少校率L连回头救援，并请求陆战4团2营营长本奇中校支援。17点00分，L连赶来和K连会合，逐步挡住了越军的冲击。接着，本奇中校也带着陆战4团2营前指和G连在附近高地展开火力，掩护K连和L连撤了下来，可战死者不得不放弃，这违背了陆战队的传统，是陆战4团的耻辱。

清点人数，陆战4团3营一共战死14人，负伤49人，宣称毙敌138人，推测击毙500人。损失最大的莫过于陆战4团3营K连，从原本130人下降到80人。越军损失不明，不过经过这次战斗，第324步兵师在这一带战斗的4个营主动暂停了大规模进攻，转入兜圈子局部防御战。

为了密切配合第2步兵团和第3步兵团抗击美军“哈斯汀”行动，越军第324步兵师1团（欠1营）也隐蔽插入敌后的犹海（犹灵县）、甘城（甘露）、潮尚（潮丰），在地方部队和地方群众配合下，一边展开政治斗争风潮，结合中小规模武装战斗，夺取了广治省东部许多乡村，为日后越军在潮海平原开展游击战，建立根据地创造了良好的条件。同时，为了配合第324步兵师的作战行动，承天省第6步兵团在1号国家高速公路组织破交战斗，重创南越国军2个保安连。

接下来的3天时间里，第324步兵师3团首先撤出了战场，在甘露周围只留第2步兵团5营和6营继续战斗。在越军大步退却的情况下，美军几天都没能找到对手，战斗似乎一度陷入了沉寂。

3月24日，就在美军认为越军已经撤出甘露地区的时候，陆战5团3营突然在362高地（越军标注为314高地）遇到了第324步兵师2团6营的顽强阻击。博洛纳茨中校见到兔子赶紧撒鹰，I连和K连朝6营猛扑过来。主攻的I连付出了几乎全灭的代价——18人战死，82人负伤——才和K连一起攻下了362高地，所获得的战果不过是缴获2门迫击炮、27支冲锋枪、1挺轻机枪、1门无后坐力炮，清点到21具越军尸体。

福无双至，祸不单行。陆战5团3营在362高地被越军324师2团6营痛打的同时，陆战4团2营在7月24日夜突然遭到越军猛

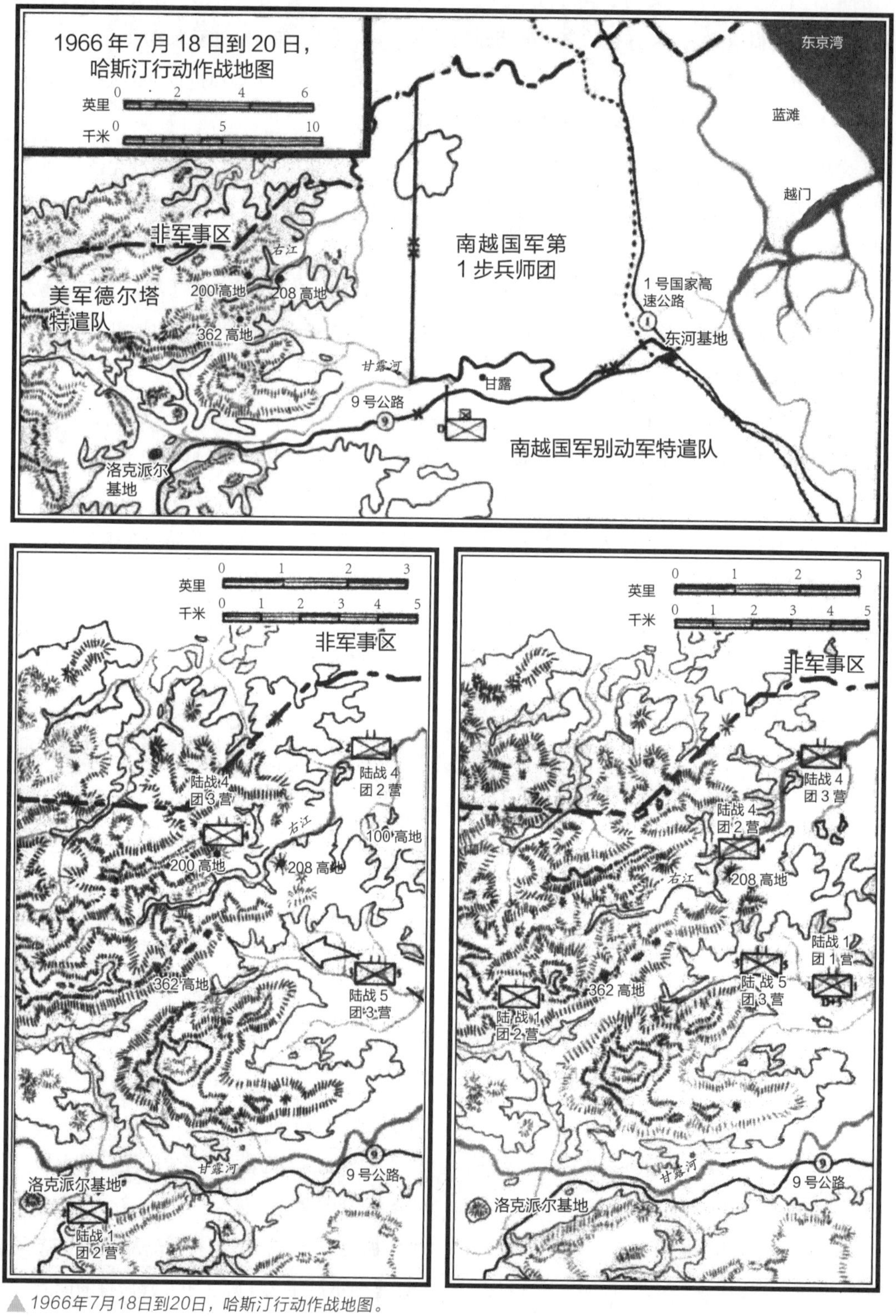

▲1966年7月18日到20日，哈斯汀行动作战地图。

陆战4团3营营部遭到越军迫击炮火力打击，1名陆战队员仓促隐蔽。

烈的迫击炮火力袭击，造成1死64伤。第二天清晨，2枚250磅航弹连续命中陆战4团2营营指，幸运的是无人死伤。

经过7月15—25日的战斗，第324步兵师成功完成了南隆大校赋予他们的把美军战略机动兵团部分兵力牢牢吸引和钳制到9号公路—北广治战场，并相机歼击美军部分有生力量的重任。从7月26日开始，第324步兵师撤出甘露地区，向前逐步插到甘露—东河之间准备下一阶段的战斗。

对第324步兵师作战计划和作战目的一无所知的美军从7月26日到8月3日连连扑空，只得在8月4日草草结束了“哈斯汀”行动。从美军角度来看，“哈斯汀”行动在占领地盘上算成功的，基本控制了洛克派尔周围地区，为日后建立洛克派尔火力基地打下了坚实的基础。可，从战略上来看，美军落入了越军设下的圈套，战略机动兵团逐步被吸引到9号公路方向，而且随着时间的推移越聚越多，形成作战集团，完全上了越军的钩。从这点来看，美军在战略上是失败的。从战术上来看，美国海军陆战队在“哈斯汀”行动中确实竭尽全力：战术飞机平均每天出动100架次，其中有32架次直接空中支援，40架次间接空中支援，28架次雷达控制支援，总计战术飞机在行动中出击1667架次，陆战队第16航空大队飞了一万多架次，创下日出动620架次的新纪录。作战后勤方面，平均每天直升机机降补给75吨，最高峰110吨/日。从出动兵力和损失交换比来看，“哈斯汀”行动和“兰山289”行动一共投入8000名陆战队员和3000名南越国军官兵，战斗损失：美军战死126人，负伤448人；南越国军战死21人，负伤40人。宣称击毙越军700多人，俘虏17人，缴获武器200件和弹药三十多万发。很遗憾，《第324步兵师战史》没有记载这一阶段的战斗损失，但从《越南人民军卫生勤务史第二卷1955—1968年》第278页记载的第324步兵

▲冲上208高地搜索的陆战4团2营将士。

师在1966年6月26日—8月10日一共战斗负伤642人，牺牲249人的情况来看，他们和联军在“哈斯汀”行动的交换比基本是1:1。应该说越军在战术上也没有输给美军，两军表现都可圈可点。

不过，对“哈斯汀”行动效果估计过高的陆战3师师长基勒少将却很兴奋，他认为越军低估了美国海军陆战队的战斗力，低估了美军空炮火力的威力，通过这次行动，陆战3师证明了自己的价值。在这种情况下，基勒少将信心满满地又要发起代号为“普莱里埃”的行动，继续查明越军是否又增兵进入了9号公路沿线地区。

然而，这次行动一开始就很不顺利，美军不仅没有捕捉到越军主力，反而遭到越军第27步兵团和甘露县地方部队2个连的顽强阻击，在各次小规模战斗中美军连遭打击：8月8日，陆战4团2营E连一个排（40人）在连长安德烈·W·谢尔曼上尉率领下在洛克派尔北面4000米处突然遭到伏击，谢尔曼上尉战死，罗伯特·佩斯中士和唐纳德逊中士重伤，总计蒙受5死27伤的损失，才在M48“巴顿”式主战坦克支援下撤出了战场。

这次战斗对越军来说规模小得不值一提，而且并非主力第324步兵师所打。但这么大的损失却让美军警觉起来。负责“普莱里埃”行动的希格雷诺上校——一名参加过第二次世界大战和朝鲜战争的老兵，立即判断第324步兵师战斗力获得了恢复（实际是在“哈斯汀”行动中损失不大）。他决定增兵东河（这个决定又使美军进一步掉进了越军的战略陷阱里，越来越多的美军被吸引到9号公路），陆战4团1营（营长：杰克·威斯特尔曼中校）、莫罗少校的陆战12团3营和约翰·格雷上尉的陆战队第3坦克营C连开赴东河与甘露，换下本奇中校的陆战4团2营。希格雷诺上校的意图是让陆战4团2营对甘露到洛克派尔之间的9号公路段实施威力搜索，然后往北向头某实施觅歼。

8月17日，本奇中校的陆战4团2营从甘露出发，沿着9号公路行进。12点15分，当先头的F连走到甘露河分支、呈南北流向的溪灵河边252高地时，他们遇到了麻烦。越军第324步兵师2团1个火力连（装备82毫米迫击炮、75毫米无后坐力炮和12.7毫米高射机枪）依托252高地修筑的预设阵地，对F连进行火力急袭，F连2死5伤，被死死压在

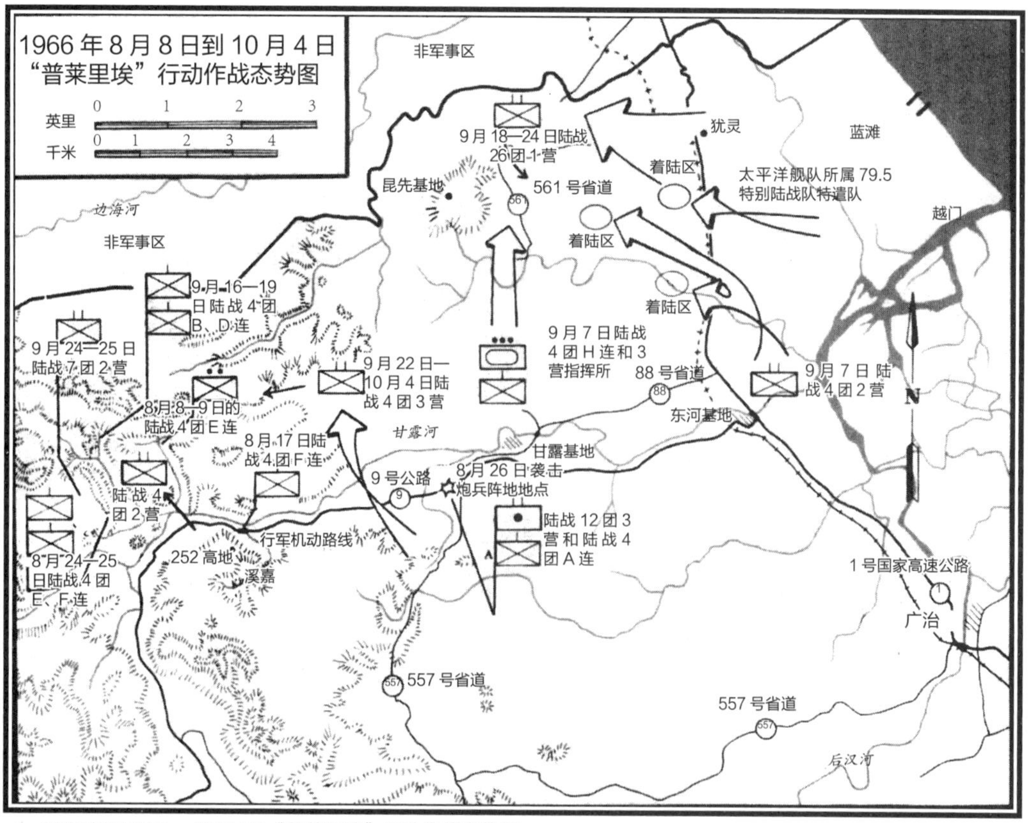

▲1966年8月8日—10月4日"普莱里埃"行动作战态势图。

公路上。跟进的D连和E连没法展开战斗队形，只能眼睁睁看着F连被打而无所作为。本奇呼叫航空火力和炮火支援，可252高地的越军火力阵地都是依托坚固的岩石挖掘构筑的，曲射火力无法摧毁。叫苦不迭的本奇只得请希格雷诺派坦克来支援，陆战队第3坦克营C连的2辆M48"巴顿"主战坦克迅速赶来，掩护陆战4团2营暂时撤了下来。第二天，M48坦克正面对252高地实施火力打击，陆战4团2营G连从背后包抄，最终攻下了252高地，但仅仅清点到3具越军尸体。显然，越军324步兵师2团的火力连已经胜利完成任务，安全撤出了战场。

突破252高地后，陆战4团2营在M48坦克配合下，抵达洛克派尔，然后往头某方向搜索。双方围绕洛克派尔、头某、班协连续展开激烈战斗。越军第324步兵师3团打得灵活巧妙，始终以连级规模兵力不断缠住美军打，既牵制住了美军，也避免了战斗中的大损失。5天下来，本奇中校的陆战4团2营损失很大。特别是8月22—24日的班协战斗，越军第324步兵师3团4、5连重创了陆战4团2营，给美军造成了120多人的损失，其中战死21人。不过，越军最终也丢失了班协，让美军彻底巩固了洛克派尔。在这次战斗中，本奇中校最大的收获就是抓俘了1名5连的中士，这名越军

▲沿着9号公路展开“普莱里埃”行动的美军M48“巴顿”主战坦克。

▲由于美军及时获得情报，越军特工袭击甘露基地美军炮兵的战斗以失败告终。图为战死在甘露基地美军炮兵防线内的越军特工。

的叛徒向本奇供出了一个惊天秘密——第324步兵师3团将在8月26日凌晨对甘露基地的美军炮兵阵地展开攻击！

实际上，这名中士供出的进攻时间基本正确，但参战部队弄错了，不是第324步兵师3团，而是9号公路—北广治阵线的2个特工连。得到预警，负责警戒甘露基地的陆战12团3营炮兵阵地的陆战4团1营A连（连长：格拉尔德·加尔文中尉）立即撤回主阵地，严阵以待。尽管美军事前进行了周密的准备，但越军2个特工连还是设法渗透穿过了铁丝网，冲进了美军防线内，他们用TNT和爆破筒炸毁了许多帐篷、牵引车和1辆坦克救援车。越军战前情报工作做得很好，他们炸毁了许多目标后，又冲进了原美军炮兵阵地。幸好预警及时，甘露基地内的陆战队第12团3营155毫米榴弹炮群转移了阵地，扑空的越军特工遭到了陆战4团1营A连凶猛的火力打击，损失较大，在没有炸毁1门155毫米榴弹炮的情况下遗憾地撤了出去。这次甘露炮兵阵地保卫战，也宣告8月战斗的结束。尽管预有准备，在击退越军特工的这次袭击战斗中，陆战队还是付出了9死20伤的代价（越军声称，这次战斗击毙美军36人，击毁2门105毫米榴弹炮和3辆M113装甲车）。

在整个8月的战斗中，美军宣称击毙至少200名越军，但自己也付出了37人战死、130人负伤的代价。不过，8月的结束并不意味“普莱里埃”行动的落幕。希格雷诺上校准确判明，8月的战斗并没有完全重创324步兵师，美军还需继续加码！

罗斯奥弗中校的陆战7团2营紧急从朱莱基地赶来，负责洛克派尔周围地区的巩固，让本奇中校的陆战4团2营继续展开行动。希格雷诺根据即时的敌情动态，决定把9月的行动区域重点指向甘露西北和犹灵地区，特别是昆先基地周围，目的是阻止越军进一步“渗透”。

能者多劳的陆战4团2营马上行动起来，9月7日搭载直升机从洛克派尔地区进入昆先周围地区，进行为期6天的清剿。美军的情报显示，这里埋伏着至少一个营的越军，可本奇们搜索了6天除了不断进行小规模战斗外，基本没有遇到大部队，付出8死17伤的代价，也只不过宣称毙敌20人。

的确，昆先方向并没有多少越军的活动迹象。越军第324步兵师巧妙分兵：朱方带师长把1团撤了下来，担任师和阵线预备队，2团前进到越门河与1号公路西面的犹安乡之间活动，第3步兵团顺势隐蔽插回洛克派尔基地周围，准备策应2团战斗，给予美军打击。

对324步兵师部署的调整，美军浑然不觉。本奇中校的搜索结果仅仅是胡乱上报说发现第324步兵师90团（1团）在非军事区以南渗透活动。在没有可靠情报参考的情况下，希格雷诺只得选择相信本奇的信息，马上组织陆战26团1营（营长：安东尼·蒙蒂中校）对昆先—犹灵地区的安定村实施突击。

1966年9月15日，陆战26团1营兵分两路，营主力直接在安定村前实施机降，A连则在越门河北面2千米机降，确保滩头阵地安全和炮兵跟进，然后再和营主力会合，突击安定村。

然而，这次行动同样没有逃过越军沿越门河到9号公路各个重要高地密布观察台的“法眼”。在加平、安定（犹安）区域，第324步兵师2团指挥班在犹灵县游击队1个班的引领下，命令5营和6营迅速占领安定村周围各个重要的战术位置，建立阵地等待美军到来。

走在最前面的美军是配属陆战26团1营作战的陆战队第3侦察营1个排。他们刚刚进入越军火力射程，就遭到架在边海河南岸的越军324师2团6营120毫米、82毫米迫击炮猛烈的火力打击。猛烈的火力很快压倒了陆战队，迫使美军呼叫直升机支援。陆战队直升机群试图赶来接应撤退，可6营不仅迫击炮火力猛，对空拦阻火力也异常绵密，5架直升机中弹，2名机组成员负伤。

好在配属陆战26团1营的107毫米迫击炮和陆战队第11航空大队4架F4B“鬼怪”式战斗机连续突击6营火力阵地，压住了6营，这才掩护陆战队第3侦察营1个排在付出1死6伤1失踪的代价后，勉强撤了下来。《第324步兵师战史》对这次胜利大肆鼓吹：“在第一翼的美国海军陆战队7营（和美军一样，越军也经常误判美军番号和兵力规模）对安定村展开攻击后，第2步兵团6营在120毫米、82毫米迫击炮（边海河南岸）各迫击炮阵地支援下，急袭了冲在最前面的美国海军陆战队1个连，把本来要突袭的美军反手打了一个措手不及。在并没有受到我军致命打击的情况下，美军就乱作一团，溃逃而去。”

第一次侦察挺进失败后，蒙蒂很快改变冒进战法，命令A连对安定村展开攻击。这一次，越军决定把对手放近来再打。9月16日下午，A连安全抵达安定村，出乎意料没有受到抵抗。17日凌晨03点30分，324师2团6营在迫击炮火力掩护下，从四面八方突然对A连实施疯狂冲击。越军冲击战法十分巧妙，为了避免美军的炮火打击，最大限度利用黑夜的掩护因素，采取小群多路，每路至多2个班，而且拉开较为松散的队形，以班为战术单位，进行多向多波冲击，靠近美军就砸手榴弹或用冲锋枪扫射，甚至准备拼刺刀。A连对这种打法很不适应，被迫呼叫海空火力支援，才勉强退敌。

在A连击退6营冲击的同时，B连和D连也在南面和324师2团5营连番激战。为了打掉越军边海河南岸的迫击炮阵地，美军动用了“圣保罗”号重巡洋舰进行炮火反击，最终打掉了3门迫击炮。但，这些战斗行动并没有彻底把2团5、6营赶走。如同“哈斯汀”行动一样，美军事实上还是没能重创2团5、6营。

第324步兵师2团打得十分顽强，依托昆先和犹灵地区挖的地道和阵地工事系统，进行灵活机动战斗，美军陆战26团1营清剿了10天（9月15—25日），始终没能给予5、6营致命打击，反而自身付出了伤亡203人（越方记录，美方记录为36人）的代价，又一次草草结束了行动。

从“哈斯汀”行动到“普莱里埃”行动，我们可以很明显地看出，在美军有限兵力实施的山区地形低强度反游击战是多么困难，不仅情报判断连连错误，就连宣称战果和对方实际损失都相差很大，自己还损失不小。这些行动都是广治省反游击战的典型战例，充分说明越战的困难性。

▲拉祖尔贝克山，陆战4团2营必须拔掉的钉子。

当越军324步兵师2团5、6营在越门河到犹安乡之间灵活顽强打击美军的同时，324步兵师3团突然回插洛克派尔地区，准备敲美军一棍，支援2团的战斗。对于3团的“回窜”，美军也嗅出了部分异常。9月8日，希格雷诺上校又把陆战7团2营给撤了下来，让陆战4团1营（营长：威斯特曼中校）顶到洛克派尔周围地区。随着美军兵力往9号公路—北广治越聚越多，第324步兵师的压力虽然越来越大，可他们的存在却完成了越南中央军委和9号公路—北广治阵线交付的重要战略任务，6月以来像滚雪球似的把美军大量战略机动兵团吸引到这里，有力减轻了南方其他战场的压力。接下来，第324步兵师还要依靠顽强巧妙的战斗，既要保住自己，又要给予美军打击，这点着实不易。

9月16日，陆战4团1营为了觅歼324师3团一部，决定从洛克派尔出击。陆战4团1营D连2个排刚刚踏上核知山南坡，就突然遭到越军攻击，D连连长麦克马洪上尉立即让B、D连跟进。然而，3团7营在附近早已埋伏多时，他们迅速隐蔽运动过来，对B、D连展开袭击，并构成了包围态势。麦克马洪给威斯特曼的报告中激动地说道：“我们在预期和敌人遭遇的地点发现了敌人，四面八方都是敌人！”在被包围的情况下，陆战4团1营B、D连还是顽强地和7营战斗了2天半。

接到陆战4团1营的战斗消息，希格雷诺马上把陆战7团2营调过来合击越军3团7

营。9月18日，在美军4个连和空炮火力打击下，7营被迫撤出战场。这次战斗规模不大不小，可威斯特曼们还是付出了9人战死的代价。对越军如此顽强的战斗，希格雷诺也意识到洛克派尔周围埋伏了重兵。为了进一步清剿，他命令陆战7团2营换下陆战4团1营，对洛克派尔地区进行巡逻扫荡。罗斯奥夫遂把这个任务交给了F连和G连。

陆战7团1营的到来同样没有脱离越军的“法眼”。3团7营依然决定好好“问候”一下新来的美军。9月24日，先是G连1个巡逻队在搜索时突然遭到越军火力打击，接着F连奉命靠拢的时候又被火力分割，美军损失惨重：3死26伤7失踪。不过，F连1个排隐蔽穿插，直捣越军一个连阵地，宣称击毙越军58人，这才转危为安。通过陆战4团1营和陆战7团2营的连续打击，越军3团7营损失较大，被迫撤离了一线，但这并不代表3团丧失了战斗力。

对此心知肚明的希格雷诺上校又决定把威廉·马斯特普尔中校的陆战4团3营从芙拜基地调到东河，准备对核知山周围地区进行彻底清剿，确保洛克派尔基地安全。这个决定导致了“普莱里埃”行动中最大的战斗。

9月22日清晨，陆战4团3营搭载直升机在核知山东面4500米处机降。最初几天，地形的崎岖让美军吃尽了苦头。这一地带密覆高1.8米、直径达2.4米的灌木丛和竹林，给来自美洲大陆的扬基们带来了许多苦头。在丛林行军可是一件苦差事。每名陆战队员都要背负武器弹药、2日份压缩干粮、1件雨披、2双袜子和几罐C类口粮（在行军囊中）艰难行进。补给全靠直升机机降投送进行。对马斯特普尔来说，这次行动的重点是2个高地——484高地和400高地。在这里，越军第324步兵师3团8营7、8连和9营早已枕戈待旦，只等美军投入罗网。

▲陆战7团2营1门81毫米迫击炮从洛克派尔基地附近对越军开炮。但不甘示弱的越军很快用82毫米迫击炮还击这门炮阵地。

9月25日清晨，L连尖刀排在连长罗格·里曼上尉率领下，行进至400高地附近的285高地时，突然遭到越军打击。罗格·里曼上尉回忆：

当我们靠近400高地时，在高地当面部分低矮的丘陵，我们发现了越来越多的敌人阵地。包括在沟壑里密布的足以容纳敌人1个团规模兵力的屯兵洞，以及大量弹药堆放所。当我们包抄到他们后面时，发现了不少他们刚刚挖好的坟墓。他们的射击纪律依然很棒，而且选择了巧妙合适的地形，在我们只能沿着狭窄正面前进，没法两翼迂回的情况下，他们依托工事静静等到我们进入瓶颈才开枪……

尽管遭到越军的阻击，但L连和K连还是控制了400高地的南坡子高地——285高地。《越军324步兵师战史》再次鼓吹了自己的“神勇”：9月25日，美陆战4团3营继巩固300高地（洛克派尔）后，又企图进一步往400高地扩张。在前进途中，他们被我第324步兵师3团迫击炮火力急袭，伤亡20人。为了集中兵力解决敌人，争取打出高效率战斗，第3步兵团2个连也隐蔽运动袭击了285高地的美军先头排，给敌人当头一棒。敌人为了改善战场态势，继续派兵增援。9月26日（实际应该是27日），陆战4团3营以2个连（得到特别强大的火力支援）对400高地展开攻击。敌人的意图再一次迅速暴露，我第3步兵团使用9营（从9月25日夜开始就隐蔽埋伏在400高地区域）激烈还击，使美军2个连没能夺取阵地，被迫退却。

越军描述的后半段，也就是从9月27日开始，400高地方向的战斗确实愈演愈烈。27日清晨07点30分，当詹姆斯·卡罗尔上尉率领陆战4团3营K连往西南900米前进时，遭到越军324师3团9营突击。疲惫不堪的K连好不容易才击退了对手，可自己却7死25伤1失踪，等于损失了一个排的兵力。得悉K连战斗力急剧下降，马斯特普尔中校震惊之余，赶紧命令全营顶上去，支援K连。

第二天，卡罗尔试图继续前进，遇到越军极为顽强的抵抗。在呼叫空炮火力打击越军阵地的同时，他还派出一支巡逻队寻找前一天失踪的士兵，但却突然遭到越军围攻，再折损15名官兵（6死9伤）。对越军利用灌木丛连连突袭，美军既气愤又无奈。安东尼·杜文尼中士回忆：“灌木丛实在太密，我根本分不清究竟是谁在射击，敌人或我们。他们用迫击炮、地雷和重武器朝我们开火，并让观察员用梯子上树，协助修正火力。”尽管如此，美军还是宣称清点到50具越军尸体。

▲陆战4团2营对拉祖尔贝克的进攻遭到了越军坚决抵抗，伤亡不断。图为一名负伤的陆战队员正被战友们抬下战场。

一再击破越军抵抗，让马斯特普尔中校信心大增，他决定继续稳步向前，直到彻底攻克400高地到484高地为止。10月2日，M连夺取了400高地和484高地之间的一个小高地。第二天，I连也迅速跟进，准备对本次行动终极目标——484高地展开攻击。

10月4日09点30分，I连的汉德拉罕上尉率1排首先对484高地发起攻击，但被击退。接着1排正面牵制攻击，2排从左翼迂回包抄，可还是没有得手。越军居高临下向美军猛砸手榴弹，马斯特普尔碍于坡度陡峭没有下令强攻，而是命令汉德拉罕先撤回来，用空炮火力打击削弱越军兵力和火力点，然后再冲。

10月5日清晨05点00分，经过猛烈的航空火力准备后，M连又一次对484高地发起攻击。进攻前，有先见之明的汉德拉罕上尉准确估计到航空火力打击效果不大，决定在坦克直射火力配合下，攻克目标。在回忆中，汉德拉罕这样描述步坦战斗协同：

当我们冲向山顶时，我请求坦克火力集中先打敌人目标，待我们靠近山顶再进行火力延伸……我们约定坦克一共射击5轮，但实际上他们只打了2轮齐射，坦克兵们干得非常漂亮。

12点00分，M连2排冲上了484高地山顶，接着1排也上去了。越军战至13点30分丢下10具尸体逃进了丛林。这是一次漂亮的攻坚战，汉德拉罕付出的代价仅仅是6名陆战队员负伤，就缴获了16~20件步兵武器。但，就在汉德拉罕上尉庆贺胜利的同时，400高地却发生了一场悲剧。支援战斗的M48坦克误把400高地上的美军当成了敌人，对其实施炮击，导致3死10伤，其中K连连长詹姆斯·卡罗尔上尉不幸冤死。为了表彰詹姆斯·卡罗尔在这次行动中的战功，身后追授了一枚海军十字勋章，并把甘露西面241高地的火力基地命名为卡罗尔火力基地。

随着484高地的夺取，“普莱里埃”行动终于落下了帷幕。虽然美军陆战3师在甘露、犹灵、东河、9号公路沿线连续战斗了3个多月，付出了200人战死、1000多人负伤的惨重代价，占领了不少具有重要战术价值的山区，但并没有实现对越南人民军第324步兵师的觅歼任务。虽然在9号公路—北广治作战任务并没有完成，但美军同时也在强大空炮火力密切支援下，在广治省沿海平原地区对越军平原根据地进行了猛烈围剿。没有山区和植被等对越军有利的地形的遮挡，美军充分发挥现代化武器的综合战斗力，猛打猛冲给广治平原地区的越军造成了相当严重的损失。

与此同时，美国远征军总司令威斯特摩兰上将出于防范越军渗透的考虑，力主美军第3两栖军增兵溪山。对于溪山的战略价值，陆战3师副师长英格利什准将却有不同的看法，他声称：“你到了溪山就知道，和其他地方完全不同。这里什么都没有。就算我们丢失它，也不见得失去什么该死的东西。”可威斯特摩

◀▲围绕484高地的战斗，越美双方打得异常激烈。左图为向越军阵地投掷手榴弹的陆战队员，右图为美军M60重机枪组试图压住对手。

兰上将坚持己见，认为溪山地区是封堵越军南下的重要基地，必须增兵固守。

所谓胳膊拧不过大腿，英格利什自知斗不过威斯特摩兰，只得答应把维克维雷中校的陆战3团1营派往溪山。9月29日，维克维雷的陆战3团1营在1个炮兵连加强下，搭乘C130运输机抵达溪山地区。威斯特摩兰和沃尔特给他们的任务是在炮兵最大射程范围内进行觅歼行动，搜寻越军的踪迹，发现判明他们的动向和意图。不过，越军这一时期暂时在溪山没有大的动向，因而维克维雷扑了个空。增兵溪山，立即使美军在9号公路出现了兵力缺口。为了填补这个空缺，英格利什准将又命令陆战5团2营移驻昆先。这样，在1966年结束时，美军在北广治—9号公路地区已经集结了海军陆战队2个团的兵力。换句话说，第324步兵师的钳制和吸引战略获得了百分之百的成功。

在战略胜利的背景下，9号公路—北广治阵线首任司令员南隆大校出色完成了越南中央军委赋予的开辟和建立9号公路—北广治阵线的任务。功成身退的他，把司令员的职务移交给了曾在奠边府战役期间任第308师副师长的谭光中大校。1966年已去，1967年即将到来。这又是一个血火之年。

|第三章|
血火搏杀

第一节　胜利的大运输

进入1967年，针对治天军区和9号公路—北广治阵线，美军首先做出了战略调整，把陆战3师全部北移，负责广治和承天省的防务，作战统一由陆战3师师长基勒少将负责，9号公路—北广治沿线的作战具体由驻东河基地的陆战3师副师长英格利什准将指导。为了填补陆战3师北移的空缺，陆战1师负起广南—广义—岘港的守备，并肩负随时支援陆战3师的重任，加上韩国国军第2海兵旅团（别号“青龙旅团”）进驻广南省，联军在这一带可用兵力多达美军2个陆战师又韩军1个旅团，加上南越国军第一军区所辖的1、2、3三个步兵师团，足以对越军治天军区和9号公路—北广治阵线构成巨大的压力和威慑。

美国海军陆战队重兵投入9号公路—北广治地区，对越南人民军来说，这虽然是1966年钳制吸引战略的巨大胜利，但当时整个南方战场的压力（包括9号公路—北广治阵线）依然很大。

1966年第一次旱季战略反攻没有得手，美国继续增兵越南南方，威斯特摩兰上将锐意准备1967年的第二次旱季战略反攻。鉴于单纯军事打击的“觅歼”效果不大，美军提出了新的战略——“觅歼和平定”，企图把军事打击和政治绥靖结合起来，实现逐步蚕食越军大根据地，然后再各个击破小根据地的目标。在这个背景下，威斯特摩兰一改1966年五路重点出击的打法，决定集中美国远征军精锐，对越南南方中央局所在地——西宁省阳明珠根据地实施大规模围剿，意图消灭越南南方中央局和越南南方解放军司令部，以及直属的主力部队，取得南部平原决定性的胜利。

从1966年10月开始，美军首先发起了“亚波罗顿”行动，第一次扫荡阳明珠根据地，未果。接着，又发起“谢达凤”行动，对古芝进行密集扫荡，杀害了几千平民，但还是没能取得彻底胜利。1967年2月22日，美军发起了越南战争期间最大规模的扫荡行动“联络城”战役，出动兵力4.5万，作战车辆1.1万台（包括2000辆坦克装甲车），精锐的美国陆军第1机械化步兵师（大红一师）、第25步兵师（热带闪电）、第4步兵师（常青藤师）一部、第9步兵师、第173空降旅统统上阵，采取多路穿插向心突击，铁壁合围的战法猛攻阳明珠根据地。

越南南方解放军副司令员陈文茶中将一边指挥机关自卫队和地方部队节节抗击，顽强迟滞美军各路部队的推进，一边命令黄琴大校率领的越军第9步兵师逐步张开兵力，采取1~2个团集中兵力的办法，对美军营级战斗群打攻坚歼灭战。这套打法很快就获得了成功：3月19日，越军第9步兵师3团袭击了驻保邦战略村的美军第9步兵师1旅，歼敌一部；3月20日，越军9师2团和16团紧密配合，袭击了驻同荣的美军第4机械化步兵师3旅，再歼敌一部。3月31日，越军第9步兵师1

◀1967年2—4月，美国远征军发动了越战期间规模最大的围剿作战，代号“联络城”行动，可仍然没能实现既定战略目标。图为“联络城”行动中实施伞降作战的美国陆军第173空降旅。

团和16团7营又在长巴翁袭击了美军第1机械化步兵师2旅，宣称重创美军1个机械化步兵营和1个炮兵营。

虽然越军实际战绩并不大，可美军动用如此庞大的兵力，进行的越战期间规模最大的攻势依然只能在没有取得决定性胜利的情况下被迫撤出了阳明珠根据地，更使美军颜面扫尽的是双方的损失交换比竟然是1∶1(联军一共战死282人，越军牺牲干部与战士280人，其中38名机关自卫队员)！

在胜利粉碎了美军在越战中规模最大的围剿行动——“联络城”战役的同时，越军第559兵团在1966—1967年的旱季运输中也取得了巨大的胜利。长山公路的运输关乎越南人民军在越南南方作战的成败，1966年整个南方的战略被动和559兵团运输战役失败有直接关系。为了抓好1966—1967年度的旱季运输工作，越南中央军委于1966年9月7—8日，召开常务委员会，针对1965—1966年旱季长山机械化运输失败和559兵团蒙受重大损失进行研究，会议提出了两种解决方案：第一是在敌机猛烈轰炸下，难以大规模采取汽车运输的手段，为此应该转向小型机械化机动运输（自行车）和分段运输的方式；第二种方案是由总后勤局局长丁德天少将和潘仲慧少将提出的以机械化运输为主，因为畜力、徒步背负和自行车运输没法满足战场发展日益增长的物资需求，他们认为第559兵团在一个旱季运输战役的失败不能否认机械化运输的潜力和效能。

针对两种意见，与会干部唇枪舌剑展开激烈辩论，最终越南中央军委主席武元甲大将拍板：美国正逐步改变战略，由“特种战争”转入“局部战争”。现在南方有100万的美军、仆从国军和伪军，他们计划在未来25~30个月内扑灭南方革命，同时扩大对北方的破坏战争（战略轰炸）。为了抵抗美国的侵略，北方应该发挥大后方的作用，全力以赴支援南方革命，打败美帝国主义的野心。第559兵团的战略运输确实遇到了很大的困难，但我们不怕困难。我们没有选择，必须满足南方战场日益增长的物资需求；总参谋部、总政治局、总后勤局和第559兵团司令部应和各个地方、战场的各个力量配合，使用一切综合办法，逐步发展机械化公路、水路运输，以此为主要方向，同时视具体情况结合使用人力和自行车运输法，保障物资安全快速送抵南方。丁德天同志负责配合各个总局，直接指导协助本年度（1966—1967年）的旱季长山公路运输战役……

越南中央军委交给559兵团的年度任务也不轻：总运输量20235吨，其中运往南方战场和老挝战场8765吨，559兵团内部各个兵站和部队接收11470吨，兵团兵力增加到37000人。作为运输战役调整，第559兵团选择12号公路作为1966—1967年度旱季的运输干线，20号公路作为运输支线。

1966年11月初，559兵团所属的工兵各单位，沿着12号公路总长1200千米的路段展开2个团又10个营计7786人实施修路作业。交通保障兵力增加到12个营计4786人，平均每千米4人，重点地段达到了每千米7~8人。

按照计划，1966年11月15日，第559兵团又拉开了新的运输战役。出发前，各车队进行严密伪装，各行车队形得到密切指挥，预先准备了各种情况和各种路况下灵活处置的办法。特别是夜间遇到美机轰炸，车队不能停

▲整装待发的越军第559兵团汽车兵。

留，应该利用美机投下的照明弹的照明，快速通过各个重点区域。为了保障各个车队即便在遇敌情况下也能相对安全并按照规定时间抵达目的地，工兵、高射炮兵和汽车兵从一开始就要进行紧密的战斗协同，不给美机和空投别动队以可趁之机。

不过，11月还有不少降雨，致使第559兵团在当月仅仅给治天军区和第五军区各24、45吨武器装备。虽然数量不多，但顺畅的运输还是让第559兵团士气大振，一扫1965—1966年运输战役的颓势。

进入12月，天气干燥，宣告1966—1967年旱季正式到来，第559兵团各个汽车营展开兵力，沿着长山公路全面实施战略运输。美国空军也应声而动，集中大量机群对越老边界口岸到9号公路以南的整个长山公路网实施猛烈轰炸，主要是轰击陆路交通线，重点是帕法能（60架次 / 天）、斜空、塔巴真（77架次 / 天）、汪穆（68架次 / 天）、塔梅（60架次 / 天）。虽然公路每天都在轰炸下受到严重破坏，但各工兵单位随炸随修，及时清理轰炸现场，保障了道路畅通。

在工兵部队和美机展开炸弹和铁锹竞赛的同时，防空部队也积极顽强战斗，打击美机保卫交通线。1966年12月—1967年1月，长山公路沿线各个防空营宣称击落35架美机。在越军防空兵猛烈的火力打击下，美机被迫在投弹时越飞越高，命中率急剧下降。根据越军统计，美机在这一时期投弹命中率仅为2%~3%。防空兵的高效战斗，为工兵克服困难，迅速修复损坏路段，保障道路畅通创造了有利的条件，并直接保障了重要公路节点和桥梁的安全。

在工兵和防空兵奋战鼓舞下，运输线上的汽车兵也鼓起了克服美国空军轰炸，一定安全将物资送到目的地的勇气。年轻的驾驶兵们喊出了“宁可握着方向盘死，决不后退一步苟活”的口号，顶着美国空军猛烈的轰炸，各汽车营干部战士勇敢战斗，巧妙摸清了美机轰炸规律，大部分安全通过了重点轰炸区。当然，在美机的轰炸下，难免出现车辆损失、人员伤亡，但没有动摇汽车兵的战斗意志，他们一边和工兵、防空兵密切配合，一边抢救打坏的车辆和伤员，整个长山呈现一片战斗的气息。

在克服一切困难坚决完成任务、争获“决胜汽车勇士”荣誉称号的气氛下，各汽车营干部与战士克服困难，连续快速完成出车。按照第559兵团规定的指标，每辆车旱季每个月出行7~8趟就是完成任务的标准，可绝大部分汽车都完成了10~11趟。在他们的超人努力下，9号公路沿线的1号兵站和2号兵站接收了运输计划115%和125%的各类物资。1966—1967年的旱季运输，559兵团初战告捷，有力支援了整个南方战场抗击美军第二次旱季战略反攻的热潮。

1967年1月开始，随着南方战场战事越

长山公路上为了保障通车而艰苦工作的越军工兵。

来越激烈，特别是南部东区的阳明珠根据地为了抗击美军的“联络城”战役，急需大量物资支援。越南中央军委决定调总后勤局副主任董士元大校担任第4军区后勤前指司令员兼第559兵团司令员。董士元一上任，就马不停蹄视察了559兵团所有部队和各条路线。在给越南中央军委的报告中，董士元赞扬559兵团全体指战员和各个兵站忘我牺牲、坚忍不拔的同时，还指出了不少问题。他认为，美国空军虽然拥有大量现代化飞机和威力巨大的炸弹，但在漫长的长山公路全段路线上，美军只能重点破坏集中几段，无法对全公路段实施封锁，长山公路在美军轰炸下依然维持着战略运输，这就是美军的局限性。

董士元认为，美军每天突击6~10次，每次突击15~25分钟，满打满算一天突击时间合计不过3个小时。而且，美机集中轰炸区只有几个重要的路段和十字路口。对于整条长山公路而言，大部分路段每天都没有或是很少受到轰炸，而且美机轰炸规律是昼炸夜停。从这一点来看，美国空军确实无力封锁长山公路。

越军的应对之道就是在整条战略运输走廊在手的情况下，利用此便利，依托森林掩护，在熟悉了解各种汽车性能的基础上，巧妙进行纵向、横向、迂回、环形等多种道路结合行进，采取“多绕路，少走直线，增加敌机封锁难度”的办法，让美军摸不清车队行进路线和规律，部分抵消美国空军的优势。

具体到各个兵种的协同，防空兵任务就是调整部署，集中到各个重点路段，适当组织机动防空战斗，尽可能多击落美机，降低美机投弹命中率和车队损失率，提高轰炸下运输成功率。工兵部队，必须驻扎在重要路段和道路交汇点附近，同时加强工程车种类，尤其是冲击架桥车、自行装卸车，一边用最快速度完成道路抢修工作，结合公路沿线反敌特破坏，保障“敌机炸完公路（不久）车队即可快速通行”。除了迅速修复受损路段，保障公路畅通外，工兵部队还应随时准备开辟新的干线。在每条重点运输干线周围必须多修一两条迂回道，形成纵、横、迂回三线结合的多路交通系统，方便车队遇敌机轰炸时能迅速绕道前进，避免大的损失。掌握敌机活动规律，充分利用诸如浓雾、低云等恶劣天气，在这种情况下引导车队沿干线急行。在天气良好的情况下，引导车队反复利用迂回道绕路避开敌机，然后再于夜间引导车队走回干线，另外还应组建紧急维修队，抢修途中严重受损的汽车。

▲559兵团的越军防空部队。

▲负伤不下火线，勇敢顽强的越军汽车兵。

在董士元的领导下，第559兵团焕发了青春。防空兵4个高射炮营（第1、8、10和16营）全部进驻重点地段，顽强地和美国空军进行战斗。其中，驻重要公路枢纽——塔梅的第16高射炮营打得英勇顽强，在1967年3月15日他们和美国空军20多架战斗机和战斗攻击机的搏杀中，1连蒙受重大伤亡失去战斗力的情况下，2连接替防务，顽强击落了1架F4B“鬼怪”式战斗机。

在防空战斗的同时，越军3号兵站还组织步兵和运输兵拿起武器，对威胁萨溪仓库区的老挝王国皇家陆军2个别击连基地——班朔展开攻击，一举毙俘敌253人，铲除了班朔基地。运输线上斗争中，最出色的莫过于工兵部队。工兵抢险小组遍布各个重要路段和交通枢纽。每当轰炸结束，他们都迅速冲到轰炸现场，推开受损的汽车，填补弹坑，恢复交通。同时，他们还严密监视敌情，预估好每次空袭的规模和破坏程度，预先量敌用兵，保证以最快速度完成抢修作业，保障公路畅通。

汽车兵在运输线上也做出了自己的贡献，他们经常增加出车班次，超额完成战略运输重任。在美机的轰炸下，汽车兵表现出了无畏的英雄气概，他们积极发挥自身主观能动性，和美机斗智斗勇。不少汽车兵在轰炸中身负重伤，但为了保全汽车，还是硬撑着伤势把汽车开到安全地带后，改由同行的干部接手驾驶，继续开往目的地。这种大无畏奋勇前进的精神是第559兵团运输车队的精神象征，第559兵团司令部曾高度评价这种精神，把它比喻为如同“金子般的珍贵”。

随着各兵种的有效协同，运输效率显著提高。负责050号基地（穆嘉）到林博全程

110 千米的路段运输的第 51 汽车营有 50% 的汽车平均每 2 夜完成一趟运输。从林博到那希，第 102 汽车营和第 52 汽车营各车也平均 2 夜跑一趟。从 50 号兵站到卡文，第 54 汽车营和第 55 汽车营平均每 3 夜跑一趟。

在诸兵种联合作战的情况下，截至 1967 年 2 月底，长山公路 4 个月的运输量创纪录达到了 6000 吨。1967 年 2 月底，随着“联络城”战役进入白热化阶段，越军第 9 步兵师急需大量物资供应支援，以便对美军实施各个击破的大规模反击。形势逼人，越南中央军委只得命令第 559 兵团把物资供应量提高 50%，特别是向南部平原运送从苏联新进口的武器——DKB 单管 122 毫米火箭炮，559 兵团以超人的意志不可思议地在 1967 年 3 月 15 日全部完成了抢运计划，运输总量达到了 1 万吨。

兵团不懈的努力，最终获得了回报。截至 1967 年 4 月底，第 559 兵团的计划运输量只剩 3000 吨。总后勤局又额外给 559 兵团增加了往南部平原运送 300 门 60 毫米迫击炮、往西原军区运送 119 门迫击炮的任务。然而，持续不断的运输，使各个汽车营的干部和战士劳累过度，大部分汽车严重磨损，急需维护。可这段时间却是难得的好天气，尤其是 4 月底几乎没有降雨，非常适合于战略运输。在任务紧急和部队疲劳、汽车磨损大的情况下，第 559 兵团还是克服了一切困难，士气高涨地投入到 4 月的战略大运输作业中，再创辉煌。至 4 月 30 日，第 559 兵团圆满完成了年度所有运输计划，共向南部平原运送 768 吨各类物资，往老挝战场运送 1360 吨物资，往各个兵站和仓库区运送了不下 2000 吨各类物资。

在运输计划顺利完成的同时，第 559 兵团也还肩负着保障进入南方作战的部队顺利越过长山公路的重任。从 1967 年 2 月起，沿线各个兵站和供应点开始向过往南下部队和运输线上的干部与战士提供诸如面食、虾皮、糖、牛奶等食品，并补充部分行军或行车途中丢失的弹药和单兵医药包。各个兵站不仅得到总后勤局的补给拨发，而且还获准向运输沿线群众采购新鲜蔬菜，至于肉类，总后勤局平均每周发送一批猪肉。除了给过往南下部队和运输线上的干部与战士提供食品、饮水和汽油外，兵站和供应点还给兵团野战医院和北撤的伤员提供更多的食物、牛奶和糖，保证伤员每天摄入正常水平 90% 的营养。

在长山公路行过军的部队指战员都很清楚，最痛苦的事情莫过于背上的负重。包括被服、单兵武器、弹药、粮食、物品在内，干部与战士人均负重 25 千克。为了协助南下部队的指战员克服负重困难，第 559 兵团司令员董士元大校使用汽车帮助部队托运武器装备到 9 号公路指定地点，让南下部队轻装行进。同时，他还指示长山公路沿线各个兵站克服一切困难，给过往南下部队提供大米和副食品，减轻部队负重。董士元的苦心立竿见影。1967 年，南下部队行军只需背负 3~5 千克的口粮，沿途逐个兵站领取大米，既减轻了负重又能保障快速准时抵达战场。

在董士元大校的努力下，第 559 兵团获得了双丰收——无论是物资南运还是保障南下部队两方面，都取得了 1966—1967 年旱季运输的胜利。据统计，1967 年 1 月 1 日—4 月 30 日，第 559 兵团一共为南下的 57726 名干部与战士提供了各种服务，其中进入南方战场的人数是 46733 名，北撤转运伤病员 1914

引导车队进入集结点的长山公路沿途供应站引导员。

人，并为 115 批计 740 名北撤伤员提供了各种服务。

1967 年长山公路的运输胜利，为当年大大提供了有力的物资保障。在强大的后勤保障下，越南人民军不畏强暴，在整个南方对美军发起了猛烈攻击。特别是在和长山公路直接接壤的 9 号公路—北广治阵线，双方开始在溪山和 9 号公路的东河—甘露地区展开了比 1966 年更为残酷、激烈的战斗。

第二节　新的任务

1967年是越南战争中转折点前的爆发年。在这一年，越美双方如同棋盘上的对手，你来我往互不相让，在越南南方展开了极为激烈的对攻战。如果说美军进攻重点是南部东区的西宁省阳明珠根据地的话，那么越军的重点就是 9 号公路—北广治的溪山。溪山，从这一年正式进入人们的视线，直至爆发堪称越战转折点的溪山战役为止，始终都是美国新闻媒体关于越战的焦点。那么，这个热点究竟是怎么来的呢？这就得从 1966 年 11 月—1967 年 2 月的 9 号公路—北广治阵线司令部会议说起。

1966 年 11 月中旬，新官上任的谭光中大校和陈世门大校在阵线司令部召集麾下各位军政主官，回顾总结 1966 年的战斗经验，并对 1967 年作战行动做出部署。在会议上，谭光中和陈世门首先肯定了第 324 步兵师在 1966 年出色地完成了越南中央军委交付的艰巨任务，但话锋一转，以遗憾的口吻宣布：第 324 步兵师 1、2、3 步兵团作为 9 号公路—北广治阵线直辖主力部队在甘露—犹灵—东河地区活动，师长朱方带上校转任第325C步兵师师长，阵线政治部主任阮公常也调任第325C步兵师政委。

显然，越南中央军委从第324步兵师出色完成任务的背后看到了9号公路—北广治阵线作为钳制和吸引战略的价值。为了进一步把美军战略机动兵团吸引到9号公路—北广治方向，为日后的总进攻和总奋起这盘大棋做先期准备，越南中央军委主席武元甲大将做出决定，把第325C步兵师拨给9号公路—北广治阵线，配合第324步兵师1、2、3团在9号公路—北广治地区组织规模更大、范围更广的战斗，特别是溪山地区的战斗组织，要把声势搞大，使这一地区像磁铁一样把美军战略机动兵团吸引过来。

2个主力师在手的情况下，奠边府战役中曾担任第308师副师长的谭光中大校决心不负越南中央军委重托，要在9号公路—北广治打出比1966年更为骄人的战绩，并把更多的美军吸引到这里来，实现越南中央军委的战略意图。

根据情报，谭光中判断美军在9号公路—北广治地区集中了2个海军陆战师（实际是陆战3师2个团在北广治，1个团在承天省；陆战1师负责广南省防务），南越国军1个步兵师团又3个步兵团，以及大量别动军联团，联军总兵力估计4.5万人（不包括保安军和民卫队）。

在兵力增强的同时，联军还花大力气在9号公路—北广治建立完善了一系列基地：爱子基地、东河基地、越门基地、洞金基地、斜昆（溪山）基地、昆先基地、甘露基地（设在甘露支区）、新林基地等。在不少战术位置重

▲1966年9月，暂驻溪山的陆战3团1营进行巡逻，旁边是蒙塔格纳人和溪山地区的山民运输工具——大象。

要地点，联军也建立了据点，如沛山、头某、544高地、围村、同治、遥观等。从态势上看，联军似乎要把9号公路—北广治地区建成点线结合的网状防线，目的是阻止越南人民军越过非军事区南下。在大力兴建防御体系的同时，联军也对9号公路—北广治地区进行政治平定，建设了许多新生村。特别是在17°临时分界线的边海河南岸，南越国军在美军配合下清空了许多村庄，把居民赶进新生村，制造无人区，防范越军“渗透”。此外，美军还对北纬17°临时分界线以北进行空炮火力打击。根据《第四军区抗美救国史》记载，1966年6月到1967年底美军一共对边海河地区的重镇永灵投弹255889枚，发射105毫米到155毫米榴弹298611发。

在新的形势和越南中央军委交付的任务下，谭光中大校认为：9号公路—北广治阵线应该连续进攻，从逐步消灭消耗联军的小单位过渡到消灭联军较大甚至更大的作战单位

（对美军歼灭战要求是从排到连，对南越国军歼灭战要求是从连到营），继续钳制和吸引联军战略机动兵团到9号公路—北广治地区，为治天军区沿海平原活动创造有利条件。同时，还要保卫和协助第559兵团扩大前往支援越南南方战场的战略运输走廊。通过战斗不断总结得出经验以及对美军的战法，为上级组织更大规模的协同作战战法提供战例参考。

根据任务情形，谭光中把整个9号公路—北广治阵线划分为三个地区，兵力布置如下：

西部地区，从寮保到溪山，这是联军防御相对薄弱之地，但山高林密，森林覆盖率达90%，是理想的山岳丛林战战场，也是最能发挥越南人民军丛林战优势的地方。在这个方向，第325C步兵师和向化县地方部队负责组织战斗，任务是采取运动伏击、运动进攻、游动炮击、阵地阻击、狙击等各种中小规模战斗方式，消灭消耗溪山地区斜昆基地的美军有生力量，继续把美军战略机动兵团部分生力军吸引到溪山地区。

中间地区，包括新林和犹安、甘露地区。第324步兵师1、2、3团，广治省地方部队3、8两个连，甘露县2个游击排负责组织实施战斗，任务是包围这一地区的联军各个基地，比如昆先、头某、544高地、甘露基地等，采取运动进攻、袭击、游动炮击、运动阻击、狙击等战法，把联军挤出甘露西面和犹安北面（边海河南岸）。通过引诱联军出基地，抓住联军脱离工事的有利时机，各部队要主动揪住联军来打，特别是要贴近联军基地的铁丝网，用迫击炮和无后坐力炮或狙击小组实施持续不断的游动射击、袭击，逐步消灭消耗联军各个基地的有生力量。

东部地区，包括1号国家高速公路东面各乡（主要是犹灵与东河基地）、越门港交给越南人民军海军特工126A团和广治省第27步兵团1、2营。这个地区是地势平坦的沿海平原，由于地形开阔，河流纵横，不利于主力部队的活动，因此9号公路—北广治阵线使用地方部队，采取紧靠人民用武装斗争反击强制驱赶人民进“战略村”，掩护群众奋起斗争，逐步建立小块根据地站稳脚跟，并利用夜幕掩护组织小股部队袭击联军的仓库区、后勤区、港口区。鉴于在这个地区斗争形势十分复杂，谭光中要求运输兵要努力开辟一条通往东河和越门的秘密运输走廊，掩护第27步兵团和海军特工第126A团在这里建立革命基础，创造顽强进攻的人民战争之势。

在广治市周围的要地——博和、博隆、门等地区，谭光中也展开了布局：从地形特点要求来考虑，他让熟悉地形的第31步兵团前往这一地区开辟小块根据地和游击区，他要求31团在任何时候都要集中1~2个营在特工分队配合下，进行拔点和袭击战斗，同时把1个营解散，让干部与战士充当骨干到各乡村发展游击队，协助31团主力战斗，支援9号公路—北广治阵线主要方向的325步兵师和324步兵师3个团的战斗。

经过布置任务和对1967年2—9月各种可能情况的处置，会议对1967年战事预判认为：只要有效运用1966年作战活动的经验，发挥三个军种的威力和边海河北岸机械化炮兵火力，连续袭击和围困、消耗消灭在各个基地的美军各武装力量，迫使美军为了对付我军，不得不往阵线上投入更多兵力，导致美军整体兵力部署态势进一步分散。在一定的时间点上，

▲南北两越的界河——边海河。

集中主力兵种协同，逐步消灭美伪军各部分，并粉碎敌人的各次解围行动。密切结合军事和政治斗争，结合进攻和敌运工作，结合集中活动和分散游动，9号公路—北广治阵线军民决心在1967年赢得更大的胜利，创造条件，进而在1968年实现打大规模歼灭战的目的。

最后，谭光中指出1967年阵线军事活动提出的要求是：“以决战决胜的意志进攻消灭敌人，决心把9号公路变成美国侵略军的坟墓；通过进攻，实现逐步打击敌人；通过打敌反扑，实现我阵地的巩固；同时要重视伤兵烈士政策，实现敌运和民运工作的政治进攻，做到军政进攻双赢。”

在谭光中的号召声中，9号公路—北广治阵线开始了紧张的战前准备，从溪山到东河这一地区很快就将再次笼罩在战火中！

第三节　首战溪山

1967年2月15日，越南人民军总司令部指示9号公路—北广治阵线要积极进行大规模战斗，配合越南南方各个战场，粉碎联军第二次旱季战略反攻。根据总部交付的任务，9号公路—北广治阵线司令部决定使用第325C步兵师1个加强团在向化县地方部队的支援下，在溪山—向化地区进行疑兵活动，把美军吸引到溪山地区，为9号公路的第324步兵师1、2、3团在犹灵和甘露地区的战斗创造有利条件。

第325C步兵师是第325步兵师的第三个子部队，在A、B师相继开赴越南南方执行作战任务后，该师应运而生。《第325步兵师战史》记载了C师成立和开赴南方的经过：

当抗美救国战争规模越来越大，我军在9号公路进攻的枪声打响的同时，第325C步兵师也在清化省成立，接受准备开赴边海河南岸实施战斗行动的任务。1965年9月，第4军区负起组建第325C步兵师的任务；我师（指325C步兵师）的主要干部和战士，既有奉诏服役，也有不少从其他部队抽调的技术骨干和精锐干部，以及第325B步兵师留在北方的不少直接支援部队，外加第78炮兵团。在清化省党部和人民的全心全意配合协助下，经过8个月的接纳，部队的建设和训练基本完成，然后全师开赴广平省，接替1965年底到1966年初进入南方的第325B步兵师，负责南山小道周围地区的防务。

1967年1月25日，第325C步兵师师长朱方带、政委阮公常和参谋长梅春新奉命前往沛河接受新任务。9号公路—北广治阵线的司令员谭光中和政委陈世门向他们介绍了战场情况，并给第325C步兵师布置任务。

1967年，为了把“9号公路变成美国侵略军的坟墓”，9号公路—北广治阵线党委和司令部决定发起一系列作战行动（从1967年2月26日到9月底）。这一系列作战行动的目的是继续把美国远征军战略机动兵团吸引过来，消灭消耗一部分美军有生力量，减轻南方其他战场的压力。和南方各个战场相互配合，协助治天地区人民奋起，夺取政权，建立自由政府……

1967年2月中旬，第95C步兵团（第325C步兵师辖下）在团长胡玉展（中校）率领下，开始南下进入战场。为了加强对95C步兵团的作战指导，第325C步兵师特地指派师副政委陈云安随第95C步兵团一起行动，并担任第95C步兵团政委。经过10多天的行军，第95C步兵团和第18C步兵团8营，按照B5阵线（9号公路—北广治阵线）司令部规定的时间表抵达了溪山山谷西北面的指定集结地。

1967年2月底到3月中旬，师优先保障徒步运输兵背负充足的弹药和粮食，从车邦和斜空出发，进入斜福与和村，保障在即将打响的战斗中，对第95C步兵团和第18C步兵团8营的战斗供应。一路上，运输兵们披荆斩棘，硬是在9号公路周围的密林中开辟了一条秘密通道，准时将弹药粮秣送抵斜福与和村。

按照“边打边锻炼部队”的主张，为了给大规模进攻作战创造有利态势，第325C步兵师党委和师指除了决定用第95C步兵团在第18C步兵团8营加强下投入溪山地区的战斗外，第101D步兵团、第18C步兵团和第78炮兵

▲进入1967年后，9号公路方向战事越来越激烈。越军第324步兵师在9号公路东面，第325C步兵师在9号公路西面，一东一西展开战斗让陆战3师很头痛。图为1967年6月在边海河南岸扫荡的陆战4团1营和配属作战的陆战队第3坦克营的M48坦克群。

团奉命在边海河北岸继续训练，等待命令投入战斗。

越军枕戈待旦，美军也不是吃干饭的。

美国远征军总司令威斯特摩兰上将早就视溪山地区为阻遏越军经9号公路进入南越的锁钥之地。虽然绿色贝雷帽早就修建了基地，可那毕竟只是个训练营地，还谈不上正规的野战基地。1966年9月10日，奉威斯特摩兰上将的命令，美国海军陆战队第10机动工兵营在沙农·麦克米伦中校的带领下，65名陆战队工兵从岘港急赴溪山，修筑可供C-130“大力神”运输机起降的现代化大型机场。经过一个月的苦干，陆战队第10机动工兵营把1385块AM-2蜂窝钢板拼接起来，终于在溪山基地修成了一座全天候大型野战机场。

对海军陆战队第10机动工兵营的“伟业”，威斯特摩兰上将赞叹不已。在给美国海军驻南越司令的信中，他由衷地赞扬道：

陆战队第10机动工兵营能在规定时间内如此快速而高度专业化地建成可供C-130起降的溪山全天候机场给我留下了深刻的印象。从战术角度来看，整个南越没有比溪山（机场）更重要的机场了。陆战队第10机动工兵营给越南的作战部队按时提供了重要的作战服务。机场是在季节转换（旱季和雨季）和敌人进攻威胁的双重困难的情况下完成施工建设的。

机场建设完成后，22名陆战队工兵又留下来继续修建单兵掩体。另外，来自海军陆战队第7机动工兵营的22人前往围村，给蒙塔格纳别击队修筑了6个混凝土碉堡。陆战队第10机动工兵营和第7机动工兵营的基地建设为陆战队的进驻打下了坚实的基础。

1966年9月29日，陆战3团1营（营长：维克维雷中校）搭乘C-130安全抵达溪山基地。进驻溪山后，陆战3团1营一直在4门105毫米榴弹炮射程内进行巡逻。随着2门155毫米榴弹炮的到来，陆战3团1营的巡逻半径很快增大到15千米。虽然越军此时在溪山活动的兵力微乎其微，行动规模很小，但还是让陆战3团1营有些心惊肉跳。10月7—9日，别击队营地西北1千米处的陆战3团1营A连前哨阵地就连续受到越军步兵武器的射击。10月14日，维克维雷的营部突然受到3枚手榴弹的“洗礼”。对当时的情况，1营的乔治·奥黛尔回忆道：“我们（的巡逻范围）从不脱离炮火射程。他们（指越军）也很巧妙地待在（我们）炮兵射程外，我们发现不少（野战医院）……你知道，他们刚刚离开那儿。”

对陆战3团1营来说，最糟糕的不是越军，而是雨季的到来。10月17日，倾盆暴雨袭卷溪山地区，迫使陆战3团1营取消了所有的巡逻行动，只能闷在基地里和“甚至诺亚到来也会厌恶的雨季”做斗争。最让人受不了的是，持续降雨的同时，溪山地区的平均气温竟然达到了40℃，高温和降雨极大地限制了陆战队航空兵往溪山地区的活动。据统计，1966年12月—1967年1月，溪山地区仅有6天适合航空兵出击。

虽然如此，陆战队运输航空兵的飞行员们依然冲破雨季干扰，往溪山空运物资量达到75吨/天。1966年12月，陆战队运输航空兵总计将637吨物资运抵溪山基地。不久，陆战12团2门4.2英寸化学迫击炮、2门155毫米榴弹炮和6门105毫米榴弹炮也运抵溪山。

虽然没法实施战斗巡逻行动，但陆战队并没有闲着。霍尔恩上校抓紧时间实施溪山作战基地扩建工作。1966年11月，陆战队在基地外围敷设了双层带刺铁丝网，其中40.8千米是常规铁丝网，6.7千米是带刺蛇腹网。

进入1967年1月，溪山地区恢复了晴天。维克维雷中校率部开始频繁巡逻扫荡。首先是配合美军陆战3师在非军事区发起的“普莱雷埃1号”行动，对溪山地区周围进行密集搜查，却仅以击毙越军15人告终。“普莱雷埃1号”行动结束后不久，陆战3团1营返回了冲绳。

接替维克雷克的是陆战9团1营B连（连长：米歇尔·萨耶尔斯上尉），得到1个106毫米无后坐力炮班、1个81毫米迫击炮班和1个M60机枪班，以及1个90毫米超级巴祖卡火箭筒班的加强。在他们到来后，溪山基地也不过就是加强陆战9团1营B连、1个警卫排（45人）、陆战队第3侦察营1个排和陆战12团I连。虽然驻军兵力减少且1967年2月溪山地区大雾弥漫，但并没有阻止米歇尔·萨耶尔斯的决心。

和维克雷克1月出巡大相径庭的是，萨耶尔斯突然发现越军的活动次数骤然增加，而且对溪山基地构成了一定的威胁。美国远征军总司令部情报主任也在1967年2月签发的月度情报总结中指出：“溪山和围村地区敌人活动显著增加，似乎敌人正在穿过老挝走廊（指9号公路的越老边界）往这一地区渗透。”令人不解的是，一向重视溪山这个“阻止北越渗透锚地”的威斯特摩兰却对这个情报总结视而不见，倒是陆战队做出了反应。1967年2月底，美国海军陆战队和美国海军共52名队员临时组成一个混成作战连（O连），在蒙塔格纳别击队的协助下，进驻向化军事支区。

在加强防范的同时，萨耶尔斯上尉的陆战9团1营B连也很快遭遇了美军在溪山地区的第一次大规模战斗。2月25日，唐纳德·哈

▲在安托斯自行无后坐力炮的支援下，在非军事区内扫荡的陆战9团2营。

珀中士率领陆战9团1营B连2排1班在1个机枪班加强下，在距溪山基地1500米的斜共附近的无名高地和越军相遇。哈珀中士回忆称："我相信，当时敌我双方对突然遭遇都很吃惊，我们刚刚从他们的隐蔽处走过（登上山顶）。他们就在我们眼前3码处，3名越共刚刚探出头来，（和我们）相互对望打照面（战斗就此开始）。"

机枪手怀特下士立即架枪急速射，当场击毙1名探出头的越军，打伤2人。越军反应也很快，迅速从反斜面冲上来，从右边向美军发起攻击。眼看对方人多势众，哈珀中士赶紧带2排撤到山脚，请求萨耶尔斯提供迫击炮火力支援。萨耶尔斯不仅没有同意他的意见，反而让哈珀中士重新冲上山顶，搜查越军尸体，缴一些文件回来。哈珀中士也很勇敢，带着1个机枪组和通信兵就返回山顶，正当他们要搜查越军尸体时，又遭到了火力急袭。

哈珀又一次请求火力支援，萨耶尔斯这才答应，但还指示哈珀维持原任务不变。迫击炮火力的支援，也没让哈珀轻松多少。看到战事不利，萨耶尔斯上尉赶紧又给哈珀派了1个班支援，这才攻下了斜共附近的无名高地，哈珀宣称击毙越军9人，缴获1门82毫米迫击炮、380枚82毫米迫击炮弹、3个迫击炮底板、2件步兵武器和10个越军行军囊。陆战队1死11伤。

越军的活动增加也引起了美国空军的担忧。从2月中旬起，美国空军加大了对溪山周围地区的轰炸力度，但也造成了不少惨案。1967年3月2日，美国空军2架轰炸机本来奉命对越军占据的寮保进行轰炸，却鬼使神差地把炸弹误扔在了围村，造成蒙塔格纳人112死213伤。得知误击"友邦"的美军灰头土脸，赶紧派直升机前往围村把重伤的村民送往溪山机场，然后由C-130"大力神"运输机运往广治市急救。在这次"闹剧"中，康威少校驾驶的KC-130"大力神"运输机成功把53名炸伤的蒙塔格纳妇女、儿童撤往广治市，从而获得了1枚优异飞行服务勋章。

祸不单行，3月2日晚，就在其他负伤的蒙塔格纳人在溪山机场跑道附近等待运往广治市急救时，越军突然对溪山基地进行了迫击炮火力急袭。74枚82毫米迫击炮弹狠狠砸在了溪山基地内，陆战队2死17伤，2架CH-46和2架UH-1H"休伊"直升机被打坏。

不久，美军再次发生误击事件。驻班会珊基地的老挝王国皇家陆军第33步兵营遭到了美国空军的战机轰炸和低空扫射，不少兵舍被摧毁，幸无人死亡。老挝"盟军"对这次误击事件进行了强烈抗议。

在处理盟友反复抗议的同时，美军陆战3师也开始正视越军对溪山基地的威胁。3月7日，陆战9团2营E连（连长：威廉·特里尔上尉）空运抵达溪山，他们和陆战9团1营B连一起，开始对溪山基地周围地带进行巡逻，重点是861—881高地一线，觅歼越军。

3月13日傍晚，陆战9团2营E连1个排过861高地时，突然遭到12~15发迫击炮弹袭击，美军随即用60毫米迫击炮还击，但没有结果。通过这次经历，美军判断，861高地必是越军防御重点，因而一再加强对该地的巡逻。美军的判断没有错，861高地很快成为溪山战火的爆发点。

3月15日夜，陆战9团2营E连1排长斯彭瑟·奥尔森军士长率部登上861高地，在

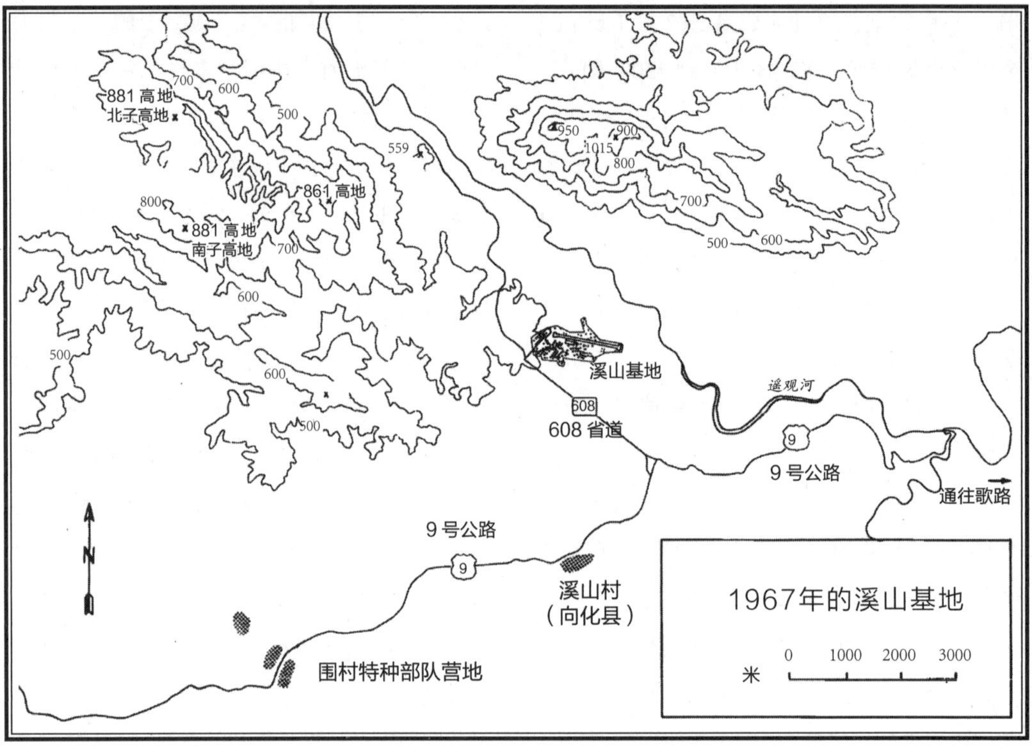

1967年的溪山基地。

距山顶 30 米时美军发现有情况，灌木丛里不断传来声响。奥尔森遂命令全排停止前进，就地潜伏过夜。10 点 00 分，当奥尔森军士长率 E 连 1 排翻越 861 高地山顶，沿着反斜面小道穿过一片浓密的山坡竹林时，走在最前面的唐纳德·洛德的尖刀班突然遭到越军的两面火力夹击，1 死 5 伤。奥尔森军士长赶紧率主力赶来，击退越军，救下了洛德尖刀班。接着，奥尔森军士长率部后退 100 米，试图在 861 高地山顶开辟一个适合直升机的着陆点，撤出伤员。还没接近着陆点，美军就又一次遭到越军猛烈的火力打击，陆战队 6 死 4 伤 1 失踪。情急之下，奥尔森呼叫炮火支援，但没能击退越军。

在 E 连 1 排惨遭打击的同时，B 连 2 排（排长：加特林·霍威尔少尉）2 个班正在 861 高地东面约 1500 米处巡逻。溪山基地向他们转发了奥尔森军士长的求援报告，并命令他们迅速前往救援。当 B 连 2 排靠近 861 高地山顶时，同样受到了越军的阻击，好在空中支援及时到来，才让 2 排涉险过关，和 E 连 1 排会合。随后，两个排一起抵达了着陆点，开始呼叫直升机过来撤退伤兵。表面上看，战斗似乎已经结束了，实则不然，越军暗藏杀机，好戏还在后头。

16 点 00 分，3 架 CH-46 按照规定时间，飞抵着陆点，在着陆点上空盘旋。在陆战队的召唤下，第一架直升机顺利接地撤出了伤员。可当第 2 架 CH-46 着陆时，却遭到突如其来的迫击炮火力急袭。遭到打击的 CH-46 撒腿就跑，这可苦了地面的 2 个陆战排。2 个陆战排的救护兵双双战死，还有几名陆战队员也倒在越军迫击炮火力下。2 个排疯狂呼叫炮火对可疑的越军迫击炮火力点反击，不一会儿越军迫击炮“沉默”了。当直升机二度着地接应伤员时，越军又一次把握机会，用迫击炮打着陆地，给美军再添新伤。特里尔回忆道：“排长试图把着陆点转移到 861 高地反斜面，却发现排里已经没有足够健全的人手来拖动全部死伤者。”

17 点 05 分，1 架直升机搭载着陆战 9 团 1 营 B 连 2 排 3 班试图在 861 高地反斜面着陆，支援 E 连 1 排和 B 连 2 排主力，结果飞过了头，直升机在山脚迫降。第二架直升机把 3 班接起来，却发现迫降过程中不少将士负伤，只得返回溪山基地。第一次增援失败后，特里尔上尉亲自率陆战 9 团 2 营 E 连 2 排着陆，协助 2 个排转移伤员。21 点 00 分，当夜空开始弥漫大雾，除了 3 名伤员外，大部分伤员都被直升机接走。越军也适时停止了战斗没有为难美军，最终出击的美军在 3 月 18 日全部撤回了溪山基地。3 月 16 日的 861 高地之战，对美军来说是一次惨痛的失败。美军蒙受了 19 人战死 59 人负伤的高昂代价，宣称击毙的越军不过 11 人而已。

这次战斗给溪山基地的驻军的打击是致命的。陆战 9 团 2 营 E 连丧失了战斗力，被迫撤回东河基地重建。萨耶尔斯上尉的陆战 9 团 1 营 B 连损失很大而且精疲力尽，急需加强兵力和守备。战斗结束后，陆战 3 师新任副师长米歇尔·里延准将亲自前往溪山基地视察。他向萨耶尔斯承诺，一旦陆战队工兵修通从东河到溪山的公路，增援马上就会到来：1 个轻型坦克班，1 个“安托斯”自行无后坐力炮班。尽管增加了火力，可溪山基地还是危机重重，虽然联军在溪山地区总兵力达到了 1000 人，但美军只有损失惨重却仍在一线强撑的陆战 9 团 1 营 B 连和驻向化军事支区的陆战队混成作战连可用，支援作战的是陆战 12 团 I 连（4 月 5 日，陆战 12 团 F 连进驻，取代了 I 连）。

如此重要的战斗，《第 325 步兵师战史》记载却轻描淡写：

3 月 24 日清晨 10 点 00 分（正确的时间应该是 3 月 16 日），在我军持续不断的火力袭扰让敌人吃不香睡不着后，美军 1 个连在直升机的掩护下从溪山基地出击，对 832 高地（即美军地图标注的 861 高地）山脚周围地带进行搜索。

布置在 832 高地阻击阵地的第 95C 步兵团 8 连 1 排立即开火，击毙了几名敌人，余敌逃回溪山基地。1967 年 3 月底到 4 月初，美军不断出兵对 832 高地和 845 高地（美军地图标注 881 高地南子高地）的我军实施反击。（18C 步兵团）8 营干部与战士顽强守住了阵地，他们每天都要击退敌人 4~5 次的进攻。在正面阻击敌人进攻的同时，8 营各连还组织一部分兵力迂回过去，绕到敌人侧翼和后方实施打击，这些战斗一共击毙了几百名美军。

战斗结束后，越军又对溪山基地进行了炮火袭击：

1967 年 3 月 19 日，我师正式打响了对溪山基地的进攻战斗。第 18C 步兵团 8 营迫击炮和无后坐力炮手将一发发炮弹射进了溪山山谷的敌人基地。这次突如其来的打击，毙伤美国海军陆战队 72 人，包括美军 1 位中校营长，并造成溪山机场跑道停放的 2 架飞机起火

▲陆战3团2营的费尔代克中士已经做好了战斗准备，目标——攻下861高地！

燃烧。[①]

在初战胜利的鼓舞下，第18C步兵团8营战士们把迫击炮和无后坐力炮贴近溪山山谷敌基地的铁丝网地带前沿架设，继续把恐慌传递给敌人士兵。美军士兵虽然缺乏勇气，但有无限的炮弹和炸弹。一连5天时间里，敌人用猛烈的空炮火力，对疑似的我军埋伏地带进行绵密打击，但他们的部队仍然龟缩在溪山基地里不敢外出一步。在各个阻击阵地上，我军干部和战士也躁动不安地等待给敌人致命一击的机会。

虽然兵力严重不足，但美军并不打算采取守势。雷德上校奉命负责溪山地区的美军作战指挥，从3月16日的战斗情况来看，雷德上校认为861高地是越军一个坚固的阵地，即便美军兵力不多，也要再组织一次2个排规模的突击，务必拔掉这个高地。

3月底到4月初，美军不断对861高地周围进行巡逻侦察，发现了高地周围遍布大量的掩体、屯兵洞、野战观察台和迫击炮阵地。显然，越军已经把861高地变成了一个坚固的要塞。为了打掉这个要塞，雷德上校命令陆战9团B连继续组织兵力对861高地进行重点扫荡，双方很快又在861高地展开了新的战斗。

4月24日，陆战9团B连1排和3排奉命出击。1排的汤姆·里延回忆道："（雷德）上校在（溪山）基地对我们下令，我们就派2个排，两翼并进，目的就是干掉对手。（现在想起来）真是太疯狂了。"

靠近861高地，B连1排碰上4、5名迎面走来的越军。排长詹姆斯·卡特尔中尉赶紧命令散开队形，首先开火，抓获了1名躺在担架上的越军伤兵后，突然遭到861高地周围的越军火力打击。在蒙受了相当损失后，卡特尔撤了下来。

为了支援B连主力战斗，托马斯·G·金中尉率B连2排（30名士兵和1个81毫米迫击炮班，携弹120发）在861高地南1千米的700高地建立支援阵地。接着，金中尉命令手下5名士兵前往861高地山顶建立观察所，但他们还没靠上去就遭到越军密集火力射击，除了马克列兵外，其他4人全部战死。

虽然没能在861高地山顶建立观察所，但2排的81毫米迫击炮却在B连1排的引导下，有效轰击了861高地周围。据1排报告，81毫米迫击炮弹群击中了越军1个连。尽管

① 此事件发生在3月17日，并非3月19日。22点05分，溪山基地遭到了21枚82毫米迫击炮弹的轰击。18日凌晨00点05分，又遭到25发82毫米迫击炮弹轰击，24日遭到45发炮弹轰击。没有美军受伤。

如此，1 排对 861 高地的冲击还是没能取得胜利。退到一个着陆点后，卡特尔把伤员转移到直升机上，稍事休整后又率部进行第二次冲击。路上，5 枚 82 毫米迫击炮弹群在 1 排队形中爆炸，造成 1 死 3 伤。卡特尔只得率部前出到 861 高地前的一个小圆丘反斜面转入防御。3 排的冲击也没有取得成功。

为了反制越军迫击炮，美军开始组织还击。达尔尼尔一等兵直接用膝盖架起 60 毫米迫击炮还击，直到弹药打光。勇气可嘉，可惜没有效果。打光炮弹后，他又积极帮助 2 名伤兵包扎，但很快他也负伤了。

不间断的越军迫击炮火力给美军留下了深刻的印象。“我听到 2 个家伙被击中了，他们痛苦的哀嚎声不停叩击我们的心扉。”下士米歇尔·布朗回忆道，“我们都不清楚究竟发生了什么。最后，他们告诉我，要（把他们）背回去。”在伤员不断增多的情况下，陆战队员们只得扔下半数武器装备，两人一担架把负伤战友抬下去。3 排好不容易找到了一个直升机着陆场，又遭到越军迫击炮火力打击。不久，美军的战斗轰炸机呼啸而至，对越军迫击炮进行了反击。

可是，美军战斗轰炸机的准星实在太差了，又一次误击了己方战斗队形。“喷气式战斗机临空时，我们遭到误击。”汤姆·里延回忆道，“他们刚刚要我们走快点，还没走多远，他们就朝我们头顶扔炸弹了，把我们一个火力小组一扫而空。”唐纳德·克拉克下士回忆称，火力小组遭误击后，轰炸区只剩下扭曲的武器和散落一地的断臂残肢。

至此，陆战 9 团 B 连 1、3 排无心再战，就地组织环形防线过夜。负责支援 1、3 排的 2 排 81 毫米迫击炮班打光了携行的 120 发迫击炮弹，却对战斗毫无帮助，萨耶尔斯只得让他们撤回溪山基地。一天战斗下来，陆战 9 团 B 连再次蒙受较大损失——14 死 18 伤 2 失踪，宣称击毙的越军数字仅仅是可怜的 5 人。3 月 16 日和 4 月 24 日的两次战斗失利，让雷德上校正确估计了越军的实力，但在上报陆战 3 师师长沃尔特少将时，把越军番号弄错了，他声称第 325C 步兵师的 18C 步兵团就在溪山地区

陆战3团2营正使用106.7毫米无后坐力炮摧毁881高地的越军地堡。

（实际上是除了第18C步兵团8营外，还有第95C步兵团4营）。

4月25日，惊魂未定的陆战9团B连1排和3排继续上路。这天，美军的运气出奇的好，1名越军战士主动向B连3排的汤姆·里延投降。经过审问，得知这名越军战士名叫武文积，隶属于第341步兵师32团4营（这是个假番号，第341步兵师下辖270、271和266团，越军步兵师中没有第32步兵团番号）。为了向美军投降，他借机离队，走了4天4夜才"如愿"。他声称自己已经厌恶了战争，一心只想"回家"。与此同时，在溪山地区连打败仗的陆战9团B连的"苦日子"也快到头了。

接到雷德上校关于越军在溪山地区集结大军的消息，陆战3师师长基勒少将决心增兵溪山，阻止越军的攻势。陆战3团团长约翰·拉尼干上校奉命增兵溪山。4月25日，加里·维尔德中校的陆战3团3营先遣队——K连（连长：比利斯·L·斯皮维利上尉）在炮兵和迫击炮观察员、3营侦察排的加强下，一共4名军官、5名海军救护兵和128名陆战队士官和士兵乘坐运输机抵达溪山。陆战3团3营K连中午到溪山，还没喘上口气，就接到了维尔德中校下令要进攻夺取861高地的命令。

4月25日15点25分，陆战3团K连从溪山基地出发，在距861高地约300米处，走在最前面的1排突然遭到山顶越军火力点和反斜面的越军迫击炮火力打击。虽然1排马上呼叫炮兵和迫击炮兵还击，试图压住越军火力，可在植被密覆的山区战斗中，炮兵显然有欠准头，没法有效反击。经过2个小时打击，原本37人的1排只剩10人还有战斗力。连长斯皮维利上尉通过电台连连叫苦，请求营长维尔德允许动用预备队支援，但被打了回票。环顾左右，斯皮维利的3排虽然没有遇到越军的抵抗，但崎岖的地形严重限制了3排的行进速度。无奈之下，斯皮维利只能让2排顶上，可2排只有20名陆战队队员，且很快遇到越军的抵抗而停滞不前。在这种情况下，斯皮维利上尉只得命令全连就地组织夜间环形防御。维尔德中校带领营部和60毫米迫击炮群也前出到861高地南面300米处的一个小圆丘，准备支援斯皮维利们的战斗。

陆战9团B连和陆战3团K连战斗连续受挫，861高地三战三败让陆战3师倍感震惊，原来越军的实力这么强，溪山基地情况危急，急需增兵！4月25日下午，驻卡罗尔火力基地（241高地）的陆战9团3营K连（连长：杰拉德·吉列上尉）奉命紧急出动。不久，他们乘坐C-130"大力神"运输机抵达了溪山基地，并立即归陆战3团3营营长维尔德中校节制。

面对美军的增兵，越军很快组织了"火力欢迎委员会"。4月26日凌晨05点00分，861高地南面300米的陆战3团3营营部和60毫米迫击炮阵地突然遭到200多枚82毫米迫击炮弹轰击，溪山基地也遭到100发迫击炮弹和无后坐力炮弹的轰击，幸好当天晨雾弥漫，干扰了越军炮手的瞄准，致使大部分炮弹都落在防线外。在越军组织游动炮击的时候，陆战9团B连连长萨耶尔斯上尉因为靠近881高地南子高地，因而清楚看见无后坐力炮的弹道，他赶紧呼叫炮兵对可疑的越军炮兵阵地进行炮火反击，集中轰击861高地和881高地南子高地，越军炮兵很快"沉默"了。

4月26日08点00分，吉列上尉带着陆

战9团3营K连在B连后续部队的引导下，午后和营部会合。从清晨起，陆战3团K连继续对861高地发起攻击。这次上去的是3排，可结果却和昨天1排并无二致，损失惨重没法撤退。为了掩护3排撤下来，维尔德中校命令吉列上尉的陆战9团K连2个排上去，掩护3排从861高地撤下来。没想到越军竟然越战越勇，吉列上尉的陆战9团K连都有些吃不消，直到夜幕降临才勉强撤出战斗。

与此同时，陆战9团B连的进攻也不顺利。越军不仅隐蔽良好，而且射击纪律严明，直至美军靠近到5米距离才突然开火，当场把走在最前面的美军士兵打死！5名美军官兵——包括B连连长萨耶尔斯上尉——均告负伤。接着，迫击炮火力又打进了B连战斗队形，给美军造成了更大的伤亡。在空中炮艇支援下，B连好不容易和越军脱离接触，撤到一个空地呼叫直升机接运伤员。可直升机的落地又暴露了B连的位置，越军迫击炮火迅速跟踪过来，打得B连叫苦连天。萨耶尔斯上尉不无悲伤地向维尔德中校报告，B连已经失去战斗力，没法移动了。

维尔德当即命令萨耶尔斯抛下死者（这道命令严重违反美国海军陆战队的作战传统），带上伤兵撤出来。然而，萨耶尔斯却答道："就算带伤员我也撤不出来了！要是你再逼我的话，我只能借助大雾撤退，实在撤不出，我就拼到最后一个人！"

维尔德被将了一军，他知道打败仗可以，但要是有1个连被全歼，那么他的官运也就到头了。在他的命令下，陆战9团3营K连连长吉列上尉和剩下1个排赶去救援萨耶尔斯。也许是上天垂怜败军之相的B连，经过4个小时艰苦行进，吉列上尉最终和萨耶尔斯顺利会合。借助大雾的掩护，吉列护着萨耶尔斯的B连带着所有死伤者先撤到维尔德营部位置，然后搭乘直升机返回溪山基地。B连的撤退，标志着美军在861高地已经四战皆败。

连吃败仗，让美国海军陆战队开始正视对手。陆战队情报部门判断，861高地、881高地南子高地、881高地北子高地之间的三角区至少有越军1个连的兵力，861高地驻有越军至少一个加强连，在这一带指挥他们的至少是一个营指机关。这些部队都是隶属于林泰光中校的第18C步兵团。应该说，陆战队情报部门对这一带越军兵力的规模判断还是十分准确的，除了第18C步兵团外，还有第95C步兵团4营。

就在陆战队猜测越军在溪山进攻意图时，9号公路沿线的越军边海炮兵团突然对卡罗尔火力基地、昆先基地、犹灵基地、东河基地和芙拜基地进行密集的游动炮击。4月27、28日两天时间里，美国海军陆战队就有10人被炸死，226人被炸伤。形势异常紧张，陆战3师决定继续增兵溪山。下一个点名的是埃尔·R·迪龙中校的陆战3团2营。本来陆战3团2营的任务是对广治省和承天省边界的越军根据地进行清剿，和越军激战还没分出胜负，新任陆战3师师长布鲁诺·A·霍赫穆特少将一纸命令，全营开赴溪山。4月27日中午，陆战3团2营先遣队抵达溪山，迪龙随后赶到。

与此同时，陆战3团团长拉尼干上校对溪山基地的美军进行换防。他先让陆战3团3营M连换下K连（9连撤往洛克派尔），接着又让陆战9团3营M连换下B连（B连乘C-130运输机撤往东河）。

在完成部署调整后，维尔德中校决心不惜一切代价攻下861高地。进攻前，为了削弱861高地越军的抵抗，溪山基地的105毫米和155毫米炮兵群，以及卡罗尔火力基地的175毫米自行火炮用高爆弹对861高地实施猛烈的炮火打击，耗弹2070发。同时，陆战队第1航空联队也向861高地投下23.5万千克炸弹。4月28日下午，雷德上校下令发起攻击。这次作战美军动用了2个营的兵力实施，第一目标是861高地，第二目标是881高地南子高地，第三目标是881高地北子高地。迪龙中校的陆战3团2营要攻克861高地，然后维尔德中校的陆战3团3营迅速跟进。在迪龙中校夺取861高地后，维尔德中校的陆战3团3营向西转，占领861高地和881高地南子高地之间地带，然后从西南方向突击881高地南子高地。在3营突击的同时，陆战3团2营先巩固861高地，然后打881高地南子高地，掩护维尔德中校的侧翼。在861高地和881高地南子高地都得手后，美军再全力以赴攻取881高地北子高地。

在炮火延伸后，陆战3团2营冲上了861高地。相对前4天连续不断的顽强抵抗，迪龙中校发现，除了零星迫击炮火力袭扰外，他们没有遇到越军的抵抗。打扫战场的时候，美军再一次认识到越军小规模营连级别战斗的专业性：整个高地空空如也，既没有留下任何一具尸体，也没有留下任何文件和日记，一件步兵武器装备都没有留下，有的只是光秃秃的山头和25个地堡、400个单兵掩体。

861高地得手后，陆战3团3营K连和陆战9团K、M两连在维尔德中校指挥下，迅速前出到861高地西侧，距881高地南子高地东北750米的攻击前出发阵地，准备突击881高地南子高地。

4月29日清晨，陆战9团3营M连出发，开始对881高地南子高地发起攻击。中午，在861高地和881高地南子高地半途的一个山谷，M连1排和越军1个排狭路相逢。越军迅速展开冲锋枪和轻机枪火力拦阻，冲在最前面的M连1排尖刀班班长罗伯特·L·阿伦下士“隐蔽”话音未落，2名陆战队员就被打倒在地。危难时刻，方显英雄本色。阿伦下士冒着火力，

◀越军在881高地南子高地的一个原木盖顶地堡，大部分嵌入地下，仅有少部分露出地表。虽然在4月经过了美国空军猛烈的火力打击，一枚炸弹在离地堡不到10米处炸出了一个巨大的弹坑，但这个地堡仍然毫发无损。

将2名负伤的陆战队员拖到安全地带，不幸自己也挂了彩。陆战9团M连赶紧收缩队形，呼叫航空火力和炮火支援，压住越军的火力。

与此同时，雷蒙德·H·本内特上尉率领的陆战3团3营M连从陆战9团M连左翼投入战斗，继续朝881高地南子高地前进。在881高地南子高地东北的一个小圆丘，本内特手下的将士们清楚地看到，在881高地南子高地山顶，有大约20名越军沿着山顶向西运动，2个迫击炮班正在架炮。在本内特上尉的身边不到15米，是陆战12团1营C连的炮兵前进观察员戴维·罗格上尉。他赶紧示意罗格过来。

“看，戴维，”本内特说，“北越人正在山顶架炮。能不能快点朝那儿打几炮？”本内特一边说，一边报出了目标的地图位置坐标。“这是我军旅生涯中要求最快速的火力支援任务。我想2分钟左右能够轰上山顶……你甚至可以听到他们在山顶吹口哨。”

罗格应允，按照本内特的要求，呼叫炮兵对861高地山顶仅仅打了4炮，就把越军的迫击炮兵驱散。当夜，本内特的陆战9团M连没有进一步和越军接触。“我们不知道881高地山顶究竟发生了什么。”罗格回忆道，“情况真是假得很……如果有人告诉我，山顶驻有北越军一个整营的话，我想我会盯着他说，你疯了。总之，我根本没看到山顶有北越军的迹象……一个整营在山顶——我真是想都不敢想。”

4月30日清晨，为了掩护维尔德中校的右翼，迪龙中校的陆战3团2营沿着一条山脊线朝881高地北子高地扑了过去。当陆战3团2营H连抵达昨天陆战9团M连遇伏地点时，突然遭到越军2个排的伏击，H连9死43伤，直升机强行赶来撤走了29名重伤员。下午，陆战3团G连在强大的炮火支援下，突破了越军这2个排的阻击，方才打开通往881高地北子高地的道路。

与此同时，陆战队第1航空联队也对881高地南子高地投下250枚900千克炸弹，炮兵也打掉1300多发炮弹。当炮火开始延伸的时候，陆战3团3营M连尖刀排在比利·D·克雷沃斯中尉率领下展开攻击。10点25分，抵达881高地南子高地西梢圆丘时，克雷沃斯中尉的步兵排开始掉头，随即陷入越军猛烈的火力圈。密集的冲锋枪和轻机枪火力打得克雷沃斯抬不起头，30发迫击炮也狠狠砸了下来。为了救援克雷沃斯,本内特马上让道格拉斯·豪瑟尔中尉的2排前往。美军在明处，越军在暗处，不管美军怎么还击，就是没法伤着越军分毫。克雷沃斯自己也被迫击炮弹打伤，但仍然率部就地疏散隐蔽,协助伤员转移到安全地带，不过他们还是在越军火力打击圈内无法脱身。

为了支援克雷沃斯，本内特又把3排给调了上去。可3排刚出动没多久，也遭到了越军的火力打击，出现了包括排长在内的大量死伤。无奈的2排长豪瑟尔中尉接替指挥，一边把2、3排的伤员撤出战场，一边把2个排剩下的兵力集合起来，凑成一个混成排继续前进。不过，豪瑟尔毕竟需要指挥自己的2排，在分身乏术的情况下，利奥·梅尔军士长承担起了指挥3排的任务。行进过程中，梅尔军士长也中弹负伤，但他仍然勇往直前，并呼叫炮兵和81毫米迫击炮持续压制越军火力点。

与此同时，陆战9团3营M连也遭到越军顽强抵抗。对维尔德中校而言，881高地南子高地的越军实在是太顽强了。本内特的陆战3团3营M连陷入了越军的阵地中无法脱身，维尔德不得不派陆战9团3营K连前往救援，才掩护本内特们退了下来。上等兵拉里·W·乌姆斯泰德回忆道："步兵火力和迫击炮火力太猛了。你几乎听不到人声，自己在哪也没法确定。"中午12点30分，维尔德中校下令撤退，但将士们花了几个小时才好不容易撤了下来。当天战斗伤亡之惨重甚至超过了861高地之战，计43死109伤，其中本内特的陆战3团M连完全丧失了战斗力。由于损失太大，本内特的连队奉命撤回溪山基地，然后乘飞机返回东河基地，取代他们的是陆战9团E连。

当时，陆战队所不知道的是，881高地南子高地的越军并没有恋战，在4月30日给予美军重创后，他们在当夜就把主力悄悄撤出了高地，只留下不到1个排的兵力进行象征性阻击。5月1日，为了报复前一天的惨重损失，美军对881高地南子高地实施了猛烈的航空火力和炮火打击，第二天陆战9团M连和K连一拥而上，在没有遇到重大抵抗的情况下，顺利攻克了881高地南子高地，他们发现原本高地上越军的250个地堡和掩体，经过密集的航空火力和炮火打击后只剩约50个，这或许是越军得胜之后放弃高地的原因吧。

对这一系列的战斗，《第325步兵师战史》记载得很晦涩，甚至各次战斗日期都经常搞错：

3月27日，在一次漂亮的战斗中，8连2排活捉了1名美军。这是9号公路—北广治阵线首次生俘美军士兵。①

吸引美军脱离工事进入野外进行消灭的目的已经实现。凭着机智和勇敢，第18C步兵团8营出色完成了打响开头炮的任务，迫使美军陆战3师把越来越多的兵力投入到溪山山谷。然而，由于我军阻击部队和机动部队之间缺乏密切的配合，使我军没能抓住机会在运动中各个击破敌人……

在4月的最后10天里，围绕溪山山谷的战斗又重新激烈起来。学习了第18C步兵团8营的战斗经验后，第95C步兵团的战士们同时对溪山基地的敌人阵地群实施持续不断的火力突击，并大胆派遣小分队潜到敌人基地周围铁丝网地带掏工事，等待机会歼击敌人。

在这一段时间艰苦而激烈的战斗中，涌现出了不少英雄事件。战士阮文韬顽强守住了自己的阵地，单手操枪开火，连续击退了美军2个连的几次反击；战士阿基、阿约、阿雄、阿政、阿永、阿东也娴熟战斗，各击毙了20名美军，获得"歼美勇士"荣誉称号；火力排排长阮文翁击落了1架刚刚在溪山基地跑道接地着陆的C-130运输机，里面满载的49名美军全部丧命；战士阮文儒操着12.7毫米高射机枪一天之内就击落了3架飞机。1967年4月30日的战斗中，副排长阮文努带1个班匍匐潜到682高地的敌碉堡出口前，掏工事隐蔽起来。该班在工事里一连隐蔽了2天等待歼敌机会。第三天清早，一群美军懒洋洋地走出碉堡口。顷刻间，我们的战士掀开伪装，朝敌人猛烈开火，击毙美军士兵50人。当碉堡里的敌人从错愕中醒过来开始拼命还击的时候，我们的战士已

① 1967年4月26日，在突击861高地的战斗中，美军下士阿方索·里亚特被俘，于1973年3月16日获释。

经安全撤退了。

5月2日清晨，迪龙的陆战3团2营继续朝第三目标——881高地北子高地展开攻击。迪龙以E连从南面、G连从东面（H连做预备队）两面夹击881高地北子高地。为了支援2营的进攻战斗，陆战12团F连的3门105毫米榴弹炮从溪山基地转移到881高地南子高地。由于弹药充沛，F连仅对陆战3团2营G连就提供了1400发炮弹支援。

沿着一条狭窄山脊线前进的G连，很快就遇到了越军的抵抗。美军情报判断，881高地北子高地周围越军部署了约1个营的兵力。冲在最前面的安德烈·麦克法兰少尉的1排蒙受了包括4人失踪在内的惨重损失。在武装直升机掩护下，G连先是撤下来，试图让炮兵轰击越军。可炮兵和前进观察员之间出现了误会，炮兵根本不相信前进观察员的报告，拒绝执行他下达的射击指令。晚上，麦克法兰带着12名陆战队员试图抢回失踪人员，但只要他们一动，马上就招致越军猛烈的火力打击，行动作罢。

相对G连的困难，E连却十分轻松。他们几乎未遇抵抗，就一路奔向881高地北子高地山顶。仿佛老天都要和美军作对似的，就在E连即将登山的时候，突然天降大雨。意识到无法控制各连协调攻击后，迪龙中校下令E连撤了回来。可这一撤，却招致了越军一次极为经典的山地运动攻击战例。

5月3日04点15分，在距881高地北子高地南面约500米的一个小山头。陆战3团2营E连2排的比利·约·莱克中士正在检查阵地时，突然听到逐步逼近的脚步声。他大声吼道："谁在那儿？"回答他的是一阵猛烈的冲锋枪火力。虽然负伤，但他还是及时向E连发出警告，事后他获得了银星勋章。美军声称，越军2个连的兵力从东北方向蜂拥而至，冲进E连前沿阵地，将这里的陆战队员全歼。然后，他们继续前进，突入E连阵地中央，夺回了部分美军工兵未及炸毁的堑壕和掩体。美军的反应可以说是迟钝透顶，遭到攻击后整整10分钟，E连才命令防线西侧的1排排长伊泽诺尔中尉率1个班实施反突击，刚刚上路就被越军2挺机枪挡住去路，美军死伤数人，伊泽诺尔也请求增兵。E连连长阿尔弗雷德·里昂上尉又用11名工兵拼凑了1个暂编班，派上去增援伊泽诺尔。这一回，美军打得比较聪明，他们巧妙占领了突破口左翼，从侧面对越军战斗队形实施火力打击。在炮兵、武装直升机和喷气式战斗机的协助下，他们顶住了越军的进攻，可还是没有足够的兵力将越军赶出去。

危难关头，自有援手。从881高地南子高地，陆战9团3营看到陆战3团2营E连受难，立即在山顶架起106毫米无后坐力炮，100多发炮弹砸在了越军的头上。陆战12团F连3门105毫米榴弹炮也不失时机进行炮火支援。迪龙顺势命令预备队H连对突入E连阵地的越军实施反击。怎奈越军顽强抵抗，残酷的战斗一直到15点00分，H连才协助E连夺回全部阵地。这次战斗，美军损失惨重，计27人战死，84人负伤（包括E连连长阿尔弗雷德·里昂上尉），宣称击毙越军137人，抓俘3人，缴获大量武器和物资。

325师战史记载和美军说法大相径庭。在325步兵师和9号公路—北广治阵线的战史里，这次战斗是1967年越军在溪山地区最经典的战例：

5月9日（应该是1967年5月3日），美军1个连前出到843高地东北。第95C步兵团4营1连连长阮友寿正率领一个分队执行侦察任务归来，恰好和敌人遭遇。他马上率部开火射击，向敌人扑了上去。被打了个措手不及的敌人赶紧逃上山顶，释放烟幕标示自己位置企图引导航空火力支援。但他们的命运已经就此注定。为了不给敌人喘息的机会，我们的战士勇敢突破了炸弹和炮弹编织的火力网，冲上去把敌人分割成几块，各个击破。听到前方枪声大作，后方的炊事兵、卫生员、伤病员自动结队，绕到敌人背后，配合部队夹击敌人。经过2个多小时的战斗，美军1个连近200人从编制表上完全消失。我部队缴获一面望远镜，一面军旗和许多武器装备。这次全歼敌人一个连的出色战斗，使第95C步兵团4营1连获得了三等军功章和第4军区司令部的通令嘉奖。嘉奖电写道："1967年5月9日，在斜昆的843高地，我们的同志打了一场漂亮的战斗，1个排在战斗中全歼了美军1个连，缴获许多武器装备。这次战斗是南方战场对敌歼灭战的一个新纪录，也是以积极态度去诱歼敌人的宝贵经验，并发扬了我军部队的光荣传统……"

战斗一结束，迪龙马上组织对越军战俘的审讯，战俘供认称当晚还有一次进攻。紧张的迪龙中校唯恐重蹈白天的覆辙，赶紧命令所部组织紧密的环形防线。直升机也飞进飞出，给2营运来大量带刺铁丝网、克莱默尔定向雷和照明拌发雷。迪龙们已经做好了战斗准备，怎奈越军攻击的对象不是他们，而是围村。

5月4日04点35分，越军第18C步兵团副团长陈士基指挥8营在第325C步兵师特工40连支援下，对围村发起攻击。他们迅速突破了蒙塔格纳别击队的防线，冲进了围村基地中心，炸毁了大量重要材料和工事，并击毙了围村正副指挥官——两名绿色贝雷帽。尽管溪山基地的美军炮兵群进行了密集的炮火支援，可越军还是以极为轻微的伤亡完成了任务。这次战斗，联军一共蒙受了2名绿色贝雷帽和20名蒙塔格纳别击队员战死、2名美军和39名别击队员负伤的重大代价，清点到越军尸体不过7具。这次战斗毫无疑问是越军的胜利。

在陆战3团2营E连被打残、围村基地受到重创的消息传开后，霍赫穆特少将又一次向溪山基地增兵。陆战26团1营C连开赴溪山地区，作为基地的战术预备队。5月4日下午14点45分，在几乎没有遇到抵抗的情况下，陆战3团2营拿下了881高地北子高地。

虽然861高地和881高地在手，可陆战队却没有立即罢手，他们继续对越军实施追击作战。除了零星战斗外，陆战3团2营和陆战9团3营没有再遇到大的抵抗。倒是美军工兵忙里忙外，把周围发现的所有越军战壕和地堡掩体统统炸毁。

最激烈的战斗发生在5月9日，陆战9团F连2个排在778高地（881高地北子高地西北3200米处）遭到越军伏击。猛烈的战斗打了30多分钟，陆战队把81毫米迫击炮、106毫米无后坐力炮、武装直升机和炮兵火力统统调过来打击，才救出了F连。硝烟散尽，美军清点到越军31具尸体，自身24人战死，19人负伤。往西，陆战队第3侦察营1个排在665高地（881高地北子高地西北12千米）遭到伏击，5人战死。这次战斗也宣告了861高地到881高地战斗的结束。

从4月24日到5月11日，美国海军陆

▲陆战26团接替陆战3团镇守溪山后，开始广泛巡逻。不过，第325C步兵师95C步兵团已经胜利完成了上级交付自己的任务，逐步退出了战场。

战队在溪山地区动用了 2 个营的兵力，围绕 861 高地到 881 高地周围进行了血腥的攻坚战斗，消耗 105 毫米以上榴弹 2.5 万发、航空炸弹 1900 吨（陆战队第 1 航空联队出击 1100 架次，B52 出击 23 架次），宣称击毙越军 940 人，陆战队也付出了战死 155 人、负伤 425 人的惨重代价。美军官方战史对这一系列战斗的评价是：“虽然阻止了北越军的行动，但陆战队也付出了不菲的代价。”

然而，事实却是越南人民军第 325C 步兵师仅用一个加强团的兵力（第 95C 步兵团和第 18C 步兵团 8 营）就把美军 2 个陆战营吸引到溪山地区，胜利实现了上级交付的钳制吸引美军战略机动兵团到溪山的战略意图。

尽管如此，1967 年溪山地区的战斗仍未画上休止符。

1967 年夏，美军内部进行人事调整。继陆战 3 师师长由基勒换成霍赫穆特后，第 3 两栖军军长沃尔特少将也打包走人，库什曼中将出任第 3 两栖军军长。库什曼是个很务实的人，他一上任就认识到溪山地区暂时退出了热点地区的名单，没有必要在这里保留 2 个陆战营的兵力。

在他一纸命令下，陆战 3 团和陆战 9 团所部撤离溪山地区，陆战 26 团 1 营（营长：唐纳德·牛顿中校）进驻溪山地区，该地区的作战指挥权也由陆战 3 团团长拉尼干上校移交给陆战 26 团团长约翰·帕德利上校。虽然驻军兵力规模缩减了，但这并不意味着美军要采取守势。相反，帕德利上校雄心勃勃，要继续对越军实施觅歼作战。陆战 26 团 1 营刚刚进驻，他就下令发起代号“科罗克特”的行动。

根据帕德利上校的指示，牛顿中校在 861 高地和 881 高地各放 1 个连，在 950 高地（同治高地）放一个电台监听站。虽然展开了行动，但陆战 26 团却基本没有和越军接触。显然，第 325C 步兵师已经完成了任务，不需要再和美军缠斗下去。不过，陆战队还是发现了对方活动的迹象，比如晚上出现不少灯光，861 高地和 950 高地附近发现地道，空中侦察发现不少堑壕、迫击炮阵地等。

霍赫穆特少将仍然十分关注溪山地区的越军兵力集结状况。第3两栖军情报部门也不断捕捉对方的动态：除了发现第95C步兵团外，他们还估计整个9号公路—北广治地区的越军兵力达18700~20650人。

第3两栖军通过空中侦察、部队作战、绿色贝雷帽的巡逻和通信监听，以及战俘审讯等多种渠道，发现越军第95C步兵团至少有2个营的兵力，装备6门迫击炮、4门高射炮和许多轻机枪进入了溪山地区。供应方面，美军估计，越军1个营在前线战斗，就需要至少100名运输兵进行背粮补给（这个判断惊人的准确）。

为了"摧毁"越军在越老边界的集结地，陆战26团1营和绿色贝雷帽决定发起一次联合作战。这次作战主要目标是摧毁越老边界沿车邦河周围的三个村庄。陆战26团1营D连负责武装封锁三个村落，蒙塔格纳别击队员冲进去逐个搜查，没有发现越军迹象就把全体450位村民赶出家园，强制集中到围村附近的新生村，然后一把火烧毁了三个村庄，拉不走的耕牛统统射杀。

参加行动的美军上尉詹姆斯·怀特奈克回忆道："村里除了老人、年长的妇女和孩子外，什么也没有。我们对即便是刚刚搜查过确认无误的房屋也照例爆破摧毁。当我们完成对整个地区的搜索后，我们发现了一幅俄造皮革地图和一根锤子镰刀标号的俄国皮带。"

这次越境清剿行动令人发指，它引发了老挝王国富马政权的抗议，在照会中老挝抗议美军擅自越境，摧毁老挝村庄，强制驱赶老挝人入南越境内。但，这个抗议被美驻南越大使邦克驳回。不过，心虚的美国还是承诺，在没有老挝王国允许的情况下，类似事件不会再重犯。

陆战26团行动连连扑空。第95C步兵团却在积蓄力量，准备狠揍美军。6月6日01点01分，溪山基地突然遭到25发120毫米迫击炮弹和107毫米火箭弹袭击。1967年6月6日02点00分，在大雨的掩护下，第95C步

1967年6月，881高地南子高地已经成为陆战26团防线上重要的外围阵地。图为美国海军陆战队飞机对881高地南子高地的航拍图。

兵团6营9连突袭950高地。当时正在950高地电台监听站的查尔斯·卡斯蒂洛上等兵突然看到一群手榴弹飞来，他刚刚来得及喊：“手榴弹砸过来了！大家快醒醒！我们遭到攻击了！”话音未落，密集的爆炸声就在周围响起。紧随而来的是火箭弹、冲锋枪子弹和第二群手榴弹。电台监听站的美军顽强抵抗，以6死2伤的代价击退了越军的冲击。拂晓时刻陆战26团1营D连紧急出动，以最快的速度赶到了950高地，击退越军，救下岌岌可危的监听站。突袭结束后，陆战队迅速把950高地的守军规模增加到1个排，950高地是个重要的“溪山之眼”，陆战队绝不能丢失。

虽然进攻没有获得全胜，但《第325步兵师战史》还是大大吹嘘了一番：

1967年6月，第95C步兵团6营奉命对溪山基地西北1090米标高的同治山由美军1个连把守的阵地展开攻击。同治山，乃是敌人的“溪山之眼”。

1967年6月6日凌晨，在大雨的掩护下，第95C步兵团6营9连指战员们爬上了同治山顶，打了一个漂亮的突袭战，击毙美军160人，缴获了全部武器装备。由于同治袭击战斗的胜利，第95C步兵团6营9连被授予三等军功章。[①]

950高地之战刚刚结束，陆战26团1营B连又在6月7日于881高地子高地南2000米突然遭到越军1个排急袭，得到A连1个排支援，B连好不容易才击退越军冲击，但却付出了18人战死、24人负伤的代价。连续两次的战斗（950高地遭攻击和B连遭袭），让库什曼重新认识了溪山，1个营的兵力显然不够。在他的命令下，陆战26团3营（营长：库尔特·霍特中校）也抵达了溪山基地。从这时开始，由于第325C步兵师奉命暂停大规模作战，把主力转移到9号公路东段，配合第324步兵师3团围攻昆先基地，因此越军对溪山基地采取的进攻战法是游动炮击，这给陆战队带来了更大的伤亡。

6月27日凌晨，溪山基地遭到50枚82毫米迫击炮弹的轰击，造成美军9死125伤。接着，越军又在05点25分用DKB（122毫米单管火箭炮）对溪山基地进行第二次炮击，造成美军1死14伤。虽然美军频繁巡逻都没有遇到越军的大规模抵抗和战斗，但溪山基地不断遭受的游动炮击表明，越军不会放弃溪山地区，决定性的战斗将在1968年拉开帷幕。

为此，陆战26团开始不断加强溪山基地防务。至1967年秋季（1967年8月14日，戴维·洛文德斯上校接替帕德利出任陆战26团团长），溪山基地的美军达2849人，得到2门155毫米榴弹炮和15门105毫米榴弹炮，以及3门4.2英寸迫击炮、5辆M48-A2“巴顿”式主战坦克、10辆M50“安托斯”自行无后坐力炮、2门40毫米自行高射炮的支援。基地群也逐步形成规模——围村基地和驻向化军事支区的陆战队混成作战连，与溪山基地互为犄角。

美军没有想到的是，第325C步兵师在溪山地区的作战任务胜利完成后，9号公路—北

① 该战役实际攻击的是1090高地的子高地——950高地。

▲在昆先基地周围巡逻的美国海军陆战队员，昆先基地位置重要，是东河基地重要的前哨阵地。

广治阵线司令员谭光中大校的目标竟然是昆先基地。在这里，越南人民军第324步兵师3团和美国海军陆战队第9团上演了双方在1967年最精彩、最激烈的团级对攻战斗。

在确认美军逐步把作战兵力转移到溪山地区后，谭光中大校顺势下令第325C步兵师让第101D步兵团渡过边海河，配合第324步兵师3团对9号公路重要的基地——昆先基地展开围攻战斗。

针对昆先基地是美军在9号公路沿线重点防御的地带，越军第324步兵师3团进行了周密的准备，他们在接近昆先基地的杜安乡隐蔽展开兵力，同时还储备了10日份的粮食和3个基数的弹药。

6月27日19点00分，在第3步兵团临时指挥所，团指和7、8、9营主要干部聚在一起，召开作战会议，统一全团的战斗协同动作和传达指示。9号公路—北广治阵线司令员谭光中大校和越南人民军总参谋部的一些特派员参加了这次会议。在会上，第3步兵团团指再次强调各营要协同战斗，和配属的各个技术兵种（特别是火力单位）搞好配合、定下战斗决心，运输兵要对作战部队进行充分的战斗保障。到谭光中大校发言时，他首先表扬了第3步兵团在去年和今年的艰苦战斗中，不畏强敌连续采取多种形式打法获得了胜利，特别是隐蔽安全占领阵地，贯彻执行计划，保持了324步兵师在抗法时期的光荣传统。但，他话锋一转，又提醒3团还存在不少缺点，比如没能完全保守战斗秘密，火力分队阵地布置还不太合理（诸如迫击炮、无后坐力炮和12.7毫米高射机枪，越军统称火力分队），不重视潜伏，贯彻各种重要战术思想和任务过于简单化，经常把进攻和反击战斗任务理解成冲锋陷阵，消灭敌人。

为了帮助3团克服缺点，谭光中要求3团各级干部切忌主观臆断，在美军强大空炮火力打击下，尽可能避免部队集中行进，要指导好部队的隐蔽集结。在下达任务时，要注意向部队解释好实施战斗的注意事项和打法细节，要不断加强对美军阵地的袭扰，让美军没法安心巩固阵地和训练，对美军的打法要注意智取、稳赢，坚决实现打运动进攻，吸引美军脱离工事到野外实施歼灭，然后逐步收紧包围圈。

1967年6月28日凌晨05点00分，越军第324步兵师3团全体指战员隐蔽占领出发阵地，准备伏击自昆先基地出巡的美军。08点00分，美军1个排在2辆M42坦克的支援下，沿着75号公路朝隆山行驶。距3团阵地300米时，美军似乎发现情况不对劲，突然掉头往昆先基地退却。看到美军要跑，8营一组正在研究阵地布置的干部赶紧冲上去，一阵急促射击，打伤了1名美军。当8营准备追击的时候，却只能眼睁睁地看着美军安全撤回了昆先基地。

6月29日，美军又以1个连的兵力沿着75号公路朝安牙出巡，遭到越军第324师3团2连伏击，死1伤3。美军见势不妙，再次缩回了昆先基地。

虽然连续2次伏击都没能抓住对手，但越军认为美军通过两次“吃亏”，显然发现了昆先基地的“危机”，按照美军的个性，他们一定会再度出兵，对越军展开攻击，这将是3团在野外打击脱离工事之敌的绝好战机。

不过，对连续两次战斗失手，谭光中大校十分不满，责成3团认真总结经验教训。战地诸葛亮会上，越军第324步兵师3团指挥班决定：从团指到营指都要对昆先基地周围美军各个重要据点和哨所进行系统侦察，一旦发现美军，各个潜伏侦察组、各个观察台都要及时通报，团指和营指要根据正确情报指挥各单位抓住时机进攻美军。如果美军出巡保持谨慎，见势不妙即回缩，则3团各营要大胆命令各伏击分队先敌开火，然后果断冲击争取消灭消耗美军部分有生力量。

根据3团团指的命令，3团9营1个连在82毫米迫击炮连的加强下，不断对昆先基地进行破坏射击，把美军引诱到豪山，让其进入3团伏击圈。8营在安牙巩固阵地，周密伪装，避免被美军发现后回缩。与此同时，3团9营剩下2个连固守嘉平三岔路口，1个排在82高地埋伏，进行连环堵截，争取打一个歼灭战。为了防止暴露，3团一边密切监视敌情，一边禁止发出一切声响。

正如越军第324步兵师3团预料的，美军在1967年7月2日为了清剿昆先基地周围的越军，发起了代号“水牛”的行动。陆战9

▲昆先基地周围和非军事区周围地形适合坦克装甲车作战。陆战9团3营K连在陆战队第3坦克营M-48“巴顿”主战坦克配合下，在昆先基地周围进行战斗。

团1营兵分两路出击，一路沿着75号公路朝安牙突击，一路乘坐6架直升机在82高地和豪山村机降。美军行动正中3团下怀。越军第324步兵师3团立即命令8营和9营用1个连又3个排的兵力出击，务必消灭陆战9团1营B连大部分兵力，然后围住残部，吸引其他美军救援，2个营剩下的主力准备打援。

在8营方向上，营属火力连连长阿乔中尉操作82毫米迫击炮射出了全连第一发炮弹，直接命中安牙三岔路口。接着，密集的迫击炮弹就朝美军头上砸了过去。虽然美军激烈还击，但在猛烈的迫击炮火力和轻重机枪火力打击下根本无法坚持，在8营1个连的勇猛冲击下，美军约1个加强排的兵力几乎全军覆灭。

9营方向上，越军的战斗就没那么顺利了。美军在82高地机降前，昆先基地的美军炮兵群首先对82高地的越军阵地打了几百发炮弹，支援陆战步兵机降。在美军火力打击下，82高地的越军324师3团9营1个排没能守住阵地，伤亡过半，剩下半数指战员被迫退却。9营剩下2个连也遇到了大麻烦。虽然得到2门82毫米迫击炮火力的支援，打掉了美军1门60毫米迫击炮和2挺重机枪，但也仅仅是控制了82高地西北，和美军打成僵持。

看到战斗情形发展缓慢，严重影响到歼敌计划实施，3团团长阿政中校命令预备队7营2连以1个排的兵力利用地形迂回到西南面侧击，吸引美军注意力，同时以2连剩下2个排的兵力在迫击炮支援下，利用炮火延伸的机会突然冲击，配合9营夹击美军。

连续进行两次迫击炮假延伸后，第三次迫击炮射击突然变成真延伸，2连1排从西南直插敌后，让美军陷入了慌乱。主要方向冲击的2个排在2连长阿贤的指挥下，一边用B40火箭筒打掉美军各个火力点，一边向美军发起冲击。在7营2连、8营1个连和9营相互密切配合下，越军第324师3团采取巧妙协同的打法，创造了伏击战大部歼灭美军1个连的光辉战例。

美国海军陆战队官方战史的记载也证实了3团的胜利。1967年7月2日，陆战9团1营在越军3团的伏击下，一共战死84人，失踪9人，负伤190人，其中B连打完战斗只剩27人健全。1967年7月7日，美联社在报道中也不无悲哀地承认：1967年7月2日星期日进行的战斗中，美国海军陆战队9团1营B连遭到了毁灭性的打击，战死58人，负伤100人，38人失踪。

越军第3步兵团猛烈进攻重创美国海军陆战队第9团1营的枪声震惊了东河—广治

▲美国海军陆战队员在昆先周围的大象草丛里搜寻越军踪迹。

周围的各级美军指挥机构。7月4日，为了给“被共军消灭的B连各战友”复仇，美军陆战9团3营在坦克、炮兵和武装直升机的支援下，对沛头（距安牙2千米）展开攻击，遭到越军3团持续不断的迫击炮袭击，死15伤33人。第二天，美军陆战9团3营和陆战3团1营在航空火力和炮兵火力掩护下，顶住越军3团的迫击炮火力打击，收容陆战9团B连战死者。

7月7日，美军展开了真正的进攻。进攻前，美军集中火力，对嘉平、春海、坊真、站歌、中山进行猛烈炮击。喷气式战斗机还对所有被怀疑为越军“地下掩体工事”的区域进行狂轰滥炸。

在强大的炮火支援下，陆战队3个营对越军3团展开了猛烈攻击。美军声称，经过7日和8日的战斗，陆战队以伤亡近百人的代价，把3团击退出昆先地区，粉碎了越军对昆先的威胁。可《越南人民军第324步兵师战史》却声称7月7日的战斗是9号公路—北广治阵线第一次进行团级规模进攻战斗的胜利：

8点30分，根据要求得到空炮火力支援后，美国海军陆战队第3团1营以2个连在82高地、会同和豪山村对我军重点守备的隆山实施攻击。3营2连在3辆坦克的掩护下直接沿着76号公路攻击隆山东部地区。3营3连在2辆坦克掩护下，从豪山进攻隆山北部。

抱着“近战歼敌”的精神，我第3步兵团7营的干部与战士，尽管一些同志被敌空炮火力杀伤，但坚持等到敌人进入决战点后才开火。2连在敌人靠近至只剩8米（决战点）的情况下一起引爆6枚定向雷。瞬间工夫，12名美军就被炸得粉身碎骨，剩下的也哭求救援。看到步兵战友被我军消灭，在后方的2辆坦克赶紧开火支援，但被我第3步兵团7营1连的4具B40、B41火箭筒打坏。失去了火力掩护，敌步兵连散乱逃跑。沿着76号公路前进的美国海军陆战队3营1连看到友军遭到阻击无法前进一步时，也停止前进，等待命令。

13点30分，第3步兵团指挥班认定：敌人在计划里完全没有预见到这种情况，已经停止前进（被消耗了100多人和2辆坦克在隆山），他们试图撤到出发位置（82高地和豪山村）巩固。就今天而言，敌人已经不再具备进攻能力了。

根据敌人的情形，第3步兵团决定：集中兵力进攻消灭豪山、82高地和会同区域的敌人，坚决把一开始就受到打击而慌忙逃跑的美国海军陆战队第3团1营和9团3营打残（使其失去战斗力）。为此，第3步兵团计划使用如下兵力：7营进攻豪山区域、82高地，8营打沛头和安牙三岔路口，2营担任预备队，随时准备出援各个方向。

14点30分，在我军各类火炮对82高地、安牙三岔路口（2个重点区域）进行15分钟猛烈炮火的准备后，第3步兵团下令进攻。

在8营方向上，甚至还在我军进行炮火准备的同时，我军步兵就已经向敌人防线摸了上去。当我军炮火开始延伸射击的时候，1连靠了上去，迅速对沛头、安牙冲锋。一开始，战斗打得十分顺利。只消10分钟的时间，1连就夺取了几乎所有目标。不过，2连进攻战斗却打得十分艰苦，负责的方向发展缓慢。敌人依托后方战壕和坦克火力激烈还击。1连为了支援2连，连续组织了3次冲锋都被打了回来，兵力损失一半多。16点00分，连长和副指导员双双牺牲，剩下的指战员已经无法进攻，只得拼命还击敌人，保卫伤兵和烈士。

在7营方向，15点00分，当我军炮兵停止射击时，2连也冲锋向82高地展开攻击。然而82高地前方地形开阔（隔300米），敌人随即呼叫昆先基地的炮兵对开阔地实施拦阻射击。7营被迫暂停进攻，呼叫己方炮火支援。待各目标和地下掩体被我军的130毫米加农炮击毁后，82高地的敌人也守不住了，只得逃往豪山，和当地敌人会合。

16点08分，根据目前进攻战斗顺利发展的情形，第3步兵团决心全力进攻豪山决战点、会同仓库区、沛头，决心不给敌人逃跑或调来支援兵力的时间。第3步兵团这个大胆的计划得到了战役指挥部的批准。

17点30分，在我军各门火炮对各个决战区域发射几百发炮弹后，我第3步兵团7、8、9三个营（包括团预备队9营）顶着敌人猛烈的空炮火力，发起了勇猛冲锋，经过激烈打斗，在敌人还来不及组织防御的时候就消灭了几乎所有的目标，迫使敌人只有逃跑一途。

这样，经过7天连续、激烈的战斗，第3步兵团和各配属单位消灭了1300多名敌人，重创了美国海军陆战队第9步兵团3营和第3步兵团1营，击毁11辆坦克，击落14架各类直升机，缴获大量先进战争武器装备，完全解放了杜安乡。

杜安乡大捷的消息传来，9号公路—北广治阵线评价道：“这是我军第一次使用团级规模兵力和炮兵密切协同的战斗，表现出了诸多优点，也成为组织指挥诸兵种协同战斗的典范，同时，运用穿插敌后、包围分割、击溃敌战斗队形乃至最后消灭敌人的打法亦具有重要意义。”

从“水牛”行动的最终结果——美军替昆先基地解围和7、8两天陆战队伤亡的情况来看，基本可以说明《第324步兵师战史》在这个战斗的记载上属于“自我陶醉”。另一方面，“水牛”行动，陆战队最后阶段确实打得不错，经历2年时间（1966—1967年），首次实现重创越军1个团（324师3团）的目的。经过这次打击，3团损失惨重，暂时撤回边海河对岸，直到1968年1月4日才重返战场。

3团退出战斗后，第325C步兵师所属的第101D步兵团进入战场，谭光中大校决定让1团和第101D步兵团一起，组织包围昆先基地，消灭消耗美军有生力量，让美军进一步陷入恐慌。

昆先，对联军的9号公路—北广治防御线东面来说“是一个特别重要的据点”。一旦丢失昆先基地，犹灵—甘露区域的9号公路整个东北地区就要受到威胁。为了防范越军攻陷，第3两栖军军长库什曼中将决定从溪山基地抽调陆战26团3营L连和K连到昆先固守。从8月开始，经过长期艰苦、激烈的战斗，越军第101D步兵团和第324步兵师1团，在东南和西北两个方向上突入第9道铁丝网，完成了对昆先基地的包围。为了守住昆先基地，威斯特摩兰上将要求美国空军对昆先基地周围可疑的越军阵地进行大规模空中打击，宣称击毙越军2000人。9月，北广治地区拉开了雨季的帷幕，鉴于补给困难和雨季作战不便，谭光中大校命令第101D步兵团和第1步兵团撤围，转移到后方休整巩固，准备1968年更大规模的战事。

从1966年6月到1967年10月，9号公路—北广治阵线成立一年多以来，越军克服了许多

▲昆先基地的美国海军陆战队员正在检查一个被炮火炸坏的掩体。

困难，从溪山到东河，越门连续进行了大小几百次战斗，取得了总计歼灭联军近6000人的战绩（其中美国海军陆战队约5000人），为越南南方各个战场粉碎联军第二次旱季战略反攻做出了重要贡献，同时也开辟了一个新的战略进攻方向，逐步实现了越南中央军委关于成立9号公路—北广治阵线的目的：钳制吸引美国海军陆战队第3师到9号公路—北广治地区，消灭消耗美军部分有生力量，打乱美军战略部署，保卫长山公路南北战略交通大动脉，为1968年总进攻和总奋起创造了极为有利的战略条件。

|第四章|

B5-T8：溪山？溪山！

第一节　历史性的决定

1967年4月，越南人民军在南部东区的阳明珠根据地彻底粉碎了美军越战期间规模最大的围剿作战——“联络城”行动和长山公路运输在1967年旱季获得巨大胜利的鼓舞下，越南中央政治局和中央军委连续召开会议，分析越南南方形势，决定恢复自1965年底被迫取消的在南方总进攻和总奋起的计划。

回顾1967年，越南人民军在熬过1966年长山公路运输失败所造成的补给困境后，在连续顶住美军两次旱季战略反攻的各次战役战斗中，南方各个根据地和军队规模都有了长足的发展和进步。首先是运输，长山公路是连接越南南北方的战略交通大动脉，关系到南方抗战的成败。1967年全年，第559兵团和海军第125团海陆并进，一共向南方运送了价值14.2亿美元的物资装备和物资器材，全年共有9.4万名干部战士不断行军穿过长山山脉，进入越南南方，补充给治天军区、第5军区、西原军区和南部平原各师团、地方部队，使越军在南方的总兵力达到了22万，其中地方部队和乡村游击队5.7万人。

▲在长山公路上行进的越军车队，注意他们良好的伪装。

在大量兵力和物资涌入战场的情况下，南方各个军区开始大量组建军区和省主力团营，战斗力进一步得到充实：

南部东区（第7军区）——新组建了决胜团，下辖决胜1营、鹅门2营（鹅贡—霍门）、堤岸3营和嘉定特工4营。

第五军区——新组建了特工第401团，下辖特工406营和特工409营，以及从北方行军赶来的特工第403营。

南部中区（第八军区）——主力部队扩编为2个团又2个营：军区主力1团由第261A步兵营、第261B步兵营和第514A步兵营组成；军区主力2团由第263步兵营、第265步兵营和第267步兵营组成（其中第265步兵营和第267步兵营是新组建的部队，由北方南下补充给第8军区的干部和战士新近组建）；另外，还有第268步兵营和第269步兵营。

南部西区（第九军区）——新组建了第307步兵营，全军区共下辖307、303、308、309和西都步兵营以及2311炮兵连。

治天军区——在得到越南中央军委增调的2个步兵团、3000名补充兵、2个炮兵营、1个高射炮营、1个坦克营、1个通信营的补充下，由原本的1个团又6个营的兵力迅速扩充到4个团又4个营的步兵、4个营的特工、15个别动队和大量技术兵种的单位。

从各个方面分析，越南中央政治局和中央军委都认为，目前的形势发展已经到了争取决定性胜利的时机。但，要做出决定还需要进一步对整个南方进行调研。为此，越南人民军总参谋部向南方战场派出了大批工作组，实地了解情况，督促各个军区按照战略进攻的规模进行物资储备和兵力准备。为了统一拟定周密的作战计划，各个军区的部分领导干部奉命返回河内，一边汇报本军区的敌我战场态势情况，一边参加战略作战计划的拟定。

根据战场实际情况出发，越南中央政治局于1967年6月通过了战略决心，那就是在持久战方针的基础上，以最大的主观努力，在相当短的时间内（预定在1968年）争取决定性的胜利，争取把美国打到在军事上认输（战争降级），扭转南方的战争局面。

1967年7月，越南中央政治局和中央军委听取了越南人民军总参谋部关于采取总进攻和总奋起把南方革命战争推向最高发展阶段的计划报告。计划大要是：集中军事力量和政治力量，向各个城市，重点是西贡、岘港和顺化这三个南方最大、同时也是联军最疏忽的城市，发动出其不意的进攻，使用主力拳头部队打垮南越国军的主力兵团，同时重创美国远征军一部分重要的有生力量，从根本上改变南方战场的双方力量态势对比，粉碎美国的意图。越南中央政治局和中央军委根据战场实际情况，批准了越南人民军总参谋部拟定的总进攻和总奋起计划。

1967年10月，越南中央政治局再度召开会议，进一步具体讨论在越南南方发动总进攻和总奋起的计划。越南中央政治局经过对形势的分析和听取各个战场的汇报，认为可以提前实施计划。为了出其不意，中央政治局决定在1968年春节发起总进攻和总奋起。

1968年1月，越南劳动党十四中全会在河内召开，又一次具体讨论了在越南南方发起总进攻和总奋起的计划。会议通过了越南中央政治局1967年12月关于把“革命战争转移到争取决定胜利的新时期”的决议。

1967年南方各个根据地粉碎了美军第二次旱季战略反攻，促使越南中央军委考虑在1968年发起总进攻和总奋起。图为胜利拔点的越军战士。

会议提出的1968年总进攻和总奋起的目标是：

消灭和瓦解绝大部分南越国军，打垮南越各级政权，全部政权回归人民。

消灭消耗美国远征军有生力量和战争物资，使美军无法实现他们的政治和军事目标。

在这个基础上，挫败美国继续进行战争的意志，迫使美国在越南南方认输，停止对越南北方的一切海空破坏性战争。

在越南中央政治局通过的总进攻和总奋起作战计划中，9号公路—北广治阵线的溪山地区是重要的战略疑兵方向。1967年12月，越南中央军委给9号公路—北广治增兵，使这个战场的兵力增加到4个主力师——第304A步兵师、第320A步兵师、第325C步兵师和第324步兵师，1个步兵团（第270步兵团），5个炮兵团（第16、45、84、204、675炮兵团），3个高射炮团（208、214、228高射炮团），一个坦克营（第198坦克营）、1个工兵团和1个工兵营。12月6日，越南中央军委决定成立9号公路—溪山战役党委和指挥部，中央候补委员、副总参谋长陈贵海少将担任司令员，中央候补委员、总政治局副主任黎光道少将任政委，溪山战役命名为B5-T8（B5就是9号公路—北广治阵线代号，T8是溪山战役代号，新春总攻击总奋起代号是T25战役，西贡总攻击代号是光中革命战役）。

越南中央军委赋予9号公路—溪山战役党委和指挥部的任务十分艰巨。首先，战场范围从越门—东河（东部战场）到越老边界的寮保，往北延伸到昆先和头某，其中，西部方向的溪山是战役主要进攻方向，东部的东河—甘露—越门是重要方向。战役进行过程中，视情况发展，适时把东部方向作为战役主要方向。

战役指挥部的主要战略任务是：一，消灭联军，主要是美军一部分重要的有生力量。如果情况允许，摧毁联军沿9号公路的一部分防御系统，然后向治天方向发展进攻。二，把联军战略机动兵团吸引到9号公路沿线，越多越好，先钳制然后再消灭敌人。三，和越南南方各个战场，特别是治天军区密切配合。四，通过作战锻炼主力师，提高干部指挥艺术。上述四项任务中，消灭联军，主要是美军一部分重要有生力量和配合越南南方各个战场最为重要。

战役指挥部的战役指标：消灭联军2~3万人，含全歼美军5~7个营，南越国军2~3个营。吸引联军2~3个师至9号公路（其中美军2个师），先钳制然后再逐步消灭。在联军退出溪山地区的情况下，先歼灭部分有生力量，然后解放9号公路地区，继而向治天平原地区发展进攻。

战役指挥部应采取的打法：以打击脱离坚固工事的联军为主，攻坚战仅限于必要和稳赢的情况下进行；同时组织各部把小打、遭遇战、袭击战和游动炮击有机结合起来，逐步消灭消耗联军有生力量，为大规模进攻创造条件；三种力量密切配合，展开军事进攻、政治进攻和兵运斗争。

在领受了任务后，9号公路—溪山战役党委和指挥部立即召开会议，对整个战场范围、地形、民情、敌情进行研究：

1. 敌情方面

9号公路—溪山战役党委和指挥部判断，截至1967年底，联军在9号公路沿线的兵力达到了4.5万人，其中美军2.8万人（陆战队3个团计10个营，炮兵9个营，坦克装甲车3个营又1个连，以及大量作战后勤部队和基地勤务部队）。

联军兵力部署分成三个区域：

东部地区是联军主要防御地带，31高地、头某基地、昆先基地、犹灵基地、广能基地、沛山基地为前方基地群，东河基地、甘露基地和广治市是纵深基地群。

中央地区包括新林基地、歌路基地、241高地（卡罗尔火力基地），作用是连接联军东西部防区，阻止我军进入治天平原的锁钥之地。

西部地区，包括向化、围村、班会珊，以及由950高地、832高地（861高地）、同治高地、845高地（881高地南子高地）拱卫的溪山基地群。溪山基地坐落在斜昆河谷，宽约2千米，驻军为陆战26团，拥有24门105毫米到155毫米榴弹炮，和2个坦克排。必要情况下，溪山基地群可以得到241高地（卡罗尔火力基地）的炮火支援。

总的来说，9号公路沿线联军防御特点是东强西弱，兵力只够自保，没有多余的机动兵力应付我军的进攻。

2. 地形

从地形上看，9号公路沿线也划分为3个地区：

东部地区——从南中国海到新林基地是平原地区，仅有少量丘陵稀疏分布。在这里，机械化车辆畅通无阻。除了9号公路和1号国家高速公路外，还有75号公路和76号公路，以及从甘露到梅禄、爱子基地和广治的省道，交通便利，便于联军兵力和技术装备的机动。

中央地区——从新林基地到遥观之间虽有部分山脉，机械化车辆的通行不易，但大部分地形较为平坦，这给我军的伪装和集中团以上作战带来一定困难，却给联军实施地面和空中侦察提供了地形便利。

西部地区——从遥观到越老边界的寮保，是山岳丛林地区，便于我军隐蔽集结兵力，9

号公路是该地区唯一的交通线，对联军的作战和兵力、技术装备机动造成诸多不利。

3. 民情

1967 年底，9 号公路沿线地区的政治斗争和群众斗争相对 1966 年，显得更有利于我军大规模军事行动：

平原农村解放区得到了巩固和扩展。我军占领了许多重要的聚居区，在敌人重要的城镇和基地群周围创造了良好的进攻跳板，使敌人陷入更为孤立的态势。相对 1966 年，获得解放的农村数量显著增长。我军在各个新解放的农村里建立了革命政权，组织了游击队，政治力量得到进一步加强，革命斗争风潮日益推进。群众斗争不仅阻止了美军机械化部队毁村破庄，甚至经常掩护干部和战士从联军的包围圈缝隙中脱逃。

在市和县，群众斗争风潮也得到了进一步发展。整个 1967 年，我军在广治省内对城市袭击的次数显著增加。城市政治力量和别动力量发展比 1966 年更上一层楼。

在山区地带，经过 1965—1966 年困难期后，我地方党政军干部的不懈努力终获效果，特别是少数民族群众的革命态度发生显著变化，他们开始参加打击敌人飞机，消灭敌人别动队，积极发展生产，为部队提供粮食和蔬菜等等。

综合上述情况，从敌人角度来看，虽然联军在 9 号公路东西两面都驻有不少兵力，但由于种种原因，敌人只在东部地区集中兵力，在西部地区仅保留足够的守备兵力而无机动预备队。因此，只要我军能够切断新林基地到歌路之间的 9 号公路段，那么溪山地区的美军就将陷入陆地孤立态势，这将增大美军出兵救援的概率。

▲战斗生活中不忘学习的越军女游击队员。

对我军来说，参加战役的部队都是总部直属主力师，他们都是受过充分训练的我军精锐善战之师，但攻坚能力还十分有限。因此，各师在攻坚前必须进行周密的准备。考虑到 9 号公路东西两面地形不同，显然西部的溪山地区地形对敌人不利，而对我军有利。

根据上述基础，1967 年 12 月 28 日，9 号公路—溪山战役指挥部下达作战命令：

1. 作战区分

西部地区为主要方向，东部地区是重要方向，战役进行过程中视情况和态势发展，适时把东部方向作为战役主要方向。

战法：

先消灭敌人 1~2 个营，然后包围孤立溪山基地群，迫敌救援，我军再集中兵力钳制和消灭敌人一部分重要的有生力量。

具体部署：

在西部地区，要消灭向化军事支区、班会珊基地、832 高地（861 高地），包围围村基地，准备在溪山基地西面和南面打击援敌。

在东部地区，消灭 75 号公路沿线的 4 个基地 / 据点的敌人 1~2 个营兵力，包围昆先基地、头某基地，切断甘露和歌路之间的联系，在广能、头某与东河西、西南面地区打击援敌，切断越门河航运，运用炮兵游动袭击敌人的仓库和机场、东河港码头。

如果敌人不出兵增援，则西部地区作战的我军需顺势拔掉围村，然后包围溪山（注意，这是包围，而不是围攻），切断敌人的空路和陆路补给线，迫敌救援；如果条件允许，就解放溪山地区。在东部，切断 9 号公路，包围甘露和新林，遏制敌人东河到越门之间的水上运输（封锁越门河），迫敌增兵。

如果敌人在南方其他战场遭受失败，特别是各大城市，那么战役指挥部将根据形势的发展和需要，解放 9 号公路，前出至治天平原地区。

2. 兵力部署

西部地区——第 304A 步兵师，第 325C 步兵师，向化县地方部队 1 个营又 1 个连，第 675 炮兵团和第 45 炮兵团，第 241 防空团，第 198 坦克营（装备 PT76 水陆两用坦克），第 7 工兵团 1 个连又 1 个排、1 个侦察营、1 个通信营、1 个喷火连、6 个运输营。

东部地区——第 320A 步兵师，第 324 步兵师 1 团和 3 团，永灵县 270 步兵团，犹灵县地方部队 1 个营又 2 个连，B5 阵线特工营，海军特工第 126 团 2 个连，第 84、164 和第 204 炮兵团，1 个 A72 火箭炮兵营，第 128 和 282 高射炮兵团，1 个 PT76 坦克营，以及大量侦察和通信兵。

3. 各部任务

第 304A 步兵师在 9 号公路南面，要集中兵力拔掉向化军事支区（包括古堡），准备打击 9 号公路北面从新林和歌路地区的援敌，如果敌人没有援兵，就拔掉班会珊和围村，然后调动兵力包围溪山基地，迫敌出援。

第 325C 步兵师在溪山基地西北，拔掉 832 高地（861 高地），包围 845 高地（881 高地南子高地）和 950 高地，准备打击在溪山基地西北和北面机降着陆的部队。

第 7 工兵团在战役期间负责道路保障作业，支援炮兵和坦克兵机动，完成修通班东到向化的机动路。

第 320A 步兵师（欠第 52 步兵团）在地方部队支援下，消灭富安、甘露、新林（包括 241 高地）与东河基地。切断甘露—新林交通线，摧毁 76 号公路沿线的敌人防御阵地，拔掉 75 号公路沿线的敌人 1~2 个据点，然后转移兵力至寿春、安平、实可，配合第 27 步兵营和永灵第 270 步兵团对广能基地守敌展开攻击。

第 324 步兵师 3 团，任务是切断新林基地到歌路之间的交通联系，同时配合第 320A 步兵师对东河西南和西面之敌展开攻击。

第 270 步兵团（欠 1 个营）在海军特工 2 个连和地方部队配合下，对 1 号公路东西两面之敌展开攻击。

第 324 步兵师 1 团，包围进攻昆先和头某基地，抓住战机消灭其中一个基地。

B5 阵线特工部队，袭击东河基地的仓库

和机场，摧毁越门河沿线航运设施，配合第320A步兵师打241高地（卡罗尔火力基地）。

海军特工2个连，要封锁越门河，进攻摧毁越门港与东河港码头，摧毁沿河运输舰艇；如果条件许可，配合B5阵线特工部队和炮兵拔掉东河港。

第52步兵团，作为第320A步兵师和整个东部方向的预备队，准备在甘露—东河、新林、门北面和西北投入战斗；如果情况允许，就对同发、先安、新灵、边关和74高地守敌发起攻击。

4. 进攻时间

1968年1月20日。

在9号公路—溪山战役指挥部的命令下，各参战部队、炮兵和后勤、卫勤开始了忙碌的战役准备工作。

第二节　仓促的战役准备

孙子兵法曰：兵马未动，粮草先行。但越南中央军委改变溪山战役发起时间之快，超乎了9号公路—溪山战役指挥部的想象，给战役后勤和卫勤准备带来了很大的困难。

根据越南中央军委的命令，溪山战役后勤保障主要由B5阵线（9号公路—北广治）的后勤部门负责。截至1967年10月，B5阵线的后勤部门编制兵力3748人，由1个兵站（第43号兵站）、5个移动药房、4个战地手术队、4个伤员转运队、1个野战医院、17个担架队、1个汽车运输排、1个武器维修站、1个汽车维修站、1个工兵连、1个生产队组成。

1967年11月，随着越南中央政治局定下1968年新春总进攻和总奋起的决心，越南人民军总后勤局立即着手给B5阵线后勤部门扩充实力，编制增加到9588名干部和战士，合成一个阵线后勤司令部（330人编制）、A兵站群（4820人编制）和B兵站群（4438人编制）。然而，命令好下，有血有肉、经验丰富的后勤指战员却无处可寻。B5阵线从各个部队东拼西凑，也只能把后勤部门兵力扩充到4251人而已（干部517人，战士3734人）。

至1968年2月，在各个方面人力加强下，B5阵线后勤部门勉强达到6922人（干部790人，战士6132人），分成A1、A2和A3三个兵站。其中A1、A2兵站负责给溪山方向（H2方向）提供战役后勤保障，A3兵站负责给东部方向（H1）提供战役保障。

每个兵站的编制约1500名干部与战士，要能够接受和储备400~500吨物资，并能保障至少1个步兵团以上规模的野战部队作战。同时，每个兵站还必须要具备接收、救治和转运1000名伤病员的能力，组织维修受损的车辆和武器装备。

陈贵海少将和黎光道少将给A1和A2兵站的任务是：既要迅速完成一系列仓库群的建设，并储备足够的物资，满足部队在战役发展过程不同阶段的战斗消耗，又要做好战斗延伸时，后勤补给线及时跟进延伸的准备。

这个任务看似简单，实际却非常艰巨。9

正在行军开赴战斗点的越军指战员。

号公路—溪山战役战场范围，东西横长 150 千米，南北纵宽 100 千米，地形在平原和山岳丛林之间交替变更，横跨越南广平省黎水县、永灵县，南越境内犹灵、甘露、东河、越门，东西横长步行需要 10~15 天，南北纵宽走完也需要 12 大。

当 B5 阵线后勤部门一步步获得人力充实的时候，离战役打响日也为时不远矣。为了迅速完成上级交付的任务，B5 后勤部门只得向 9 号公路—北广治阵线各个兵种求助：第 559 兵团 3 号兵站和总后勤局直属的 16 号兵站伸出了援手，通信联络部队也支援了 242 人、44 部电台（含 9 部 15 瓦电台）、109 头大象和总长 250 千米的电话线。

尽管如此，B5 后勤部门费尽九牛二虎之力，才勉强在 1968 年 1 月 20 日，即溪山战役打响当天完成了 A1、A2、A3 兵站的开设。由于兵站建设迟缓，运输效率不高，导致从 1 月 5—12 日 B5 阵线后勤部门仅能向全体参加部队提供 123 吨大米。据参战的各个部队反应，战役初期平均每名战士每日获得的口粮不足 400 克，如此仓促的后勤准备让各个参战部队，特别是第 304A 步兵师吃尽了苦头。据第 304A 步兵师后勤科反应，全师仅携带了 5 日份口粮和弹药就投入了战斗，第 66 步兵团和第 9 步兵团更是只带了 4 日份口粮和弹药就按时打响了战役。

战役后勤保障窘态毕露的同时，战役卫勤准备却相对顺利地展开了部署。9 号公路—溪山战役指挥部所辖的卫勤部门由第 15、16、17 和 51 四个战地手术队（第 48B 战地手术队为预备队，随时准备根据需要上东部或西部战场），2 个担架队，4 个卫生队和 1 个大型移动药房组成。此外，在溪山方向，还有 2 个师卫生营，10 个团卫生连（步兵团卫生连 6 个、炮兵团卫生连 2 个、工兵团卫生连 1 个、防空兵团卫生连 1 个），战役司令部直属卫生连 1 个，以及 A1 和 A2 兵站卫生队。在重伤员转运方面，战役卫勤部门共有 5 个伤兵运输营，各师也有 6 个伤员运输连，有效保障一次性从战地向后方运送至少 2000 人的能力。

战役打响前，卫勤部门所辖的各部都完成了展开作业。陈贵海和黎光道赋予他们的任务是：在旱季保障各部队指战员 95% 的健康率，雨季保障各部队指战员 90% 的健康率。组织撤退伤病员的指标是：保障 50% 轻伤员和 80% 病员的迅速康复率，对转运后方的伤病员需满足 3 级标准（一级标准是 5 天痊愈，二级标准是 2 周痊愈，三级标准是至少 20 天痊愈），提高重伤重病员转移和救治率，最大限度减少伤死病死和致残率。

此外，在战地营养摄取和饮水方面，卫勤部门也有严格的规定：要给部队每名指战员每天提供足够的明矾，保障每人每天消耗至少一升水；部队维生素 B1 摄入除了大米外，卫勤部门还要每天给每名指战员服用 1~2 毫克维生素 B1，防止脚气；为了防止蚊虫叮咬传染疟疾和登革热等诸多热带病，卫勤部门规定所有部队在阵地上都要按照每平方米撒 1 克滴滴涕（DDT）的标准严格消毒防虫，同时准备足够的奎宁和各种抗疟疾药品，以及抗登革热药品，严格防范蚊虫热带传染病爆发，后方部队必须 100% 配备蚊帐；在作战条件允许的情况下，采摘野果野菜组织部分自行种植，补充各类维生素。

从战役发展经过来看，溪山战役卫生勤务部门采取了一切有力的保障措施，创造了山地作战期间战病率低于战斗伤亡率的奇迹，有效保证了越军在溪山地区的作战能力，为溪山战役最终胜利奠定了坚实的基础。

相对于糟糕的后勤和出色的卫勤，越南人民军的炮兵部队在溪山战役前的展开也值得一提。炮兵是一个技术兵种，越军的炮兵部队历史悠久，早在 1950 年边界战役时就为攻克东溪立下汗马功劳。1954 年越法两军决战奠边府，越南人民军炮兵第 675 团（装备 21 门美式和日式山炮）和第 45 炮兵团（装备 24 门 105 毫米榴弹炮）大显神威，为战役胜利做出了重要贡献。

抗法独立战争结束后，第 675 炮兵团和

参加溪山战役的越南人民军第45炮兵团装备的DKB 122毫米单管火箭炮，该团别号“全胜炮兵团”。

第45炮兵团成为越南人民军总部直属炮兵部队，是各个新成立炮兵团的样板部队。溪山战役是这两个奠边府荣誉炮兵团在抗美救国战争中第一次联手前往南方参加如此重要的战略方向的战斗，意义之大可想而知。两个炮兵团决心不负众望，发挥奠边府战役“神炮手”的光荣传统，溪山战役再打威名。

除了第45和第675炮兵团外，越军炮兵兵种参加9号公路—溪山战役的还有著名的第164炮兵团。该团在1967年3月7日隐蔽越过边海河，突然对美军卡罗尔火力基地实施猛烈炮击，毙伤美军75人（越军宣称毙伤1000人），获得时任越南国家主席胡志明“铁臂长拳”的称赞，越南中央军委授予其“边海炮兵团”的荣誉称号。此外，第204炮兵团和第84炮兵团也都是长期活跃在永灵地区，和美军卡罗尔火力基地、洛克派尔基地多次较量的拳头炮兵部队，一下子拿出5个精锐炮兵团，可见越南人民军对溪山战役的重视。此外，还有永灵炮兵部队、第21炮兵营、第16炮兵团1营等也奉命参加溪山战役。

装备上，5个精锐炮兵团可谓五花八门，打的是“万国牌”。第675炮兵团装备36门苏联造的D74 122毫米加农炮，第45炮兵团装备36门DKB 122毫米单管火箭炮，第204炮兵团装备8门130毫米加农炮和8门152毫米加榴炮，第84炮兵团装备48门DKB 122毫米单管火箭炮，第164炮兵团装备2门75毫米山炮、12门100毫米加农炮和8门105毫米榴弹炮。加上第304、320步兵师和永灵炮兵部队、第21炮兵营、第16炮兵团1营，9号公路—溪山战役指挥部所辖的炮兵部队共有219门（管）火炮，含9辆车载BM14火箭炮。

表1：9号公路—溪山战役指挥部炮兵力量统计表

	75毫米山炮	85毫米加农炮	100毫米加农炮	105毫米榴弹炮	130毫米加农炮	152毫米加榴炮	D74 122毫米加农炮	DKB 122毫米单管火箭炮	BM14车载火箭炮	总计
第304步兵师								18		18
第320步兵师								18		18
第45炮兵团								36		36
第675炮兵团							36			36
第204炮兵团					8	8				16
第84炮兵团								48		48
第164炮兵团	2		12	8						22
第21炮兵营					8					8
第16炮兵团1营									9	9
永灵炮兵部队		8								8
总计	2	8	12	8	16	8	36	120	9	219门

根据任务需求和战场兵要地志，陈贵海和黎光道把第 675 炮兵团 1、2 营部署在 9 号公路南面，基准炮兵阵地是车邦河西岸的河生谷，任务是支援第 304A 步兵师 66 步兵团拔掉向化军事支区，然后协助 66 团打在新林基地、歌路方向或向化军事支区机降的联军援兵。同时，还要从南面对溪山基地进行游动炮击，给美军施加压力，继而支援第 24 步兵团拔掉班会珊和围村基地，打通班会珊到向化的 9 号公路段。

第 45 炮兵团和第 675 炮兵团 3 营部署在 9 号公路北面、溪山基地西北方向，炮兵阵地设在欢集、同新维等地，基准炮兵阵地是斜福西北地区，任务是支援第 325C 步兵师打掉 832 高地，围困 845 高地和 950 高地的美军，打击在溪山基地西北和北面机降的美军援兵。

第 204 炮兵团、第 84 炮兵团和第 164 炮兵团，以及永灵炮兵部队、第 21 炮兵营、第 16 炮兵团 1 营奉命支援东部方向的第 320A 步兵师和第 324 步兵师。

炮兵战场准备工作早在 1967 年 10 月 20 日就拉开帷幕。4 名炮兵干部、1 个炮兵侦察连和 1 个炮兵测绘队前往溪山地区，为炮兵作战进行地形和敌情侦察，以及炮兵坐标测绘。经过 2 个月的努力，他们基本摸清了溪山地区各个要地的坐标测绘，并在工兵和通信兵协助下，建立了一个炮兵火力支援通信网。每个炮兵阵地宽约 1.5 千米，在 9 号公路南北两面都架起电话联络网，并为最晚进入战场的机械化炮兵——第 675 炮兵团建立了不少炮兵观察所和炮兵阵地。

为了防止美军空中打击和炮火反击造成致命损失，D74 122 毫米加农炮阵地按规定部署成多梯队多方向，注重疏散，两门火炮的间距为 100~300 米，部分植被较少的地带

越军M46式130毫米加农炮。

单炮间隔甚至达到800米。加农炮和榴弹炮，与步兵团防线距离1~3千米，距一线各步兵5~8千米不等。在炮兵阵地周围，必须修筑一条通往后方转移的通道，以备紧急情况下，火炮能迅速转移到后方。在美军战机临空攻击炮兵阵地的情况下，火炮可以转移到新阵地或从原阵地机动1千米规避，但仍需留在炮兵连战斗队形内，或以完整的炮兵连战斗队形转移到新阵地。

在加农炮和榴弹炮团（第204炮兵团和第675炮兵团），为了掩护炮兵防空和防止联军步兵偷袭，炮兵团编制内特地增设了1个37毫米双联装高射炮营（第675炮兵团编制是14门37毫米高射炮，204炮兵团编制是12门37毫米高射炮），每个炮兵连内增设1挺12.7毫米重机枪，1门82毫米或60毫米迫击炮，各个炮兵观察所内也装备1具B40火箭筒和DH10定向雷（66式定向雷）。

阵地建好，部队选好，最后一道难关就是如何隐蔽进入阵地。为此，各个炮兵团干部战士出发前贯彻了保密守则，各辆炮兵牵引车熄灯前进。每到一地，维修兵和汽车兵都对每辆炮兵牵引车进行技术检修，确保每辆炮兵牵引车状况良好，炮兵指战员则竭尽全力不断对炮兵牵引车和火炮进行伪装，适应途经的各种地形。工兵则在沿途每个十字路口和河流渡口进行工程保障，确保炮兵牵引车都能顺利通行。行经各个兵站，他们又接收各种食物和淡水、汽油补充，甚至兵站还介绍前方路况和派人跟车带路。在各方努力下，各个炮兵团隐蔽占领了阵地，没有暴露自己的位置和行踪，达成了战役突然性，为溪山战役胜利做出了自己的贡献。

第三节　“荣光师团”驾到

如果说在1966年和1967年的战斗中，美军对越南人民军第324步兵师和第325C步兵师展现出来的丛林战惊人的顽强和娴熟战斗力感到震惊的话，那么在溪山战役中美军所面对的越南人民军实战经验第一号王牌师——别号“荣光师团”的第304A步兵师，其战斗力更会让他们叹为观止。

第304A步兵师是越南人民军组建的第二个机动主力师。1950年3月10日，在第四联区清化省寿春县，第三、第四联区各个主力团营合并组建了第304步兵师，首任师长黄明草，政委黎掌。成立后，第304步兵师无役不予：黄花探战役（东北战役），第304步兵师在永福省成功进行战役佯动，消灭了不少保大军队，为永福省地方部队发展创造了有利条件；和平战役，第304步兵师沿着6号公路以第66步兵团和第9步兵团连续进行运动伏击，让6号公路变成了地狱公路；1953年底的中下寮战役，第304步兵师66团一路攻关斩将，获得了很大的胜利，直接支援第101步兵团突入柬埔寨东北地区；奠边府战役，第304步兵师所属的第57步兵团在航岗地区团团包围法军 2000 多人，使之无法援助芒清中心区的的卡斯特里集团，为奠边府战役胜利做出重要贡献。抗法独立战争胜利后，第 304 步兵师和第 308 步兵师、第 312 步兵师、第 320A 步兵师一起成为越南人民军总部直辖的战略机动师，是主力拳头部队。期间，第 304 步兵师的编制有所调整，第 57 步兵团离开师战斗序列，第 24 步兵团调入。

抗美救国战争爆发后，第 304 步兵师响应越南中央军委号召，先后抽调了第 9 步兵团、第 66 步兵团和第 24 步兵团南下。其中，第 9 步兵团成为治天军区主力团，第 24 步兵团成为西原军区独立团，第 66 步兵团因波莱美战斗胜利获得“波莱美”团荣誉称号。三个建制团相继离去后，第 304 步兵师又进行了重建，番号仍然是第 9、24、66 步兵团，以及第 68 炮兵团，师番号变成第 304A 步兵师。

这次溪山之行，是第 304A 步兵师在抗美救国战争中第一次进入越南南方战场参加重要战略方向的战斗。为此，上到师长泰勇和政委阮仲慧，下到普通战士都很重视。1 月 10 日，第 304A 步兵师抵达溪山地区。按照原来的部署，溪山战役打响时间是 1968 年 2 月底，泰勇和阮仲慧都是按照这个时间表，下令部队有条不紊进行战场准备，并对班会珊、围村、向化军事支区进行侦察，以及拟定对向化军事支区、班会珊基地的进攻计划。

然而，风云突变。根据总部的考虑，9 号公路—溪山战役指挥部所属的部队应该在新春总进攻和总奋起的时间前打响进攻战斗。他们必须组织大规模进攻战斗，消灭联军部分重要的有生力量，完成钳制吸引联军战略

▲为了按时打响进攻，第304A步兵师和各个技术兵种急行军开赴战场。图为紧急往9号公路进行战场运输任务的越军汽车兵。

机动兵团主力到北广治地区，为全体军民在南方的总进攻和总奋起顺利进行创造有利条件。

在这种情况下，9 号公路—溪山战役指挥部的陈贵海和黎光道不得不召见泰勇和阮仲慧，以及第 325C 步兵师师长朱方带和阮公常，通知他们按照越南中央军委的命令，提前打响对溪山地区的进攻战役，进攻时间提前到 1968 年 1 月 20 日夜到 1 月 21 日凌晨。

这个指示，让泰勇和阮仲慧震惊之余，也意识到了任务的紧急。1968 年 1 月 14 日，泰勇和阮仲慧在师指召集全体团营军政干部开了一个紧急作战会议。会议时间从当晚 18 点 00 分一直开到第二天 03 点 00 分，议题就是讨论即将到来的战役和给各团布置任务。

参加会议的有 9 号公路—溪山战役指挥部政治部副主任梅光歌同志和第三军区代表陈元杜同志（1 月 19 日，越南人民军总部一纸命令，陈元杜出任第 304A 步兵师政委）。会议开得如此久，主要原因是进攻时间发生

了变化。一开始，战役进攻定在2月底，可现在却提前到了1月20日，一下子打乱了第304A步兵师所有的作战准备工作。当时，第304A步兵师所属的各团营经过长途行军，刚刚抵达战场，部队组织、粮食和弹药准备工作都还没有进行，敌情和地形侦察工作、作战计划拟定才刚刚开始。预留给第304A步兵师所有准备工作的时间只有四五天，而9号公路—溪山战役指挥部赋予第304A步兵师的任务又非常重要。

根据陈贵海少将和黎光道少将的命令，第304A步兵师将在第198坦克营和第241防空团支援下打响进攻战斗：歼灭老挝王国皇家陆军第33步兵营，攻克班会珊；打掉南越国军保安军第915连和美军混成作战连，攻克向化军事支区和县中心，准备打击9号公路南北从溪山到寮保段的美军增援。鉴于任务重要，第304A步兵师师指决定使用第24步兵团在坦克兵支援下进攻班会珊基地，第66步兵团进攻向化，第9步兵团准备打击9号公路沿线的援军。

布置完任务，阮仲慧照例进行了政治动员："溪山战役是一次非常重要的战略方向进攻，越南人民军总部和9号公路—溪山战役指挥部把主攻任务交给我们，是对我们的信任，也是第304A步兵师作为总部战略机动主力师的光荣！为了不负众望，全体干部战士必须打好首战，做到首战必胜，为'荣光师团'再添辉煌。"

在政治动员的同时，阮仲慧也没有忘记当前最大的困难是后勤供应。但现在已经没有时间给各团营在具体位置上建立自己的后勤补给接收点了，一切必须得靠自己背负粮弹，直接上战场投入战斗。阮仲慧的话铿锵有力："后勤保障就在各位同志的肩上了，我们必须按照上级规定的时间打响对敌人的进攻！"

困难确实不小。最困难的莫过于第9步兵团，刚刚在9号公路北面完成集结，就接到师长一纸命令，急行军赶赴9号公路南面，粮弹供应全靠双肩背负。第24步兵团的干部们在团长黎公世率领下，还没开完会就匆忙赶回部队，带着24步兵团各营连转移到班会珊方向。肩负首战重任的第66步兵团，决心发扬老部队的传统，不输给前任"波莱美"团，他们也决心在溪山战役不辱66团荣耀。

师长泰勇交给第66步兵团的任务是打响溪山战役头炮，拔掉向化军事支区和向化县，然后布置兵力据守，防范联军出兵反击。进攻前，66团还要分兵一部，在古堡（法军在溪山地区的旧要塞，越军称为古堡）和471高地埋伏，打击可能在这里机降救援向化军事支区的联军援兵，同时要在9号公路布置1个营的兵力，准备打击沿公路救援的美军。

对师指交付的任务，第66步兵团指对敌情我情、兵要地志进行仔细研究后，于1968年1月18日14点00分，决定使用7营在1个82毫米无后坐力炮连和1个82毫米迫击炮连、1个运输排、1个特工班、1个工兵班的加强下，攻克向化支区。9营以1个排的兵力确保古堡，1个排埋伏在471高地，剩下兵力准备攻击进至古堡东南和南面的联军援兵。这道命令随即传达给了各单位、各干部战士。

在第304A步兵师做好战斗准备的同时，第325C步兵师也开了过来。1967年12月底，根据原计划，经过2个多月的休整和巩固，第325C步兵师前往新林—歌路地区（9号公路

越军Zil-157的行车队形。

中部地区），准备再打昆先基地。就在这时，9号公路—溪山战役指挥部成立，第325C步兵师作战任务发生重大变化，先前所有的战场准备和师指在1967年底拟定的所有作战计划统统作废，全师奉命前往溪山地区，和第304A步兵师一起参加溪山战役。

不过，第325C步兵师还有一个额外任务，那就是要抽调1个步兵团，在1月30日赶到治天军区，参加顺化方向进攻战斗。权衡再三，第325C步兵师决定让第18C步兵团（欠8营）前往治天军区，参加对顺化的历史性进攻战斗，剩下的第95C步兵团、第101D步兵团和第18C步兵团8营，要配合第304A步兵师一起打好溪山战役。

接获命令不到24小时，第325C步兵师就收拢部队，开赴溪山地区指定集结区。连续两次行军转移给第325C步兵师带来了许多困难。第101D步兵团一名排长在日记里写道：

丛林行军生活真是艰苦极了。起初，我们每天还能得到三个粘着盐巴的大饭团和一升水。可现在，每餐就一个粘盐巴的小饭团和一点点就着下饭的清水。不过，这总比吃粘着稻草灰（盐巴替代品）的野菜，喝着浊水要强得多。

第101D步兵团1名战士的日记也反映出行军的艰辛：

干部与战士背负着沉重装备，每餐仅是粘着盐巴的饭团，喝着小溪水，全靠双腿在丛林中行军，部分干部与战士染上疟疾。抵达（目的地），感染疟疾的战士总数急剧上升。一个月内，我团就有120人患上疟疾。许多人也开始逐步感染，但他们仍然要战斗。因为野战医院缺乏病床和席子，所有病患只能躺在丛林里张开的吊床上。我团卫生员严重不足，仅有的2人要照顾120名疟疾病患，同时还要经常上战场救治伤兵。对健康的战士们来说，他们的情况也好不到哪里去，除了战斗，他们需要昼夜不停持续行军，吃的是2罐大米、一些木薯和盐巴（对越军来说，盐巴是前线重要的物资），还要时常提防美国—南越突如其来的空袭。

尽管丛林行军环境艰苦，条件简陋，但第95C步兵团和第101D步兵团的干部战士们相互鼓励，力争继1967年后在溪山再建新功。

1968年1月12日，第325C步兵师在斜福建立了一个基本指挥所，并召集各团营主要军政干部，开战地会议，布置任务。为了执行9号公路—溪山战役指挥部关于溪山战役第一阶段的进攻命令，在对形势和任务仔细研究后，第325C步兵师党委和师指决定，使用第95C步兵团和第101D步兵团部分兵力，摧毁溪山基地北面和西北的外围据点（832高地和845高地），为大军撕开一条突入溪山基地的突破口。与此同时，第101D步兵团3营在师副政委陈文安的指挥下，准备摧毁围村新基地。

溪山方向平静的日子已然结束。很快，广治省西部的山岳丛林里就将响起新的枪炮声。如果说1967年旱季溪山基地的美军面对的只是第325C步兵师的95C步兵团的话，那么1968年的旱季他们面对的却是比1967年强大几倍的第304A步兵师和第325C步兵师。

表2：9号公路—溪山战役指挥部所辖第304步兵师、第320步兵师、第325C步兵师重武器编制表（译自1988年越南人民军总后勤局出版的《后勤工作：1968年春夏季9号公路—溪山战役》第136页“各师炮兵和重武器编制表”）

	第304步兵师	第320步兵师	第325步兵师
82毫米迫击炮	54门（每个营4门、团属6门）	54门（每个营4门、团属6门）	35门
82毫米无后坐力炮	18门（每个团6门）	18门（每个团6门）	4门
12.7毫米高射机枪	45挺（每个团9挺，师属防空营18挺）	45挺（每个团9挺，师属防空营18挺）	——
DKB 122毫米单管火箭炮	18门	18门	——
120毫米重迫击炮	——	——	4门

表3：9号公路—溪山战役指挥部所辖部队武器装备编制表（译自1988年越南人民军总后勤局出版的《后勤工作：1968年春夏季9号公路—溪山战役》第136页“各师炮兵和重武器编制表”）

型号	武器装备类别	小计	东部方向（东河—甘露）	西部方向（溪山地区）
栓动步枪	武器	10518支	6890支①	3628支
自动步枪	武器	13588支	8105支	5453支
轻机枪	武器	1279挺	762挺	517挺
重机枪	武器	260挺	156挺	104挺
B40/B41火箭筒（56式40毫米火箭筒/69式火箭筒）	武器	827具	467具	360具
75毫米/82毫米无后坐力炮	武器	70门	48门	22门
DKB 122毫米单管火箭炮	武器	125门	71门	54门
60毫米迫击炮	武器	202门	118门	84门
82毫米迫击炮	武器	222门	126门	96门
120毫米重迫击炮	武器	11门	7门	4门
PT-76坦克	武器	44辆	22辆	22辆
85毫米加农炮	武器	12门	12门	——
100毫米加农炮	武器	12门	12门	——
D 74 122毫米加农炮	武器	36门	——	36门
130毫米加农炮	武器	10门	10门	——
122毫米加农炮	武器	12门	12门	——
152毫米加榴炮	武器	10门	10门	——
12.7毫米高射机枪	武器	338挺	232挺	106挺
14.5毫米高射机枪	武器	62挺	38挺	24挺
37毫米高射炮	武器	113挺	71挺	42挺
57毫米高射炮	武器	12门	——	12门
85毫米高射炮	武器	16门	16门	——
100毫米高射炮	武器	9门	9门	——
炮兵牵引车	装备	187辆	148辆	39辆
各式运输卡车	装备	821辆	634辆	187辆

① 东部方向的栓动步枪除了2439支是K44外，其他的都是SKS。

第四节 美军的准备

越军一向自诩自己的战役准备工作保密而隐蔽，丝毫没有被对方察觉。然而，实际情况却并不是那么回事。拥有先进地面和空中侦察体系的美军从一开始就发现了越军兵力集结的蛛丝马迹，并很快调整部署做好了战斗准备。

自 1967 年 8 月中旬开始，随着越军第 101D 步兵团和第 324 步兵师 1 团包围昆先，9 号公路方向甘露—东河段战斗吃紧，为了缓解昆先方向的危局，美军第 3 两栖军军长库什曼中将奉美国远征军总司令威斯特摩兰上将之命，把陆战 26 团 3 营从溪山基地调出，增援昆先，防范越军夺城。这样，在 1967 年秋季到来的时候，溪山基地的美军作战力量就只剩下陆战 26 团 1 营了。

虽然兵力大幅减少，但美军丝毫没有轻敌。1967 年 10—12 月，冒着大雨，陆战 26 团 1 营继续出巡：10 月，17 次作战，94 次夜间设伏、54 次排级巡逻、98 次班级巡逻、253 次监听；11 月，13 次巡逻、2 次觅歼、16 次设伏、49 次排级巡逻、48 次班级巡逻和 403 次监听。

美军通过监听侦察判断，第 325C 步兵师又重新在溪山地区周围活动（实际并非如此，此时的第 325C 步兵师正在边海河休整和补充）。为了加强溪山地区的电台监听作业，美军第 3 两栖军又把陆战队第 1 通信营的 1 个分遣队（格雷中校率领）派往溪山地区。一到溪山地区，分遣队就进驻 881 高地南子高地加紧捕捉越南人民军的电报通信。除了溪山地区监听外，美军陆战 3 师也从未停止对越军的无线电定位。

1967 年 12 月，也就在越军第 325C 步兵师在新林—歌路地区重新展开兵力的时候，陆战 3 师敌电监听部门第一时间捕捉到了第 325C 步兵师的电台通信情况。根据破译的电报和无线电定位，陆战 3 师情报科认为越军第 29 步兵团 8 营（实际当时没有这个番号）和第 95C 步兵团正在溪山到歌路之间的地区活动。溪山地区的陆战队第 1 通信营分遣队也报告，越军活动频繁，据判断通过长山公路到溪山周围的运量达到每月 480 辆车次，12 月有 6000 人南下。

越军的大规模集结，当然引起了美军深深的忧虑。库什曼中将一纸命令，哈里·阿

▲美国空军在1967年底从3千米高空拍摄的溪山基地的照片。从图中可以看出，溪山机场已经成型，中型固定翼运输机可以着陆。但此时9号公路仍不可用。

尔德曼中校的陆战26团3营搭载运输机，在溪山机场着陆。由此，溪山基地又恢复了2个陆战营的驻军。3营回来可不是坐以待毙，他们立即组织大范围出巡。

陆战26团团长洛文德斯上校先是命令陆战26团1营在1967年12月底对遥观河谷进行巡逻，虽然没有和越军遭遇，但却也发现了不少新建的战壕和屯物洞。显然，越军来了！1968年1月2日清晨，在溪山机场西面附近的陆战26团3营L连监听哨报告几名越军正在机场附近逗留，连长立即派1个班上去增援监听哨，L连以迅猛动作扑了上去，打死对方5人，自己1人负伤。第二天，巡逻队在监听哨附近搜索时，发现了5具越军的尸体。这是1967—1968年旱季开始以来美军在溪山地区一次性击毙越军最多的一次战斗，引起了陆战26团情报官哈珀·L·波尔上尉的格外重视，他亲自检查了这5具尸体，发现这些人着装整齐，就武断认为他们是越军干部。按照越军的传统，干部必须亲临一线，实地侦察。一次战斗击毙这么多"干部"，波尔上尉认为越军很快就要进攻溪山基地。

这个准确的判断，让陆战26团团长洛文德斯上校深感震惊。为了查明越军进一步集结的情况和意图，他命令陆战26团1营和3营一边加强对周围丛林的搜索，一边在周围山顶建立观察哨，监视周围的一举一动。在巡逻行动中，美国海军陆战队还使用了高科技武器，包括电子声控传感器、通信检测器、空中侦照和XM–3空投热寻声控传感器。

陆战26团紧张，美国远征军总部也轻松不起来。1968年1月6日，威斯特摩兰上将决心发起"尼亚拉加"行动。计划分两步走，先找出溪山地区周围的越军主力，然后再用极为强大的空炮火力予以消灭。"尼亚加拉"行动的第一阶段，需要情报官们全面进行情报收集工作，标定和捕捉到越军部队在溪山地区周围的集结位置。在"尼亚加拉"行动的第二阶段，美军将使用驻关岛的第4133轰炸机联队和驻泰国乌塔保空军基地的第4258战略轰炸机联队对溪山周围目标区进行猛烈轰炸。美国空军第7航空军情报主任乔治·基根（爱尔兰裔）为了按照威斯特摩兰上将的命令，实施"尼亚拉加"行动第二阶段的对溪山周围进行地毯式轰炸，他从各种渠道进行情报收集和分析。为了了解越军，他甚至请来了8名法国将领，其中就有几名是参加过1954年奠边府战役的幸存者，让他们介绍越军在奠边府采取的堑壕延伸战法特点。

在美国首都华盛顿，美国总统约翰逊也十分关注溪山地区周围的形势，一再反复研究溪山周围地图。在约翰逊的感染下，美国参谋长联席会议主席惠勒上将致电美国远征军总司令威斯特摩兰上将，提请他注意"华府不少政治高层"对溪山地区的越军动向忧心忡忡。他向威斯特摩兰转述了总统的意思（但没有明说这是总统的意见），目前应对越军即将进攻的危局有两种观点：一种观点是不惜一切代价守住溪山，这将给美军提供一个难得的吸引越军重兵集结，然后用强大的空炮火力予以摧毁并向老挝境内反击的绝好战机；另一种观点就是强烈建议放弃溪山，因为"敌人要在这里重演奠边府"。在华府高层眼里，溪山目前的形势和14年前的奠边府有颇多相似之处。

奠边府和溪山都位于越南内陆深远的山

谷里，只有一条公路可供陆路补给，都很容易被越军切断补给线，然后严重依赖空中接济。对溪山的命运，惠勒表示不太乐观，这一切都和 14 年前的奠边府太像了。搞不好，法军的灾难就要在美军身上重演。尽管参联会表示悲观，但威斯特摩兰上将意志坚定，他认为美军能够守住溪山，美国海军陆战队拥有 1954 年法军所不具备的几个优势：首先，他们控制了周围俯瞰溪山基地的高地群，而法军却将奠边府周围的制高点让给了越军，失去制高观察优势的法军在反炮兵作战中的劣势暴露无遗；其次，法国远东空军缺乏足够的运输机和满足守军补给量的空投和空运能力，而在溪山，野战机场不仅可以供 C-130“大力神”运输机起降，甚至在天气恶劣和越军炮火袭扰的情况下，也能维持运作，这是美军在空运方面无与伦比的优势；再次，法军在奠边府的空中支援只不过是从极远的河内和海防调来的少得可怜的二战老掉渣的战斗机，载弹量少，破坏力不足，而美国海军陆战队拥有世界上最强大的野战空炮火力支援系统，溪山基地的美军可以得到最先进的喷气式战斗机和 B52 战略轰炸机从高中低空进行大载弹量的猛烈轰炸，同时，卡罗尔火力基地的 175 毫米自行火炮，还可以给溪山基地提供全天候的炮火支援；另外，美国海军陆战队善战敢战的作风，在战役防御中将发挥巨大的作用，第 3 两栖军军长库什曼中将就声称：“我完全相信陆战队小伙子们，虽然敌人拥有压倒性兵力优势，但我们也有强大的空中和炮兵火力支援！”库什曼认为虽然天气是影响空中支援的因素，但这是旱季，天气只会越来越好，不会变得更差。他对威斯特摩兰说：“我很关注溪山，可我并不担心这次战役。”

▲ 1967年11月，美国空军航拍的溪山地区881高地南子高地俯视图。

在各种分析，特别是陆战队的保证，以及对溪山基地的钟爱的情况下，威斯特摩兰上将决心接受越军的“挑战”，要不惜一切代价守住溪山。决心已下，一切就看美国海军陆战队小伙子的表现了。

1968 年 1 月 10 日，陆战 26 团团长洛文德斯上校召集 1 营和 3 营全部营连军官开会，他向各位军官警告称越军很可能在未来 10 天内发动进攻。他要求全团官兵要努力挖工事，同时还要继续巡逻查明敌情，防止被打个措手不及。1 月 13 日，第 3 两栖军军长库什曼中将在给新任陆战 3 师师长汤普金森少将的电话中，声称他估计越军将在 1 月 18 日开始对溪山的进攻。为了应对这个威胁，库什曼承诺从 1 月 16 日起 B52 战略轰炸机的支援优先权给溪山。库什曼的承诺和各种迹象让溪山基地的神经紧绷。当天，洛文德斯上校命令溪山基地内全体官兵，从 1 月 15 日起都要不分昼夜头戴钢盔、身着防弹衣、手持武器进入最高战备状态，违者处分。1月10日到14日下午，兰代尔·D·耶里少尉率领的一支巡逻队出巡时，在881高地北子高地1千米处遭到伏击，1发B40火箭弹击毙了耶里少尉和理查德·希利下士，还有2名美军士兵负伤。紧张的空气快要让人窒息，为了确保溪山基地不失，1968年1月16日07点15分，弗朗西斯·希思中校率领陆战26团2营抵达溪山基地。至此，陆战26团3个营齐聚溪山，这是越南战争开始以来陆战26团首次以整齐的建制参加战斗。

▲溪山地区紧张的形势引起了时任美国总统约翰逊极大的关注。

1月18日，陆战26团派出巡逻分队再次遭到伏击，2人伤亡，巡逻队一度进退维谷，幸得陆战26团3营I连3排就在附近，救下了巡逻分队，避免了一场灾难，但巡逻队的电台和密码本给丢了。第二天，威廉·达比尼上尉的陆战26团I连奉命出动，找回丢失的电台和密码本。1月19日清晨，I连1排在哈里·弗罗明少尉率领下，从881高地南子高地朝昨天的伏击点走去。12点00分，沿着通往881高地北子高地的一条山脊前进时，I连1排突然遭到越军小分队密集的火力射击。弗罗明赶紧呼叫迫击炮火力轰击越军火力点，然后继续突击，但还是不断遭到猛烈火力打击，寸步难行。这时，一等兵莱昂纳德·E·牛顿站了出来，用M60机枪压住越军火力点，掩护1排撤回了881高地南子高地，自己不幸战死。

这么一次小小的行动，还没走出多远就被对手打回，I连连长达比尼心里直犯嘀咕，情况比他想象的还糟。他向上级请求，往881高地北子高地巡逻一趟，看看对手到底想干什么。陆战26团团长洛文德斯上校也正为越军的真正意图犯愁，达比尼这么一说，他当然是照准所请。在他的命令下，陆战26团3营M连连部和2个排机降到881高地南子高地，接替出巡的I连。除了881高地南子高地外，溪山基地周围的美军也感到了情况的异常。外出的巡逻队不断报告和越军小分队遭遇，而且是出基地不到1千米就和对手遭遇，规模1个班到1个排（35人）不等。美军判断，越军已经做好了一切战斗准备，溪山战役的大幕即将拉开。事实也正是如此！

|第五章|

大战溪山

第一节　浴血攻坚

1968年1月18日，陈贵海少将和黎光道少将向第304A步兵师和第325C步兵师郑重下达了1月20日夜到1月21日凌晨打响溪山战役的命令：着令第325C步兵师要以第95C步兵团对881高地南子高地（越军地图标注845高地）和861高地（越军地图标注832高地）展开次要方向的进攻，第304A步兵师要对向化军事支区展开主要方向的进攻。对即将打响的进攻战役，第304A步兵师师长泰勇和政委陈元杜、第325C步兵师师长朱方带和政委阮公常都保证，一定完成任务！

当时，第304A步兵师和第325C步兵师各团已匆忙完成了战斗展开，一切就绪只待进攻时刻到来。正当越军信心满满准备参加总攻击的时候，却发生了一个意外事件，导致第95C步兵团4营原定对881高地的进攻夭折。这个意外事件就是陆战26团I连临时决定对881高地北子高地进行巡逻。

1968年1月20日05点00分，陆战26团I连连长达比尼上尉按照前一天的计划，早早做好准备，率部迎着浓浓的晨雾，向881高地北子高地前进。一路上，达比尼把I连分成2路纵队，相隔500米平行推进。在左翼，弗洛明带着1排在前，达比尼带着连部和米歇尔·H·托马斯少尉带着2排跟进。在右翼，托马斯·D·布林德雷少尉的3排和陆战队第3侦察营B连6名陆战队员一起前进。09点00分，当陆战26团I连开始爬上881高地北子高地的时候，大雾消散。接近山顶，I连发现周围4座和行进路线垂直的小山包映入眼帘。一股不祥之兆涌入达比尼的脑海里，万一越军埋伏的话，那可就糟了。达比尼还真没猜错，越军第95C步兵团4营就埋伏在这4个小山包里，他们的任务是当夜要对881高地南子高地发起攻击。现在，达比尼主动送上门来了，越军第95C步兵团4营岂有不打之理？

说时迟、那时快，还没等达比尼反应过来，越军就集中火力朝右翼的3排打了过来，把3排打得抬不起头来。达比尼上尉马上带着连部和1、2排迂回侧击第95C步兵团4营阵地，依旧遭到密集火力打击，几名陆战队员中弹倒下。强攻不成，达比尼马上命令所部就地挖战壕组织防御，条件反射般地呼叫炮火支援和直升机接应。然而，越军第95C步兵团4营也不会任人宰割，他们很快集中火力打掉了陆战队第36航空大队的UH-34“海马”直升机。不过，溪山基地的陆战12团炮兵群也不是吃素的，猛烈的炮火压制了越军的火力点。在炮火支援下，陆战26团I连3排和陆战队第3侦察营B连6名陆战队员一起突击，拿下了最近的越军阵地，接着继续朝881高地北子高地山顶前进。攻山战斗中，3排长布林德雷少尉身先士卒，带领将士们登顶，不幸被越军狙击手打成重伤。

▲溪山地区的美国海军陆战队，已身着防弹衣，并用沙袋堆放在工事周围加强防弹效能。溪山大战即将打响！

虽然排长负伤，但881高地北子高地无人看守，3排很快控制了山顶。然而此时子弹却所剩无几了。很多人在战斗中猛扣扳机，对手还没见着，子弹就打掉一大半，导致3排在控制山顶时徒遭越军机枪火力压制而无还手之力。为了支援3排，达比尼上尉调整部署，命令1排就地组织火力压住越军火力点，他亲率连部和2排先撤向南面，穿过右侧的山脊线，然后拐向北冲上881高地北子高地接应3排。为了掩护这次冲击，达比尼上尉做了一个堪称疯狂的举动——呼叫飞机对3排阵前约100米处投掷凝固汽油弹，然后全排快速冲击。在航空火力配合下，他率2排冲上了山顶。登顶并不代表一切都妥当了，2排长托马斯得知3排和侦察组的部分陆战队员失踪了，原因是部分人在战斗中因负伤而倒下，部分人在追击退却之敌时负伤，在山坡斜面和连主力失去联系，被困于敌后。勇于承担责任的托马斯立即组织救援，顶着越军猛烈的火力打击，救出了6名负伤的陆战队员。在救援行动中，托马斯少尉自己也中弹挂彩，他拒绝下火线，在继续搜寻剩下2名失踪的陆战队员时不幸战死。

得知战斗如此激烈，陆战26团3营营长哈里·阿尔德曼中校坐不住了，他亲自飞往881高地南子高地，命令M连2个排在881高地南子高地山顶架起106毫米无后坐力炮，轰击881高地北子高地周围第95C步兵团4营阵地，支援I连战斗。接着，阿尔德曼中校又请求洛文德斯上校派兵增援I连，彻底肃清881高地北子高地周围的越军阵地，并把北子高地作为新的阵地进行巩固守备。这个要求简直就是不顾大局的胡闹，在越军即将进攻的情况下，动用预备队就是浪费兵力，洛文德斯上校毫不留情地拒绝了阿尔德曼的请求，并命令I连马上撤回881高地南子高地。在空炮火力掩护下，陆战26团I连撤回到881高地南子高地。I连带着7名战死者和35名伤员退回到881高地南子高地，报告称击毙越军100多人。虽然这个战绩夸张了不少，但I连自己都没有意识到这次巡逻打乱了第95C步兵团4营预定对881高地南子高地的进攻计划。在这次战斗中，第95C步兵团4营的实际伤亡是20人战死，68人负伤，总计伤亡88人（见表4）。

就在陆战26团I连在881高地北子高地和第95C步兵团4营杀得难分难解的时候，陆战26团1营B连2排在出巡时收容了1名越军投诚者。得知消息，陆战26团1营营长詹姆斯·B·威尔金森中校马上组织对这名战俘的审讯工作。这名战俘供认，自己是第325C步兵师95C步兵团14连（防空连）连长，名叫罗清通。在审讯中，他提供了第325C步兵师详细的兵力部署和对溪山地区的进攻计划，包括当晚第95C步兵团6营将进攻861高地。事后证明，罗清通供认的完全符合事实。当然，陆战26团团长洛文德斯上校也对他的供词坚信不疑。他赶紧派1名信使乘飞机前往陆战3师师部，报告溪山战役即将拉开帷幕的消息。同时，他还下令溪山基地周围各个山头都要做好战斗准备，特别是861高地要防范越军的进攻。

当时，溪山基地群的联军兵力部署如下：陆战26团3营I连和M连负责守卫881高地南子高地；在881高地南子高地东面3千米，K连负责在861高地组织防御；陆战26团2营主阵地设在558高地，位于K连东面1千米处，可以俯瞰遥观河谷；往东4千米，距溪山基地北面4千米，陆战26团A连2排在950高地山顶，保卫着电台监听站；在溪山基地内，陆战26团3营L连和1营负责守备团部、陆战13团1营炮兵阵地和溪山机场。

在溪山基地外围、9号公路南面是向化军事支区和向化县，由美国海军陆战队作战混成连和南越国军保安军第915连负责守备；距越老边界2千米、溪山基地9千米的是蒙塔格纳别击队营地——围村基地。从中午开始，整个溪山基地群疯狂备战，迎接即将到来的血战。在视察了溪山基地后，美军第3两栖军军长库什曼中将命令溪山基地所有的掩体盖顶都必须加固到能够防范82毫米迫击炮弹直接命中的标准，并强调弹药库不管大小都要重新加强防弹措施。虽然筑城材料不足，但陆战队

▲1968年1月底，从空中俯瞰溪山基地。

还是采取了很多土办法，包括把机场跑道受损的钢板拆下来加固掩体盖顶。在战前防御措施中，陆战队特别针对溪山基地周围山头的铁丝网拉置进行重点关注。在铁丝网障碍带，陆战队不仅安置了许多克莱默尔定向雷，而且还活用空置汽油桶装满铁钉，灌注固态汽油，做成凝固汽油雷。后勤准备也不马虎，溪山基地已经储备了可以打上一个月的诸如榴弹炮、迫击炮、轻重机枪、自动步枪的弹药等武器装备，粮秣也囤积充足。

在溪山基地做好战斗准备的同时，后方美国远征军总部也开始行动起来。威斯特摩兰上将一边命令B52战略轰炸机群要给溪山基地的守军提供最大限度的航空火力支援，一边命令美国陆军第101空中突击师24小时待命，随时准备开赴广治省，参加支援溪山基地的战斗。美军第3两栖军军长库什曼中将除了命令9号公路—北广治地区各个能够给溪山基地提供帮助的火力基地（特别是卡罗尔火力基地的175毫米自行火炮群）准备给溪山基地提供最大限度的炮火支援外，还命令美国陆军骑兵1师3旅24小时待命，随时准备进驻顺化西南面的芙拜基地。

就在美军紧张进行战斗准备的当头，越军第304A步兵师第66步兵团7营和第95C步兵团6营全体干部与战士吃过午饭，就向攻击前出发阵地开进。第66步兵团7营从中午12点00分开始行军，一路上到处都是被B52炸坏的路段，阻碍了7营的机动路，部队行军速度异常缓慢，一部分单位还迷了路。相对第66步兵团7营的不如意，第95C步兵团6营却顺利完成了战前集结。溪山战役的序幕注定由第95C步兵团6营拉开，地点就在861高地。

1月21日00点00分，2发红色信号弹在溪山基地西北的861高地附近升起，划破夜空。伴随着信号弹的升起，第95C步兵团6营的干部与战士们精神抖擞地向861高地发起攻击。他们巧妙采取堑壕延伸战法，把冲锋距离缩短到距山顶100米处，然后用爆破筒在铁丝网障碍带上炸开口子，继而用迫击炮火力猛打美军的掩体和战壕。在密集的迫击炮弹爆炸声中，第95C步兵团6营一拥而上，发起潮水般的冲击。

按照美军的部署，861高地原本由陆战26团I连和K连共同守备，可是I连当天前往881高地北子高地侦察，夜间方才被收容撤回881高地南子高地，因此，当第95C步兵团6营进攻时，861高地的守军只有K连而已。面对越军的人多势众，陆战26团K连连长诺曼·J·雅斯佩尔上尉在十分困难的情况下，组织各排拼死抗击，但第95C步兵团6营还是很快突破了陆战26团K连1排防御阵地，冲进K连战斗队形。战斗中，雅斯佩尔三度负伤，失去意识。副连长杰里·N·绍尔斯伯里中尉接过指挥权，率部继续战斗。

在861高地陷入苦战的同时，设在861高地的陆战26团3营营部正忙着收容从881高地北子高地撤下来的陆战26团I连。当861高地响起激烈枪声时，881高地南子高地的3营作战参谋马修·P·考尔菲尔德少校立即通过电台和陆战26团I连取得联系，询问战况。当他得知K连目前正由绍尔斯伯里中尉指挥战斗的时候，不禁大吃一惊。考尔菲尔德很清楚，绍尔斯伯里仅仅受过飞行训练就转行到陆战步兵部队服役，根本没有任何步兵战斗经验，因此，考尔菲尔德少校要求绍尔斯伯里在战斗中不要自作主张，凡事要听一听连里枪炮军士的意见。没想到他话还没说完，绍尔斯伯里就冷冷答复：“枪炮军士战死了！”当考尔菲尔德要求他听K连资深军士的意见时，绍尔斯伯里又给他泼了一盆冷水：“对不起，资深军士倒在连部掩体里，奄奄一息！”眼看第95C步兵团6营已经扑到跟前了，还没等考尔菲尔德提第三个人选，绍尔斯伯里就扔下了电话，像一名久经沙场的连长似的勇敢战斗。可越军凭借优势兵力，不断蚕食美军阵地，甚至开始向美军掩体扔炸药包。不一会儿，越军又攻破了3排阵地，给美军新增了不少死伤人员。情急之下，米克勒·E·斯塔赫中士独立反击，掩护战友们收容了伤员撤退。当他试图退进战壕时，3名冲上来的越军试图将其生擒，他端起刺刀反身肉搏，刺死了2名越军，他自己也被刺伤。当第3名越军要开枪射杀他之际，另一名陆战队员及时赶了过来，击毙越军救下了斯塔赫中士。负伤不下火线的斯塔赫继续冲击，用一支缴获的AK47冲锋枪，夺回了第3个地堡，击毙、俘虏越军各3名。在他的不懈战斗下，陆战26团K连3排最终夺回了阵地，斯塔赫仍拒绝下火线，操作1挺12.7毫米机枪继续战斗。

为了支援K连在861高地的防御战斗，考尔菲尔德少校命令陆战26团3营直属的部分81毫米迫击炮群轰击第95C步兵团6营战斗队形。当夜，3营的81毫米迫击炮群一共打了680发炮弹，许多迫击炮管都打红了。为了给炮管冷却，陆战队先是用水，然后用果汁，最后直接撒尿。

在3营81毫米迫击炮大力支援和K连全体将士的拼死抵抗下，第95C步兵团6营损失很大，始终没能彻底攻破美军阵地。05点30分，陆战队通信兵监听到第95C步兵团6营向上级请求增兵的消息。但，这个请求被胡玉展中校否决了，他转而下令6营撤退。经过艰苦的战斗，K连终于守住了阵地，美军打赢了溪山战役第一战。

在861高地（越军称为832高地）的战斗中，双方都付出了不菲的代价。陆战26团K连战死4人，负伤11人，宣称击毙越军47人，抓俘3人。越军记载，第95C步兵团6营在832高地战斗中战死15人，负伤95人（见表4）。

对这次战斗，《第325步兵师战史》进行了回避，只字未提。1987年越南军事历史院出版的《1968年春夏季9号公路—溪山进攻战役》第25页第三段寥寥数语将此战役一笔带过：“1月20日夜，第325C步兵师95C步兵团6营进攻了832高地，但未能成功，被迫调整兵力部署，包围钳制敌人。”2003年，越南军事历史院出版的《9号公路—北广治阵线1966—1973年》一书第98页记载道：“为了配合第304步兵师66团打向化军事支区，第325C步兵师所属的第95C步兵团也组织6营对斜昆基地（溪山基地）西北不到4千米的832高地（美军的861高地）由美军1个陆战连把守的阵地展开攻击。虽然得到我军炮兵的密切支援，但美军居高临下，加上阵地防御工事系统完善，特别是得到了斜昆基地的美军炮兵群直接支援。尽管我军第95C步兵团6营干部与战士决心高，各连密切协同，但还是被敌人击退，蒙受重创。在这种情形下，战役指挥部也决定让第95C步兵团6营停止进攻，

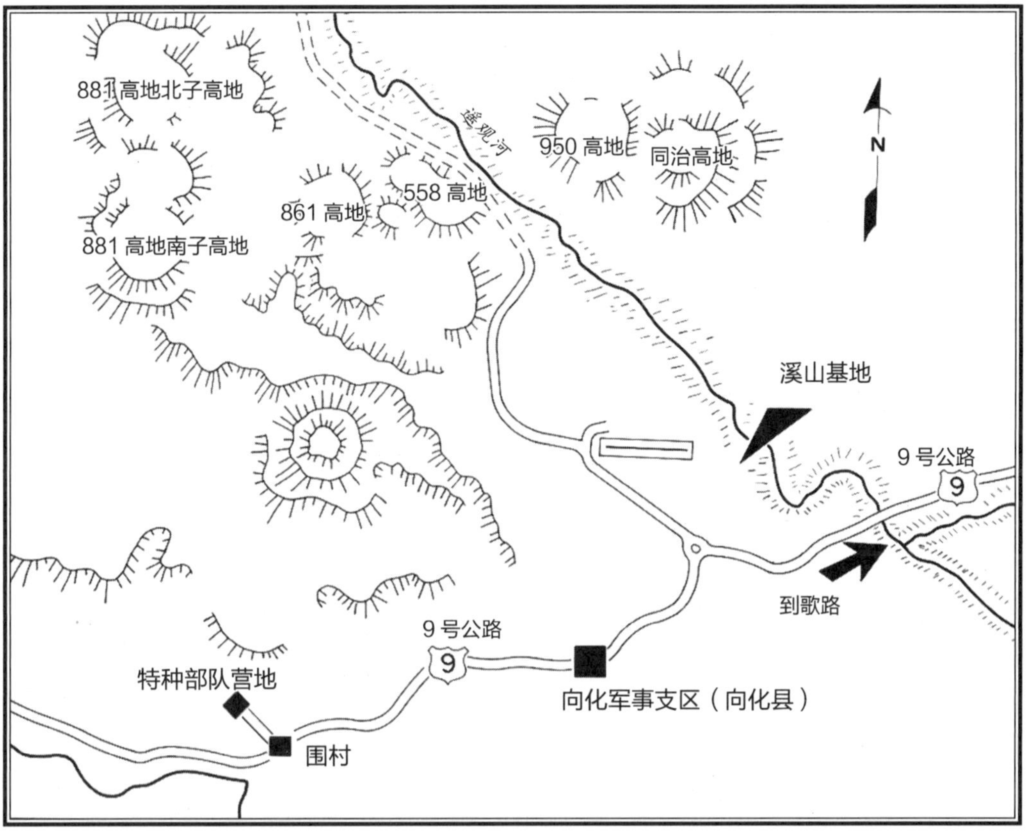

▲1968年1月20日溪山作战态势图。

转入包围钳制敌人。”

861 高地战斗的失败，给 9 号公路—溪山战役指挥部带来了巨大的压力，首战如果不能取得开门红的话，那么越南中央军委交付的新春总进攻和总奋起的疑兵任务就将化为泡影。为了战役胜利，第 66 步兵团必须攻克向化军事支区。能否取得战役开门红就看第 66 步兵团 7 营的了。

然而，直到 861 高地战斗接近尾声，第 66 步兵团 7 营方向都没有传来任何音讯，上至陈贵海和黎光道，下到泰勇和陈元杜都捏着一把汗——阮文生（第 66 步兵团 7 营营长）你到底在哪里？

1 月 21 日凌晨 04 点 00 分，第 66 步兵团团指终于收到了阮文生发来的好消息——7 营抵达了攻击出发阵地。守候在团指的第 304A 步兵师师长泰勇马上命令阮文生，务必在 04 点 45 分展开对向化军事支区的进攻，不惜一切代价攻克目标，夺取胜利！

经过 1 个小时的准备，第 66 步兵团 7 营于 05 点 00 分对向化军事支区发起了总攻。由于时间不够，准备仓促，第 66 步兵团 7 营几乎是在白昼对向化军事支区发起了攻击。联军凭借预设阵地进行顽强抵抗，给第 66 步兵团 7 营造成了很大的杀伤。这次攻坚战打得十分惨烈，7 营营长阮文生壮烈战死，7 营 2 连连指除了指导员苏公坚外全部倒下。苏公坚带伤坚持战斗，直至最终胜利攻克向化军事支区。对这次惨烈的战斗，《第304步兵师战史》着墨很少："战斗一直持续了1月21日一整天时间，直到1月22日09点30分，我军才控制了整个向化军事支区。这次胜利彰显了我军部分干部与战士为了胜利决心牺牲一切的决战意志。"《1968年春夏季9号公路—溪山进攻战役》和《9号公路—北广治阵线1966—1973年》也只有只言片语，因为是一场惨胜，所以越军部队史到战役史都不愿意过多提及。

对这次战斗，倒是美军方面记载较多，毕竟这是整个溪山战役中越军单次战斗损失最大、联军打得最好的一次防御战斗。按照美军的记载，驻扎在向化军事支区（联军习惯性称之为溪山村）的是南越国军保安军第915连2个排、美军"奥斯卡"混成作战连2个排（由托马斯·M·斯塔姆佩尔中尉指挥）、美国陆军上尉布鲁斯·G·克拉克上尉的4人小组编成，兵力178人。其中，"奥斯卡"混成作战连1排由10名陆战队员和1名海军士兵，以及11名蒙塔格纳别击队员组成，指挥官是约翰·J·巴兰科，负责向化军事支区的守备；"奥斯卡"混成作战连2排也由10名陆战队员和1名海军士兵，以及11名蒙塔格纳别击队员组成，指挥官是罗伊·哈珀中士，在向化军事支区西面180米，紧挨9号公路组织防御。

1月21日清晨，向化军事支区司令部和"奥斯卡"混成作战连在向化县周围的屯哨突然遭到了越军猛烈的炮火、迫击炮火和火箭弹轰击，密集的弹群在向化军事支区和向化县内落下。借助晨间大雾的掩护，越军开始对向化军事支区和向化县猛烈冲击。

美国陆军上尉布鲁斯·G·克拉克上尉冒着炮火检查了向化军事支区内联军的各个阵地，并做好了炮火协同准备。不过，作战经验丰富的克拉克上尉并不打算马上组织火力还击，他打算学越军一手，把对手放近来打。

当越军冲到距离美军阵地100米左右，克拉克一声令下，联军火力全开，支援作战的迫击炮火力也狠狠轰击，几乎砸到美军阵地头上。除了不断和炮兵联系外，克拉克上尉不断调动电台频率，和空军前进观察员保持联络，给航空兵指示火力打击目标。在克拉克的努力下，美军的空炮火力支援打得又准又狠，给越军造成了毁灭性打击。与此同时，"奥斯卡"混成作战连1排和保安军915连2个排依托战壕和掩体，在约翰·巴兰科指挥下，顽强冷静地战斗。战斗中，巴兰科在枪林弹雨下，勇敢站出来，鼓舞年轻的陆战队员们："别怕，小伙子们！我们一定会把敌人给揍下去的！"他的鼓舞让1排将士始终保持高昂的士气，击退了越军第一次冲击。由于战斗表现出色，巴兰科战后获得了一枚海军十字勋章嘉奖。

与此同时，"奥斯卡"混成作战连2排也遭到了越军的猛烈攻击。虽然他们没有像1排那样依托坚固掩体和战壕抗击，并且远离主阵地，但在罗伊·哈珀中士指挥下，打得同样英勇顽强，粉碎了越军第一次冲击。

1月21日中午，大雾消散。虽然越军的进攻势头有所减弱，但还是不断用迫击炮和B40火箭筒轰击向化军事支区，给守军施加压力。步兵战斗仅限于自动武器射击和渗透突击。直升机飞进了向化军事支区，试图救出伤员，但被越军猛烈的火力击退。不过，机组成员对

▲向化县全貌。

向化军事支区投下了急需的弹药。

接到向化军事支区遭到攻击的消息，陆战 26 团团长洛文德斯上校抽调 D 连 1 个排从溪山基地赶往救援。接近俯瞰向化军事支区的 476 高地（越军标注 471 高地）时，他们看到了山头上严阵以待的越军（越军第 66 步兵团 9 营 10 连正在此恭候美军到来）。好汉不吃眼前亏，清楚众寡悬殊的 D 连 1 个排没有选择硬碰硬，而是撤回了溪山基地。如果说第一次救援是无功而返的话，那么第二次救援行动对联军来说就是一场灾难。

傍晚，美国陆军第 282 突击直升机中队搭载着南越国军第 256 保安连从广治市出动，前往救援向化军事支区，他们把着陆点选在了古堡——此地正是第 66 步兵团 9 营 11 连设伏地。结果，这次增援造就了越军第 66 步兵团 9 营 11 连的胜利，部分抚平了 7 营在攻坚战受挫的伤疤。《第 304 步兵师战史》第 66 页记载道："就在我军第 66 步兵团 7 营按计划打响对向化军事支区进攻战的同时，敌人也派保安军第 258 连（越军识别错误，准确番号应该是南越国军保安军第 256 连）搭载直升机前往古堡着陆，我军第 66 步兵团 9 营 11 连候个正着。由于我军隐蔽良好，严守射击纪律，直到敌人全部完成着陆的一刹那，才突然开火射击，几乎全歼敌人 1 个连。许多试图逃往淮村的敌人在路上被 9 团战士俘虏，这些战士中包括保安军 258 连连长阮定协上尉。在这次战斗中，66 团 9 营 11 连班长陈定琪，发射一枚 B40 火箭弹击落了 1 架直升机，12 名敌人毙命。接着，他又率领全班继续出击，消灭了另一架直升机。"

美军战史也承认了这次灾难：美军直升机飞行员战死 25 人，南越国军保安军第 256 连战死 70 多人，战死人员中军衔最高的是南越广治省美国军事顾问副团长约瑟夫·希耶莫埃中校。按照陆战队权威的《溪山战役战史》作者约翰·帕拉多斯和雷·斯塔贝（Ray. Stubbe）的说法，这次增援失败损失了如此多的兵力和武器装备，是美军在整个溪山战役败得最惨的局部战斗。

1 月 21 日夜，越军第 66 步兵团 7 营除了组织游动狙击火力外，暂停了对向化军事支区的进攻。利用相对平稳的时期，向化军事支区的联军开始清点伤亡，发现美军除了几人负伤外，无一战死。第二天清晨，越军第66步兵团7营还是没有进攻，巴兰科趁机率部往古堡方向进行巡逻，救下了南越国军保安军第256连的幸存者，并宣称缴获了越军步兵武器150件（包括冲锋枪和火箭筒），击毙越军300人，击伤500人。

这时，1架直升机飞进向化军事支区，把斯塔姆佩尔中尉接回溪山基地。他和陆战26团团长洛文德斯上校进行了简短的磋商。经过全面考虑，斯塔姆佩尔决定放弃向化军事支区，把守军撤回溪山基地，这个命令通过电台传达给向化军事支区的联军。防御战斗打得不错，撤退过程却引起守军不满。原来，溪山基地下令，只有美军可以乘直升机撤退，而第915保安军和蒙塔格纳别击队员却只能徒步撤退。这引起了守军的不满，但命令就是命令，他们终究还是执行了。南越国军保安军第915连残部和别击队残部也在美军乘直升机撤退后，通过一条秘密小道，抢在越军第66步兵团7营恢复第二次进攻前，撤出了向化军事支区。

1968年1月22日09点30分，越军第66步兵团7营在8营2个连兵力支援下，进入了向化军事支区，升起了解放阵线的旗帜。向化攻坚—打援战斗的胜利，让9号公路—溪山战役指挥部总算松了一口气，开门红实现了！《第304步兵师战史》第66页对这次胜利既予以肯定，也提出了中肯的批评："第66步兵团严格按照阵线司令部的命令准时打响进攻战斗，并赢得了战役开门红，获得了师指的嘉奖。虽然向化攻坚战还存在着不少缺点，不少敌人逃进了围村，我军没能打出一个干净利落的歼灭战，但我师毕竟攻克了向化军事支区，克服了重重困难，按照规定的时间夺取了战役的一个重要跳板，使我师能够继续对其他基地/据点发展进攻。"

为了这次胜利，第66步兵团付出了巨大的牺牲。根据越南人民军总后勤局1988年出版的《后勤工作：1968年春夏季9号公路—溪山战役》第330页附录9的"1968年1月20日—7月20日，9号公路—溪山战役指挥部各次重要战斗伤亡统计表"的记载，1月20日的向化进攻战斗，第304步兵师第66步兵团共战死154人，负伤486人，总计伤亡640人（见表4）。联军损失也不小，除了增援的南越国军保安军第256连和美军直升机飞行员战死至少75人外，向化军事支区内守备的蒙塔格纳人和南越国军保安军第915连2个排也有25人战死，40人负伤。①

勇克向化军事支区的同时，9号公路—溪山战役指挥部所属的第45炮兵团和第675炮兵团也对溪山基地进行猛烈炮击。这是越南人民军的D74 122毫米加农炮第一次在越南战争中发威。越军的炮火先是砸在陆战13团1营炮兵阵地上，其中一发炮弹直接命中给火控计算机提供电力的发电机组，但陆战13团1营迅速使用备用发动机组，保障了火控计算机的正常运行。在第二次齐射中，越军炮火又

① 向化军事支区的联军损失数字引自斯塔贝的《决定性的山谷》第453页。

命中了代号“ASP1 号”的弹药库，1500 吨各类弹药爆炸，引发冲天大火。陆战 26 团 1 营 B 连连长皮佩斯上尉被迫三次转移连部。第三次齐射弹群在机场爆炸，撕裂了机场跑道的带孔钢板，打坏了不少直升机，接着又一发炮弹直接命中摧毁了陆战 26 团 1 营的食堂，陆战 26 团 1 营 D 连的所有官兵人事档案记录也在炮火中化为灰烬。10 点 00 分，大量 C4 塑胶炸药和其他易爆品燃烧起来，继而发生巨大爆炸，整个溪山基地被震得地动山摇。强烈冲击波把陆战 26 团 1 营营部盖顶的原木全部掀翻。

越军猛烈而准确的炮击能力，让美军深感震惊。傍晚 19 点 50 分，陆战 26 团 3 营 L 连 2 排击退了一小股渗透突击的越军，宣称击毙越军 14 人。溪山战役的第一天，溪山基地就在越军猛烈炮击下蒙受 14 人战死 43 人负伤的惨重损失。“ASP1 号”弹药库连同 1500 吨弹药化为灰烬，1 架贝尔 UH-1 直升机，机场所有气象监测设备，大部分机场夜航照明设备，许多野战电话线、掩体、工程机械设备、发电机组、食堂和不少设施被第 45 炮兵团 DKB 122 毫米单管火箭炮和第 675 炮兵团的 D74 122 毫米加农炮摧毁。继奠边府战役后，第 45 炮兵团和第 675 炮兵团再立新功，续写越军 2 个最著名炮兵团的“神威”。

炮击过后，溪山基地 1180 米的跑道暂时只有近 550 米可用，C-130“大力神”运输机没法着陆，夜航照明设备和天气不佳也增大了飞机着陆的困难。不过，陆战队第 315 航空突击联队的 6 架 C-123 运输机还是在照明弹的协助下，降落在溪山机场，给守军送来了急需的 26 吨弹药。午夜，陆战队第 1 航空联队的 1 架 CH-53 又向溪山机场送来了血浆。尽管受到重创，但溪山基地和机场的职能并没有丧失，战斗仍在继续。

▲越军第675炮兵团和第45炮兵团在1月20日对溪山基地炮击过后，现场一片狼藉。

第二节　全面燃烧的战火

向化军事支区的攻克和炮击溪山基地的成功，让陈贵海和黎光道悬着的一颗心终于可以放下了。9 号公路—溪山战役指挥部判断，经过第一天的战斗，美军溪山基地群的防御体系已经开始动摇。拔掉向化军事支区后，9 号公路—溪山战役指挥部的下一个目标就是老挝境内的班会珊基地。

根据情报显示，班会珊基地由老挝王国皇家陆军第 33 步兵营把守，下辖 6 个步兵连，以及不少民卫排，编制兵力 730 人，但老挝军队习惯作战中携带家属，因而实际人数超过了 1500 人。整个基地由 13 个大小据点组成，最大据点守军 1 个连，小据点只有 1 个排，老挝王国皇家陆军第 33 步兵营营部设在斜梅。老挝王国皇家陆军之所以在班会珊设立基地，就是看中了这里良好的地理位置，能够有效卡住 9 号公路，遏制越南人民军在溪山地区的战略运输走廊。为了打通 9 号公路，让第 7 工兵团和第 198 坦克营进入溪山战场，做好进攻围村和溪山基地的准备，第 304A 步兵师奉命消灭班会珊基地。

根据战役计划，1968 年 1 月 23 日夜，第 304A 步兵师要对班会珊基地展开攻击。这次战斗的主要目标是拔掉班会珊基地的老挝王国皇家陆军第 33 步兵营营部所在地——斜梅。为了确保打则必胜，9 号公路—溪山战役指挥部特别指示第 24 步兵团团长黎公世，以 5 营在第 198 坦克营 3 连和第 7 工兵团 1 个连、向化县地方部队 1 个连和巴特寮盟军部分敌工干部的配合下，拔掉班会珊基地。

由于进攻准备太仓促，步兵和坦克兵没有机会进行协同作战训练。1 月 23 日清晨，越军第 24 步兵团 7 连干部和第 198 坦克营 3 连干部（第 24 步兵团 7 连预定搭载第 198 坦克营 3 连参加对班会珊基地的攻坚），在大型沙盘前组织讨论对班会珊的战斗计划。阵线技术部的副主任、坦克装甲兵种司令部代表和第 24 步兵团团长黎公世也参加了会议。在会议上，第 198 坦克营 3 连连长范文奈只能简要向第 24 步兵团 7 连指战员讲解 PT-76 坦克的性能和坦克高速运动时步兵要防止撞伤的注意事项。由于时间仓促，步兵指战员们只能进行搭载坦克和跳下动作的简单训练，以及按照规定的方向在坦克行进路线背后跟进。

1968 年 1 月 23 日 19 点 00 分，第 24 步兵团 5 营占领进攻前出发阵地。20 点 00 分，第 198 坦克营 3 连各排逐次出发。在向进攻前出发阵地开进过程中，坦克纵队要从 1 号、2 号和 3 号水下暗桥通过。不幸的是，走在前面的 555 号坦克淤陷，组织抢救拖车十分困难。3 号暗桥上的坦克车长、工兵和其他兵种同志齐心协力，才好不容易把 555 号坦克给拖了出来。当 555 号坦克从沙滩泥沼脱离之际，558 号坦克又淤陷了，而且情况比 555 号坦克还糟糕。这时，老挝王国皇家陆军第 33 步兵营发现了对手，立即从班会珊基地各个据点射出密集的弹雨。与此同时，美军战机也飞临 9 号公路沿线，实施猛烈轰炸。秘密进攻和突袭的因素已然丧失。

在十分困难的情况下，1968 年 1 月 24 日 06 点 00 分，第 24 步兵团团长黎公世果断命令步兵在没有坦克支援的情况下，对班会珊基地发起决定性进攻。第 24 步兵团 5 营随即展开攻击：8 连指战员穿过对方火力封锁区，顽强靠近班会珊基地；7 连在班会珊东北铁丝网地带顽强坚守自己阵地；6 连从东北方向撕开一个口子，冲进了班会珊基地。

不久，5 营 8 连占领了班会珊基地的塔能据点，但继续冲击时先头步兵分队被敌人火力拦阻。

06 点 30 分，558 号坦克终于从淤陷中脱困。为了及时配合步兵战斗，来不及等待 198 坦克营 3 连全部队形展开跟上，第 198 坦克营 3 连连长范文奈跳上 555 号坦克指挥战斗，带着 555 号和 558 号两辆 PT-76 坦克，搭载着工兵和步兵，沿着 9 号公路直插班会珊基地。

突然间，美军 1 架飞机临空攻击 555 号和 558 号坦克，但没有效果。原本还激烈抵抗越军步兵每次冲击的老挝军队，在看到越军 PT-76 坦克突然冲进基地后，完全震惊，措手不及。这是他们第一次看到越军坦克突击，完全陷入了慌乱。

看到对手慌乱，越军更是信心百倍，第 24 步兵团 5 营 6、7、8 连从各个方向继续冲击。坦克搭载的步兵分队和工兵分队也密切配合，跳下来在坦克背后跟进，迅速突破了班会珊基地大门，占领了一个桥头堡。然后，越军继续发展进攻，粉碎了老挝军队的抵抗，把班会珊基地一分为二。至 08 点 00 分，越军第 24 步兵团 5 营完全控制了斜梅据点。

看到中心据点丧失，老挝王国皇家陆军第 33 步兵营丧失了斗志，开始慌乱溃逃，除了 700 多人逃往旧围村基地外，300 多人向越军缴械。继向化军事支区后，班会珊基地之战

▲在班会珊战斗中大发神威的PT-76水陆两用坦克。

是第 304 步兵师又一次白昼对依托坚固阵地的对手进行的攻坚战。相对第 66 步兵团 7 营，第 24 步兵团 5 营在坦克兵和工兵配合下，打得比较干脆利落。当然，胜利的背后也要考虑到老挝王国皇家陆军第 33 步兵营的战斗力实在太差，远远不能和向化军事支区的美军相比。

对越南人民军来说，班会珊基地攻坚战具有特殊意义，这是越南人民军装甲坦克兵种的第一次实战。在战斗中，第 198 坦克营 3 连共有 11 辆坦克上了战场，却只有 555 号和 558 号 2 辆坦克实际参加战斗，就给步兵打开了胜利之门。战斗结束后，11 辆坦克全部安全返回出发阵地。当然，胜利背后也不能忘记炮兵的贡献，第 325C 步兵师的第 78 炮兵团自始至终不间断地提供了有力的炮火支援。另一方面，工兵分队的贡献也是不能忽略的，特别是工兵副排长裴玉阳，他亲自带着工兵分队修路、架桥、修水下暗桥，积极抢救淤陷坦克。接着，他又坐在坦克上，亲自操作车载 12.7 毫米机枪对临空的美机开火，有力保护了步兵的战斗队形。溪山战役结束后，裴玉阳获得了越南国会和政府授予的“人民武装力量英雄”的荣誉称号。

班会珊基地之战的胜利，宣告了 9 号公路—溪山战役指挥部又拔掉了美军溪山基地群在 9 号公路的另一个支点，溪山基地群逐渐陷入被包围的态势，外围策应点只剩下一个围村基地。

就在美军对向化军事支区和班会珊基地连续被拔掉而懊丧之际，东部方向的越军第 320A 步兵师和第 324 步兵师，以及配属作战的炮兵群又打响了对东河与甘露之间 9 号公路段的进攻战斗。

1968 年 1 月 19 日下午，越南人民军第 21 炮兵营使用 M46 130 毫米加农炮从边海河对岸，突然对越门基地进行猛烈炮击，消耗 130 毫米榴弹 27 发。陆战 3 团 1 营 C 连损失惨重，3 死 33 伤（31 名重伤撤退）。1 月 20 日，第 16 炮兵团的 BM14 火箭炮和永灵炮兵部队的 85 毫米加农炮突然对美军卡罗尔火力基地进行炮火突袭，30 发火箭弹和 15 发 85 毫米榴弹呼啸着在卡罗尔火力基地爆炸。虽然没有给美军造成多少损失，但宣告了 9 号公路—溪山战役东部地区战斗的正式打响。

1968 年 1 月 23 日，第 320A 步兵师开始了他们在抗美救国战争中的处子秀。陈贵海和

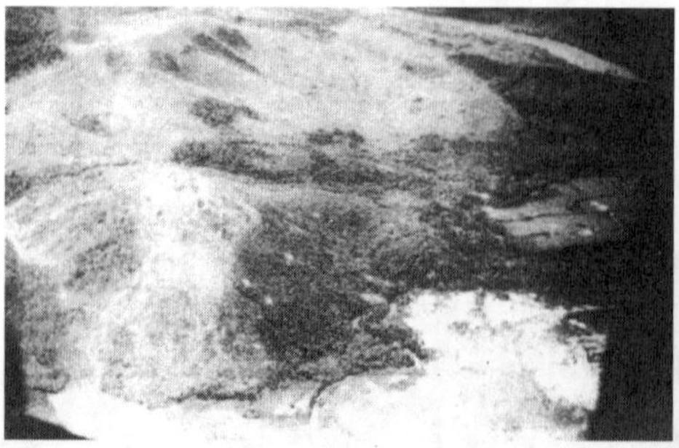

▲ *1968年1月底，面对越军第320A步兵师频繁的袭击战斗，陆战4团3营M连围绕卡罗尔火力基地周围的麦克山展开激烈战斗。图为1架B52对麦克山对面的越军阵地实施攻击。*

黎光道交给第320A步兵师的任务是消灭美军有生力量，切断9号公路，让溪山基地的美军陷入更为孤立的态势。

1月23日夜，第320A步兵师命令第64步兵团7营在14营和16挺12.7毫米高射机枪的支援下，在同马周围9号公路北面的322高地、338高地、166高地、554高地建立阵地工事系统，展开兵力准备战斗；第64步兵团8营在具定（182高地）展开兵力，任务是配合7营封锁东河—甘露之间的9号公路段；同时调遣第48步兵团3营在76号公路沿线设伏，准备配合第64步兵团战斗。此外，第48步兵团1营和2营奉命在甘露周围埋伏，准备打下甘露军事支区。

第320A步兵师的埋伏很快就等到了对手。1968年1月24日，美军一支由3辆卡车和1辆吉普车组成的车队，从东河开往卡罗尔火力基地。13点30分，在距卡罗尔火力基地约3000米时，越军第320A步兵师64步兵团7营痛下杀手。越军组织各种步机枪火力、迫击炮火力、82毫米无后坐力炮和12.7毫米高射机枪编织成一张密不透风的火力网，当即把美军4辆车全部打瘫。车队残余的美军士兵一边用12.7毫米重机枪还击，一边向卡罗尔火力基地紧急求援。陆战4团马上从基地抽调陆战9团2营H连1个排和陆战队第3坦克营B连的2辆坦克、1辆喷火坦克，陆军第44炮兵团1营C连两辆M42前往救援。然而，这次救援还是没有逃过越军第320A步兵师64团7营设下的圈套。

当美军救援部队进入7营口袋阵时，14营的82毫米无后坐力炮首先发威，当即把冲在最前面的坦克打瘫，美军救援部队指挥官、陆战队第3坦克营B连连长丹尼尔·W·肯特上尉不幸阵亡。美军没有贸然前进，而是就地依托地形组织还击，同时请求空中支援。18点30分，2架UH-1休伊直升机临空攻击越军阵地时，第64步兵团7营早就转移了位置。

这时，美军第二路救援部队又从东河开出，撤出了44名伤员和8名战死者。一整天战斗打下来，美军惊讶发现自己战死8人负伤44人，仅仅击毙3名越军，第64步兵团7营精湛的伏击战斗能力让美军大开眼界。第二路救援部队赶到后清理现场，发现不仅运输队的4辆车急需修理，就连第一路救援部队的2辆车和1辆坦克也被火箭弹打坏。陆战3师师长汤普金森少将接到报告后第一时间就准确判断，第320A步兵师伏击战斗的目的是要切断9号公路，然后压制卡罗尔火力基地——决不能让第320A步兵师实现这个战略意图。为此，他命令里·本德尔中校率领的陆战4团3营迅速扫荡越军第320A步兵师64团7、8营，重新打通9号公路。

1月24日下午，陆战队直升机载着本德尔中校和陆战4团3营M连前往卡罗尔火力基地。19点00分，本德尔和他的小型指挥班

▲这是9号公路沿线伪装良好的越军第64步兵团的掩体。

与M连（连长：雷蒙德·W·卡尔姆上尉）一起前往伏击点。接着，第二路救援部队赶来，M连遂在南面约1500米可以俯瞰9号公路的山上组织防线，任务是防范越军袭击卡罗尔火力基地。1月25日清晨06点30分，M连继续沿着甘露河前进，由西往东沿着9号公路行进。09点15分，M连又遭到了越军第64步兵团7营伏击，好在M连训练有素，2死2伤就击退了对手，缴获了1挺机枪。

对1月23—24日的战斗，第320步兵师战史给了很高的评价："经过2天战斗（1月23日和24日），第320A步兵师所属的第64步兵团7营击毁了10部军事车（含2辆坦克），使100多名敌人丧失战斗力。我师也完成了切断9号公路的任务，为战役指挥部主力第304步兵师和第325C步兵师顺利发展战斗创造了有利的条件，做出了突出贡献，紧密包围了溪山之敌。"

M连遭到袭击的消息让陆战4团紧张不已，遂改变计划以陆战4团3营全部兵力沿着9号公路扫荡。结果，美军的行动遭到了第64步兵团7、8营的坚决抗击。双方在1月26日和27日连续展开激烈战斗。美军依仗优势火力击退了第64步兵团7、8营，但自己也付出了一定的代价，计21人战死，62人负伤，宣称击毙对手130多人，抓获6名俘虏，缴获3门57毫米无后坐力炮、2门60毫米迫击炮、35支AK47冲锋枪和大量弹药。第320A步兵师方面，据统计，1968年1月23—27日各次战斗中，第64步兵团7、8营共牺牲158名干部与战士，虽然损失较大，但还是给予了美军一定的打击，对9号公路与东河—卡罗尔火力基地之间的运输干线构成了相当的威胁，有力支援了溪山方向的战斗。

在9号公路—溪山战役指挥部东西两线主力部队投入战斗的同时，海军特工第126A团也在永灵县47营和犹灵27营配合下，连续在越门河组织航运封锁战斗，给美军造成了很大的压力。在组织用火箭筒、无后坐力炮和迫击炮沿江轰击过往船只的同时，海军特工还积极活用水雷沿江漂流，进行航运封锁。

在越军9号公路—溪山战役指挥部的进攻压力下，美国远征军开始调整部署，和对9号公路—溪山地区增兵。1月22日，溪山基地热闹起来。美军出动了20架次C-123运输机给溪山基地送去了130吨弹药，并撤走了陆战队和平民伤员。与此同时，陆战队第1航空联队的攻击机，和美国海军、空军战机一起对溪山基地周围可疑的越军阵地进行攻击。越军也没有闲着，不断组织D74 122毫米加农炮、火箭炮、迫击炮和无后坐力炮，给美军造成了不小的麻烦。当天中午12点00分，美国海军陆战队再次增援溪山基地：约翰·F·米歇尔中校的陆战9团1营在溪山基地着陆。接地的时候，迎接米歇尔们的不是军乐队，而是第325C步兵师95C步兵团打来的猛烈步机枪火力和迫击炮火力。陆战9团1营的到来，使溪山基地的美军作战部队增加到4个营，兵力达6000人。

接下来的几天时间里，越军继续展开游动炮击和积极防空战斗。1月23日，越军第241高射炮团打了一个漂亮的战斗，短短20分钟内他们就击落了美军1架直升机和1架喷气式战斗机。第675炮兵团和第45炮兵团的猛烈炮击持续不断，完全摧毁了溪山基地的野战邮局，破坏了许多地堡、掩体、堑壕，溪山机场也受到不小的毁坏。陆战 13 团 1 营不甘示弱，组织强大的榴弹炮群和迫击炮群还击，但美军的炮火显然没法找到准星，因为第 45 炮兵团和第 675 炮兵团阵地布置有序（见第四章第二节），灵活转移，美军炮火反击效果十分有限。

对溪山最上心的莫过于美国远征军总司令威斯特摩兰上将。1 月 21 日战役爆发后，威斯特摩兰上将就找到南越国军第一军区司令黄春林中将，要求南越国军为溪山战役出一份力。黄春林二话不说，马上命令黄富上校率领别动军第 37 营乘飞机前往溪山参加战斗。1 月 27 日中午，南越国军别动军第 37 营在溪山机场跑道东梢，接替陆战 26 团 1 营 B 连防务。按照编制，一个别动营是 418 人，可抵达溪山的别动军第 37 营却只有 318 人，缺编 100 人。尽管如此，南越国军别动军 37 营还是以严整的军纪和良好的精神面貌，以及在战斗中表现出来的顽强，赢得了美国海军陆战队的尊重。

威斯特摩兰信心满满，认为越军此次进攻正是双方决战的好时机，但他没想到的是，自己已经落入了越军的圈套。按照越南中央军委的部署，溪山战役提前新春总进攻和总奋起 10 天的目的就是为了疑兵活动，通过主力部队的奋战把联军一部分重要战略机动兵团吸引到 9 号公路—溪山方向，特别是溪山基地，为整个越南南方顺利实现 1968 年新春总进攻和总奋起创造战略突然性条件，简而言之就是调虎离山。从这个角度来看，越军部分实现了溪山战役的战役目的，把美军 1 个陆战营和南越国军 1 个别动营调出广治和承天省，为新春总进攻和总奋起，特别是对顺化的总攻击创造了良好的条件。

1968 年 1 月 30 日和 31 日夜，越南人民军突然对越南南方 44 个大城市、39 个省会、71 个郡县，以及整个越南南方上千个联军基地 / 据点展开总攻击，掀开 1968 年新春总进攻和总奋起的序幕。

对第 304A 步兵师和第 325C 步兵师而言，他们最关注的是顺化战役。在承天—顺化战场上，第 304A 步兵师的老部队——1966 年南下的第 9 步兵团奉命参加顺化南路的进攻。

图中正在行军的队伍是在陆战4团3营重新打通9号公路后第一支开进卡罗尔火力基地的美国海军陆战队车队。

此外，第24步兵团6营奉9号公路—溪山战役指挥部的命令，挥师东进，参加增援顺化的战斗。第325C步兵师方面，他们的第18C步兵团早在溪山战役前就赶到顺化战场，参加了对顺化的进攻。他们和治天军区主力第6步兵团一起在顺化皇城内，与美军陆战1师激战25天，最终成功突围。

为了配合1968年春季在整个南方总攻击的气势，直接影响治天—顺化地区，特别是要迅速阻止美军陆战1师拉休战斗群沿9号公路进入治天战场，对顺化的越军进行反击，9号公路—溪山战役指挥部命令第320A步兵师在甘露县游击队1个班的配合下，组织对美军陆战9团P混成连据守的甘露军事支区展开攻击。

甘露支区，位于76号公路和9号公路交叉口，是重要的交通枢纽。由于地理位置重要，美军十分重视对甘露支区的防务，在这里修建了许多地下掩体和钢筋混凝土工事。虽然战斗准备时间只有2天，行动仓促，但第320A步兵师还是坚决表示执行战役指挥部的命令，“按照规定时间打响进攻战斗”。

根据抗法战争打攻坚战的思想和经验，第320A步兵师把攻击甘露支区的任务交给了第48步兵团1营。第48步兵团1营也不敢怠慢，迅速完成了进攻前的各项工作准备，并在甘露县人民和地方部队支援下，安全隐蔽占领了进攻前出发阵地。

1968年2月2日凌晨01点00分，第48步兵团1营突然对甘露支区发起猛烈攻击。这是9号公路东部方向一次重要的攻坚战斗，惨烈性丝毫不亚于西线的第66步兵团7营对向化军事支区的进攻。

和第66步兵团7营不同的是，第48步兵团1营进攻达成了战术突然性，趁着美军还没反应过来，迅速突破了美军P连第一道防线。在第48步兵团1营进攻下，甘露县地方部队1个排趁机对甘露支区附近的1个新生村展开攻击，全歼守军一个民卫排，解放了6000名被联军关押的民众。

然而，美军也不是吃素的。据守甘露支区的P连官兵迅速推入地下掩体里，然后呼叫炮兵群直接对甘露支区司令部周围进行炮火覆盖，同时陆战9团2营也抽调部分兵力赶来支援，给第48步兵团1营造成了很大的伤亡，营长裴勇牺牲，营政委玉交受重伤，各连排干部和相当多的战士在炮火下牺牲，1营战斗力急剧下降。眼看天已亮，再打下去只是徒增伤亡，第320A步兵师只能命令第48步兵团1营撤退。第48步兵团1营在付出108名干部与战士牺牲的情况下，仍未能攻克甘露支区，遗憾撤出战场。美军方面，P连战死3人，负伤18人。甘露支区和向化支区进攻战斗表明，越南人民军虽经过多年的发展，但在攻坚战方面仍存在着很大的缺点，这是越军在整个

▲陆战1团3营的1名陆战队员正手持一具M79榴弹发射器穿过越军占据的村落。

抗美救国战争中致命的短板。（第48步兵团1营甘露支区进攻战斗战死者名单见附录1）

除了甘露支区进攻战斗失败外，第270步兵团对林春基地的袭击战斗也以失败告终。由于东河—甘露方向的战斗连续受挫，致使美军陆战1师拉休特遣队顺利回援顺化，把越军第18C步兵团和第6步兵团约5000人团团包围在顺化市内（顺化南路进攻的9团和5团被南越国军击退出城，转入与美军骑兵1师3旅和第101空中突击师一部的对峙），给治天军区方向战斗造成了巨大的压力。

对此，亲自坐镇前线统一指挥整个新春总进攻和总奋起的越南人民军总参谋长文进勇上将怒火冲天。1968年2月2日，文进勇上将致电9号公路—溪山战役指挥部，以愤怒的口吻质问陈贵海和黎光道："中央政治局十分关心9号公路方向的情况。请告诉我，你们究竟是因为什么原因，遇到了什么困难，为什么没能发起猛烈协同一致的进攻，反而让敌人沿9号公路（东部）缩回治天方向，给治天军区带来了很大的困难？"

显然，文进勇上将对9号公路—溪山战役指挥部的作战力度感到不满，顺化刚刚攻克就受到美军陆战1师拉休特遣队、陆军骑兵1师3旅和第101空中突击师一部，以及南越国军海军陆战师团的拼命反扑，联军在顺化周围集结了不下4万的大军，对南北两路进攻顺化不足1万的越军形成了巨大的压力。在这种情况下，9号公路—溪山战役指挥部决定在西部的溪山方向，对联军再逼上一步，加大进攻力度，逼迫美军抽调兵力救援溪山基地，减轻顺化越军的压力。

在这种情况下，陈贵海和黎光道把目光投向了围村基地。

▲陆战1团3营的60毫米迫击炮在进行战斗支援。

第三节 攻克围村

围村，位于广治省溪山地区的山岳丛林地带，距北纬17°线8千米，距向化县6千米，离老挝边界7千米。从地形上看，围村处在320高地和230高地之间，周围多密林环绕和稀疏原野，少数民族窑屋也夹杂其间。除了320高地和230高地外，往北3千米的503高地，往东南3千米的420高地，另外流经围村附近的车邦河两岸570和841高地也是周围重要的制高点。往西北和北面，是美军溪山基地外围要点——861高地和881高地南子高地。从这2个高地，美军可以用直射火力封锁西面和西北通往围村的通道。此外，溪山基地的105毫米和155毫米榴弹炮群，在紧急情况下也可以给围村守军提供炮火支援。可以说，围村基地地形态势还是易守难攻的。

越军情报显示，围村驻守的联军由25名美军特种兵顾问和20名军官（A101），4个突击连——101、102、103和104连（每个连兵力61~72人不等），1个新兵连（83人），1个蒙塔格纳人组成的突击队（约150人），4支侦察排以及1个心理战小组构成，加上从班会珊基地逃出的老挝王国皇家陆军第33步兵营，总兵力1074人。武器装备：2门106.77毫米无后坐力炮、4门81毫米迫击炮、16门60毫米迫击炮、2门57毫米无后坐力炮、1门75毫米无后坐力炮、27具M72/M79火箭筒，以及大量自动步枪和轻重机枪。

实际上，越军的情报有所夸大。根据美军的资料显示，围村守军实际编制487人，绿色贝雷帽24人，南越别击队14人，蒙塔格纳别击队员443人，还有5名美军心理战专家，老挝王国皇家陆军第33步兵营逃出班会珊基地的约250人也在旧围村。武器编制是蒙塔格纳4个别击连装备M1和M2卡宾枪（子弹25万发）、47挺7.62毫米轻机枪（子弹275000发）、39挺勃朗宁自动步枪（子弹20万发）、2挺M60重机枪（子弹5000发），重武器有4门81毫米迫击炮（配弹2000发）、19门60毫米迫击炮（配弹3000发）、2门4.2英寸化学

▲越军简易观察台。

迫击炮、2门106.6毫米无后坐力炮、4门57毫米无后坐力炮（配弹3000发），以及100具M72火箭筒。

整个基地分为2个区域，230高地驻有美军2名绿色贝雷帽顾问和蒙塔格纳别击队1个排。虽然230高地是围村基地的外围警戒阵地，但联军还是修筑了许多混凝土碉堡、地下掩体、火力点，外面还有三层带刺铁丝网。

第二个区域是主基地，分成6个子区域。每个子区域都由带刺铁丝网标明界限，但通过四通八达的交通壕相互连接。每个子区域都有3个大型的独立地下钢筋混凝土工事群，每个工事群宽3米，长6.8~14米，工事群内部还分成不同的射击掩体，工事壁厚约20厘米，为钢筋混凝土浇筑而成，外堆厚实沙袋。除此之外，围村内还有17个由沙袋保护、四周铁丝网环绕的钢筋水泥大碉堡以及13个木制沙包掩护的半永备机枪火力点……每个掩体和工事时刻保持一半士兵执勤，一半士兵轮休。绕着基地，联军布设了5~6层铁丝网，每层铁丝网高5米，宽2米，以及1~2层高1.5米、宽3米的鹿砦和1个步兵障碍线（高0.4米，宽1.6米）。鹿砦周围密布地雷和听音预警装置。在基地中心区，还有3个大碉堡，2个地下掩体。从基地结构来看，围村不啻是一个小要塞，给越军进攻带来不小的麻烦。

作为有效阻遏越军9号公路周围战略运输线的“锚地”，围村驻防的美军绿色贝雷帽和蒙塔格纳别击队经常往9号公路南面越老边界巡逻。这一切在溪山战役打响后发生了很大的变化，随着向化和班会珊的丢失，围村基地逐渐孤立。为了防范越军进攻以求自保，蒙塔格纳别击队和绿色贝雷帽停止了远程巡逻，改为加强基地警戒和新设大量鹿砦，巡逻范围仅限4千米内。为了防止越军侦察员查明围村基地防务部署和联军活动规率，围村基地周围40~50米范围内所有树木都被砍光，守军在白天不断变换岗哨位置和鹿砦陷阱点，夜间对基地周围不断打照明弹，然后盲目射击和投掷手榴弹，给越军侦察员抵近潜伏侦察带来了很大的困难。

与此同时，美国空军的“尼亚加拉”行动也没有闲着，不断对溪山地区周围可疑的越军集结地狂轰滥炸，最高峰是1月30日投弹1258吨。尽管联军采取种种防范措施，但自1968年新春总进攻和总奋起打响后，围村基地守军已如惊弓之鸟，逃亡现象增多，不少人还借伤不出战。总的来说，围村守军的优点是兵力雄厚、工事坚固、地形有利、易守难攻，缺点是相对孤立，给越军攻坚带来了有利的战场条件。

作战之前，情报优先。针对围村的先期进攻准备从1967年底就拉开帷幕。早在1967年11月初，B5阵线直属第21侦察连1个分队就在特工33团40连9名特工干部的配合下，对围村基地进行第一次侦察，初步了解了围村敌情。

11月中旬开始，第304A步兵师侦察连在570高地建立观察台，通过观察绘制出围村南面地图。接着，第304A步兵师侦察连又在围村北面9号公路附近的高地设立观察哨，经过观察绘制出围村北面地图。除了观察绘制地图外，侦察连还在向化县地方部队8营2连3名干部的配合下，对围村基地组织了3次抵近侦察（其中2次是在围村基地外潜伏侦察，第三次是潜入围村北面第二和第三层铁丝网之间埋伏侦察）。

1967 年 12 月中旬，第 304A 步兵师侦察连和特工 4 连又继续对围村基地进行敌情侦察，并协助工兵、炮兵、坦克兵侦察地形、机动路和未来进攻集结地。

1968 年 1 月 6 日，B5 阵线特工 40 连从北面，第 304A 步兵师 9 团侦察连从东南，第 304A 步兵师侦察连从南面连续潜入围村基地外围第 2~4 道铁丝网地带，抵近侦察敌情和地形。

虽然侦察任务大部分顺利完成，但也发生了几次意外：

1967 年 12 月 17 日，第 304A 步兵师 9 团干部潜入围村基地南面进行实地侦察时突然遇到联军巡逻队伏击，被迫取消任务。

1968 年 1 月 7 日夜，第 304A 步兵师特工 4 连进行抵近侦察时，1 名特工越过铁丝网时不幸暴露，随后联军加强了外围铁丝网地带的警戒，给越军的后续潜伏侦察带来了困难。

1968 年 1 月 12 日夜，第 304A 步兵师侦察连准备对围村基地展开新一轮侦察研究，进至淮村时遇联军巡逻队伏击，侦察连 1 名副排长战死。接着，侦察连奉命消灭伏击的联军巡逻队，务必完成侦察任务。可对方已有防备，调整了部署并加强了火力，侦察连只得放弃任务。

从 1968 年 1 月 20 日起，第 24 步兵团接过对围村的侦察任务。第 24 步兵团侦察连辖 3 个排，兵力约 70 人。他们在第 325C 步兵师 101D 团的侦察连、炮兵和坦克兵的密切配合下，以高度的决心，排除万难坚决执行任务，潜伏到围村基地第 3~4 道铁丝网处抵近侦察，获得了大量敌情最新动态，并绘制出了最新敌情部署图，确认了南、西和东三面，特别是西南和南面的进攻路线。

当然，侦察行动也存在着不少盲点。围村基地周围密布的障碍物和铁丝网群，和联军的严密伪装，使第 24 步兵团侦察连干部战士难以通过地面观察确认各个碉堡工事的具体位置和地下掩体的结构体系，这也给日后的进

准备出发执行任务的越军侦察分队。

攻战斗带来隐患。尽管如此，持续3个月的侦察行动依旧给越军进攻围村提供了很大的参考价值，这是值得肯定的。

1968年2月2日，在接到文进勇上将的责问电报后，深感战略牵制责任重大的9号公路—溪山战役指挥部为了进一步逼迫美军出援溪山，下令恢复1月26日夜推迟的围村进攻战斗。根据9号公路—溪山战役指挥部的命令，第304A步兵师在第198坦克营3、9连，第101D步兵团3营，第7工兵团，B5阵线特工40连和第675炮兵团2营（12门D74 122毫米加农炮）的支援下，负责消灭围村基地，逼迫美军出援。

第304A步兵师师长泰勇接到命令后，仔细研究了双方作战态势，定下攻点打援的战斗决心：使用第24步兵团在第101D步兵团和技术兵种的加强下，采取诸兵种协同攻坚的战法夺取围村；使用第66步兵团准备打击从溪山基地救援围村的美军，或是机降救援围村的美军；使用第9步兵团准备打击沿9号公路前往溪山基地救援的美军或是机降增援溪山的美军，在第24步兵团完成对围村基地的进攻任务后，准备调集兵力包围溪山基地东南和南面。

这个命令的核心部分是第24步兵团对围村基地的攻坚。泰勇特别强调，第24步兵团4、5营要在第101D步兵团3营、第304步兵师特工4连、B5阵线特工40连、第198坦克营2个连（3、9连）、1个12.7毫米高射机枪连和第675炮兵团2营的支援下展开进攻，务必消灭围村基地。战斗结束后，第24步兵团以一部分兵力固守320高地，主力转移到围村东南和东面2千米，准备配合第9步兵团打击在420高地机降救援的美军。

根据泰勇师长的战斗决心和交待的任务，第24步兵团团长黎公世也定下了自己的战斗决心：第101D步兵团3营在第4、40特工连的配合，与第198坦克营9连的支援下，从南面进行主要方向进攻，任务是拔掉围村基地指挥所和101、104连；第24步兵团5营2个特工班在第198坦克营3连6辆PT-76的配合下，从西面进行次要方向进攻，任务是消灭蒙塔格纳第102、103别击连，然后配合第101D步兵团3营占领围村基地中心指挥区；第24步兵团5营7连在第198坦克营3连2辆PT-76坦克的支援下，进攻230高地；第24步兵团4营2、3连从东北方向进攻，任务是消灭蒙塔格纳第101别击连；此外，第24步兵团4营3连还要以1个排的兵力进攻围村基地附近的战略村。

这是第304A步兵师第一次对坚固据点的守敌进行联合兵种进攻作战，需要步兵、炮兵、坦克兵、工兵、特工的密切协同，才能获得胜利。责任重大，上至泰勇，下到黎公世都对这次战斗组织格外重视。在第304A步兵师师指召开的会议上，黎公世大胆提出了自己的疑虑：第一，第24步兵团攻坚经验不足；第二，围村基地守军拥有许多地下工事，这该怎么打呢？

这两个问题可难倒了泰勇，他是轻步兵战术行家出身，抗法战争经历过许多战役战斗，但攻坚战却没什么经验。既然师指解决不了，只能求助9号公路—溪山战役指挥部。陈贵海和黎光道召集主要参谋，并听取了工兵、炮兵和坦克兵的意见后，决定采取两种办法帮助第24步兵团解决攻坚问题：第一，责成第24步兵团准备大量炸药包、爆破筒，并把1

▲如何让PT-76安全渡过车邦河并出其不意出现在对方面前，成为越军工兵面临的难题。不过，第7工兵团和第198坦克营9连指战员们一起很好地解决了这个问题，保障了战斗的顺利进行。

个喷火工兵排配属给第24步兵团；第二，采取第198坦克营3连6辆PT-76水陆两用坦克配属第24步兵团5营，从西面行军穿过16个水下暗桥，沿9号公路向围村基地展开攻击。为了做好步坦协同战斗，发挥诸兵种作战威力，第24步兵团5营还和第198坦克营3连召开多次会议，反复进行沙盘作业，解决各种问题，拟定了详细的步坦配合战斗方案。

在南面，也就是第101D步兵团3营和第198坦克营9连担任主要进攻的方向，步坦联合冲击自然可以对守军造成最大效应的突然性。但要做到这点的话，坦克就必须沿着车邦河隐蔽行进。为此，9号公路—溪山战役指挥部把保障坦克车沿车邦河隐蔽行进（含渡河）的任务交给了第7工兵团。陈贵海责成第7工兵团和第198坦克营9连务必在1月24日完成勘查任务。领受任务后，第198坦克营9连干部和第7工兵团干部秘密侦察了路线和测量了车邦河水深。令人惊喜的是，第101D步兵团3营进攻路线所经过的车邦河河宽狭窄，虽然水深较大，但水下密布各种坚硬的礁石。不过，两岸较为陡峭，部分河岸甚至坡度接近垂直。要开辟一条可供坦克行进的路线，就必须排除礁石障碍，以便于PT-76水陆两用坦克在深水区安全涉过。为此，上百名工兵一到夜间就在水下组织排障作业，同时工兵干部和战士亲自在夜间引导坦克隐蔽开往车邦河，反复测试安全的涉渡方式。

在解决了渡涉车邦河的问题后，工兵还从车邦河起，利用一条溪流隐蔽修建了一条可供坦克行进4千米的密道，保障了第198坦克营9连可以直接冲进围村，打对手一个出其不意。

按照计划，1968年1月24日，第198坦克营9连的8辆PT-76水陆两用坦克，抵达佩塞村的攻击前出发阵地（围村西南偏西8千米），本来预定是1月26日展开攻击，但第198坦克营9连遇到重重困难，没法按时展开攻击，只得暂时隐蔽在佩塞村附近密覆灌木丛的高地。

为了保守坦克部队隐蔽在围村基地周围的秘密，保障战斗突然性，第198坦克营9连的干部与战士们鉴于灌木丛草高仅及履带，遂用泥土加枝条铺满车身，进行严密伪装。由于伪装工作做得好，联军虽然不断出动飞机和别击队巡逻，但整整12天都没有发现潜伏在眼皮子底下的第198坦克营9连。直到进攻打响前的一刻，第198坦克营9连都没有暴露自己。

进攻发起后，虽然围村基地的守军指挥官很清楚越军会把坦克投入战斗，因此在基地内部署了106.6毫米无后坐力炮，但他们把无后坐力炮放在基地西面，丝毫没有料到越军坦克群竟然从南面冲了过来，他们无论如何也想不到第198坦克营9连是如何在飞机侦察和别击队巡逻的情况下，还能在基地附近隐蔽潜伏12个昼夜。

在第198坦克营9连隐蔽潜伏的同时，第24步兵团4、5营和第101D步兵团3营也开始逐步包围围村基地。第24步兵团4营3连1个排在围村东北1千米的400高地建了一个据点，2连也在围村1千米外的1个山头建了工事。此外，3连的2门60毫米迫击炮还从隐蔽阵地不断朝围村基地炮击。第325C步兵师所属的第101D步兵团3营逐步靠近围村南面，并派1个连在淮村建立据点，若联军向南面出巡的话，则使用DH-10（66式定向雷）伏击。

越军逐步包围围村基地，让围村守军如惊弓之鸟，再也不敢远离基地出巡。越军迫击炮火力对围村基地的轰击增大联军损失的同时，联军直升机也因此不敢着陆，只能采取空投接济方式维持补给，守军士气受到很大冲击。

1月31日11点00分，老挝王国皇家陆军第33步兵营残部从旧围村派出一支17人的巡逻分队，该分队闯进第101D步兵团3营和第24步兵团4营据点时遭到伏击，1名美军顾问和1名绿色贝雷帽被击毙，1名老挝士兵失踪。

在北面，蒙塔格纳别击第103连1个排在一次巡逻中，发现了越军第24步兵团4营2连据点，双方遂发生战斗。蒙塔格纳人抓获了2连战士杜仲梅。在严刑拷打下，杜仲梅除了一句谎言——“我是3营8连的战士，干部们让我们守住这个山头的据点”——对即将展开的进攻计划，他只字未吐，保守了战斗秘密。

同一天，第304A步兵师师长泰勇和副参谋长阿治，以及许多参谋干部前往围村基地西北1千米的第24步兵团团指所在地，加强对第24步兵团的作战领导。预订进攻时间是1968年2月5日23点30分。可到了2月5日中午，9号公路—溪山战役指挥部却临时变卦了，决定推迟进攻时间，并将命令通过电台发给第24步兵团。就在第24步兵团的通信兵接收战役指挥部传达的电文时，电台长却报告美军电子战飞机临空，通信兵赶紧关闭电台，暂停联络。由于时间紧迫，9号公路—溪山战役指挥部赶紧派出1名干部和2名战士带着书面命令，赶往第24步兵团团指，紧急通知他们推迟进攻时间。2 名战士在丛林里迷路，参谋干部阿新同志赶到第 24 步兵团团指，发现 3 个步兵营均已进入攻击前出发阵地，正在等待 17 点 00 分的炮火准备。

当预定炮火准备时间到来时，第 24 步兵团 4、5 营和第 101D 步兵团 3 营对第 675 炮兵团 2 营没有开火感到奇怪，随即意识到进攻时间可能推迟了。但这个时候还没有接到命令，究竟是进攻还是撤退，谁也没有底。在进也不是、退也不是的情况下，各营长决定再等 30 分钟，如果命令还不到，即便没有炮火准备也要发起攻击。巧的是，正是这关键的 30 分钟，推迟进攻的命令传来了，3 个营遂撤回出发阵地，沿途继续对行军路线进行严密伪装，防止暴露。

2 月 6 日清晨，第 24 步兵团全体参战部队听取任务介绍和继续进行战斗准备。第 24 步兵团团长黎公世再次向参战各营强调了战斗决心：1968 年 2 月 6 日 23 点 00 分，3 个营要在围村南、西和东北的铁丝网地带前沿 200 米处的攻击前出发阵地展开兵力。第二阶段炮火准备结束后，第 24 步兵团 4、5 营和第 101D 步兵团 3 营同时从 3 个方向冲击，进行诸兵种协同攻坚，迅速夺取各个主要目标，争取拂晓结束战斗，然后主力转移配合 9 团准备打援。

第 675 炮兵团 2 营也明确了支援射击的计划，从 1968 年 2 月 6 日 17 点 00 分开始对围村进行第一阶段 45 分钟炮火准备，摧毁基地部分兵器和兵力，形成战前压制效果。23 点 00 分起，进行 30 分钟炮火准备，集中火力摧毁第 101D 步兵团 3 营主要进攻方向的障碍带和基地守敌暴露目标，压制围村，掩护步兵爆破铁丝网地带。当步兵发起冲击时，2 营适时延伸火力，支援步兵攻坚和打敌反扑，始终保持对守敌的炮火压制，直至胜利，再随同步兵一起转移。

1968 年 2 月 7 日 17 点 00 分，越军第 675 炮兵团 2 营 12 门 D74 122 毫米加农炮开始怒吼，历时 30 分钟的第一阶段炮火准备中，2 营把 216 发 122 毫米高爆榴弹砸进了围村（计划消耗 120 发）。为了配合第 675 炮兵团 2 营对围村的炮火准备，越军第 45 炮兵团的 48 门 DKB 122 毫米单管火箭炮和第 304A 步兵师 68 炮兵团的 18 门 DKB 122 毫米单管火箭炮也对溪山基地炮兵阵地和机场进行炮击，削弱美军炮兵火力对围村的支援力度。

在第一阶段炮火准备的掩护下，越军加强第 24 步兵团各营开赴进攻前出发阵地。在主要进攻方向，等待了 12 天的第 198 坦克营 9 连 8 辆 PT-76 水陆两用坦克，掀开伪装隆隆前进。工兵一边掀开沿途道路伪装，一边组织坦克抢救队守在车邦河的毕贤桥两边，随时准备抢救淤陷坦克。在工兵的保障下，第 198 坦克营 9 连 8 辆坦克全部抵达距围村基地 2 千米的毕贤桥，接着顺利过河沿着密道前进，

▲在猛烈的炮火准备声中，围村攻坚战正式打响。

18 点 00 分抵达围村南面的攻击前出发阵地。第 101D 步兵团 3 营在第 304A 步兵师特工 4 连和 B5 阵线特工 40 连的支援下，跟着第 198 坦克营 9 连隐蔽前出到围村南面的进攻前出发阵地，完成了兵力展开。

在西面第一次要进攻方向上，越军第 24 步兵团 5 营爆破组遭到对手伏击，损失了部分爆破筒，不得不调上预备爆破筒替换。20 点 00 分，围村基地的联军又用 60 毫米迫击炮进行盲目射击，企图干扰越军集结，但 5 营还是排除万难展开了兵力。配属第 24 步兵团 5 营作战的第 198 坦克营 3 连也从集结地开出，沿着和 9 号公路平行的路线，按时在围村基地西面展开。

在第二次要进攻方向上，第 24 步兵团 4 营集结过程没有出意外，但电话线少带了 500 米，没法和团指建立电话直联，只得冒险打破无线电静默向团指报告，4 营按时展开了兵力。

在第 24 步兵团 4、5 营和第 101D 步兵团 3 营行军开赴进攻出发阵地的同时，第 24 步兵团侦察兵一边继续监视围村的敌情，一边派兵给各路步兵、坦克兵带路，引导他们占领进攻前出发阵地和展开兵力。在主要进攻方向，越军的观察台密切关注围村南面的守敌动向，时刻向第 101D 步兵团 3 营和第 198 坦克营 9 连报告动态敌情。在第一次要进攻方向，侦察兵突然发现一股蒙塔格纳别击队员约 30 人出围村基地，到前哨西屯设伏。为了消灭这股对手，侦察兵提前开火，因此暴露目标遭到对方迫击炮火力压制，被迫撤离，未能完成任务。由于第一次要进攻方向侦察兵的失误，让围村西面的对手提高了警惕，给第 24 步兵团 5 营的进攻带来了一定的麻烦。

2 月 6 日 23 点 15 分到 23 点 45 分（越军临时把第二阶段炮火准备时间推迟了 15 分钟），越军第 675 炮兵团 2 营进行第二阶段炮火准备，将 168 发 122 毫米高爆榴弹砸进了围村。在 122 毫米榴弹的爆炸声中，对围村的进攻开始了。

在主要进攻方向，第 101D 步兵团 3 营 9 连爆破排在 3 营参谋长的直接指挥下，还未等炮火准备结束就开始匍匐接敌，使用爆破筒连续炸毁了铁丝网群，为步兵打开突破口。23 点 45 分，第 101D 步兵团 3 营营长对空打出红色信号弹，示意突击。第 101D 步兵团 3 营 9 连在第 198 坦克营 9 连 573 号和 565 号 PT-76 水陆两用坦克的支援下，很快从南面冲进围村基地，打下了一个桥头堡。但 9 连的冲击也遭到守军集中火力抗击，17 名干部与战士中弹倒下，573 号和 565 号 PT-76 水陆两用坦克也相继中弹失去动力，但坦克手们还是顽强还击，用主炮打掉了基地南面不少碉堡和机枪火力点。为了迅速突破围村南面，第 101D 步兵团 3 营把 10 连顶上，继续攻击。10 连利用简短时间召开火线连党支部会议，定下不惜代价完成任务的战斗决心。在 4 辆坦克掩护下，10 连连续组织敢死队冲击，最终在 01 点 30 分左右突破了南面的防御地带，往围村基地中心区攻击。

另一方面，9 连虽然伤亡大，但并没有退下去，剩下的干部与战士自动组成 2 个战斗队，在 2 辆 PT-76 水陆两用坦克的支援下，从 10 连突破口钻进去，朝围村基地指挥所冲击。为了扩大战果，迅速冲向基地中心区的插旗点，第 101D 步兵团 3 营把 11 连也投入战斗，一路在 10 连转属的 2 辆 PT-76 水陆两用坦克的支援下，配合9连打掉围村基地指挥所，一路随10连发展进攻。经过激烈战斗，第101D步兵团3营全歼了蒙塔格纳别击队101和104连，于1968年2月7日凌晨02点30分在中心区和第24步兵团5营胜利会师。

由于围村之战表现出色，第101D步兵团3营获得三等军功章。

在西面的第一次要进攻方向上，在第24步兵团5营营长丁春原和6连指导员裴灵公的指挥下，2个特工班携带爆破筒靠近了基地外围铁丝网，对方发现并朝他们扔出3枚手榴弹，特工班长阿勇捡起手榴弹掷还回去。可是，第一枚手榴弹扔出去，第二枚手榴弹却没来得及投出，结果阿勇被炸死。其他特工战士看到这一幕，迅速冲上去安放爆破筒，但不少爆破筒引信受潮，没能在6层铁丝网地带彻底炸开一个突破口。丁春原和裴灵公遂决定转移突破口。特工战士黎文程用5根预备爆破筒连续爆破，炸开了三道铁丝网。就在这时，第198坦克营3连1辆PT-76坦克抵达，用火力支援步兵打开突破口。坦克火力连连命中目标，摧毁了一批敌人的碉堡。可不到几分钟，坦克就在铁丝网外游动打击时被106.6毫米无后坐力炮击毁。

2月6日23点50分，第24步兵团5营6连撕开了突破口。第198坦克营3连剩下的5辆坦克首先冲进了围村基地，接着第24步兵团5营7连连长阿丹率全连干部与战士超越6连，紧紧跟在坦克车后面突击。当坦克冲到围村基地中心区时，被一道高大的蛇腹形铁丝网拦住去路。步兵班长阮文南用炸药包在铁丝网上炸开口子。另一位步兵班长阮文栾率战士们伴随2辆PT-76水陆两用坦克突入纵深，冲向插旗点。与此同时，8连也投入战斗，5、7、8三个连一起兵分两路，一路打下仓库区，一路冲向基地插旗点。

2月7日01点05分，第24步兵团7连的阮文南率全班战士在围村基地插旗点升起

越军战士破障。

了解放阵线的旗帜。看到基地上空飘扬着解放阵线的旗帜，各路进攻部队鼓起勇气从各个方向继续勇猛朝围村基地冲击。

在东北的第二次要进攻方向上，第 24 步兵团 4 营却遇到了很大的困难。由于该营选择的突破口正巧位于敌人 2 个碉堡间的山坡，因此进攻一开始，第 24 步兵团 4 营副营长阿邓、2 连长阿希和副连长阿岛，以及爆破排的许多干部和战士在撕开突破口时不幸战死。3 连指导员负伤。部队仅仅炸开 2 道铁丝网就耗尽了爆破筒。

依托山坡上的 2 个碉堡，对方猛烈还击，封锁了第 24 步兵团 4 营的冲击路线。轻机枪手黎明宣瞄准碉堡射击孔猛打，却没有任何效果。B40 火箭筒手阮文实几次趴着试图干掉碉堡，但射角都不理想。当他勇敢站起来扛着 B40 火箭筒准备射击时，却不幸中弹身亡。黎明宣放下轻机枪，从牺牲的阮文实手中拿起 B40 火箭筒，站起来对着碉堡射了一发 B40 火箭弹，迫使敌人暂停了射击。趁着对方沉默（或许是机枪换弹链，或许是被震晕）的工夫，黎明宣、阿吉和阿水三人，扛着各自的 B40 火箭筒和 B41 火箭筒再次射击，准确打掉了这 2 个碉堡，但铁丝网仍然没有打开口子，而 4 营爆破筒已消耗殆尽，指挥干部也大部分倒下。在这种情况下，第 24 步兵团团长黎公世命令 4 营长黎乐隆，要想尽一切办法割断或剪断铁丝网撕开突破口，带部队冲进围村基地。营长黎乐隆把带部队突击任务交给营政委黄富珂后，自己就像一阵风似的冲了上去。

在黎乐隆的命令下，副班长裴春谷迅速带着 4 人上前，割断铁丝网；与此同时，其他班也迅速上来，割断了铁丝网，为 4 营部队冲进围村打开了突破口。接着，营长黎乐隆率 2、3 连剩下的指战员朝围村基地发起冲击。在第 101D 步兵团 3 营配合下，第 24 步兵团 4 营最终在 02 点 30 分完成了任务，和 3、5 营胜利会师。

1968 年 2 月 7 日 03 点 30 分，3 个营向黎公世和泰勇报告，已经胜利完成各自的任务。师长泰勇命令他们继续认真搜索整个围村基地并报告详细情况。此外，泰勇还命令第 24 步兵团在 2 辆 PT-76 水陆两用坦克的支援下，以 2 个排的步兵歼灭旧围村的敌人。结果这道命令被误解了，2 辆坦克和 2 个排的步兵分别在围村两侧等候对方，双方没能会合，自然也谈不上对旧围村的进攻。与此同时，第 24 步兵团 4 营 3 连也在向化地方干部胡文利和胡文隆兄弟引导下，进攻了围村基地附近的战略村，守卫战略村的民卫队和保安屯一触即溃，17 人被击毙，8 人被俘。

05 点 00 分，天亮了。泰勇下令第三次仔细对围村基地进行搜索。部队报告，活捉了 1 名中尉，从他口中得知围村基地中心区有 2 个大型地下掩体，美军绿色贝雷帽、基地指挥官和基地通信中心都在这里。他自愿领路，带越军找到这 2 个大型地下掩体。第 24 步兵团团长黎公世立即命令 5 营参谋长阿明，和 6、7 两连连长一起，带着 7 连 1 个排组织对这 2 个大型地下掩体的进攻。

然而，美军依托抗击的 2 个地下掩体异常坚固，阿明下令引爆了 15 千克炸药都没能撼动它们。为了降服对手，越军采取攻心战，不断喊话要求对手投降，并往里面砸巨石吓唬对手。第一个掩体的守军，包括 1 名美军顾问在内的 30 人举手投降。但第二个地下掩体内的绿色贝雷帽A101分遣队进行了坚决抵抗。越军几次组织冲击，试图冲进去消灭美军，都被击退，5营参谋长阿明和许多干部与战士在第二个地下掩体出口战死。眼看强攻不成，越军只得转入智取。由于炸药不足，越军只能用B40火箭弹、手榴弹攻击地下掩体，并往里面倒汽油，可效果不大。

06点00分，美军临空，对围村基地投弹猛烈轰炸，直升机也飞过来准备接应美军撤退。在航空火力支援下，旧围村基地的老挝王国皇家陆军第33步兵营残部出兵反击，试图夺回围村基地，但被第101D步兵团3营击退。

攻坚无策，炸药不足，上至陈贵海、黎光道，下至黎公世都给急坏了。围村之战不能久拖不决！一时间，9号公路—溪山战役指挥部和第24步兵团团指之间的电话联络往来频繁，大家都在为如何炸掉地下掩体忧心如焚。在毕贤桥的电话中转站，有线通信兵黎玉明听到了第24步兵团给战役指挥部的报告，得知第24步兵团炸药不足，他插话进去，告诉陈贵海他知道哪里有炸药，并请陈贵海允许他去把炸药取回来。得到批准后，他带着2名战士来到9号公路沿线一辆被敌机炸毁的运送炸药的卡车上，卸下剩下的炸药，把它们背到了围村战场。

与此同时，第24步兵团团长黎公世派团副参谋长赶往5营营指，了解情况并接替指挥，任务是一定要攻克地下掩体，全歼或活捉美军绿色贝雷帽一个排。期间，顽强的绿色贝雷帽连续组织了6次反击，但均被第24步兵团5营粉碎。

这时，黎玉明和2位通信战士背着足够的炸药来到第二个地下掩体前。在工兵指导下，他们迅速安放好炸药。接着，越军再一次

▲围村战斗的绘画作品。

向里面喊话，要求绿色贝雷帽 A101 分遣队投降，对方的答复却是猛烈的射击。既然不愿投降，黎公世下令彻底炸毁地下掩体，让美军和掩体同归于尽。于是，工兵先透过掩体通风口往里面倒汽油，然后把点燃的炸药包扔进里面，继而点燃地下掩体出口两侧安放的炸药。一声巨响过后，里面陷入了沉寂。黎公世据此判明，第二个地下掩体已被炸毁，遂向泰勇和陈贵海报告：“围村战斗胜利结束！”

实际上，这个判断是不对的。美军绿色贝雷帽 A101 分遣队没有覆灭，他们在第 24 步兵团转移后，离开了第二个地下掩体转移到旧围村，继而在 2 月 7 日 17 点 00 分乘坐在 420 高地降落的直升机撤回了溪山基地。

围村之战落幕了，双方都蒙受了不小的损失。越军方面，第 101D 步兵团 3 营战死 54 人，负伤 80 人，第 24 步兵团 4、5 营战死 36 人，负伤 140 人，配属作战的第 198 坦克营 3、9 连和第 7 工兵团，以及炮兵特工死伤情况不明，不完全统计，越军伤亡是 310 人（见表 4）。联军方面，根据美军记载，围村基地守军 487 人中战死和失踪 219 人，负伤 77 人，旧围村基地的老挝王国皇家陆军第 33 步兵营残部没有撤出，伤亡不明。

不管从哪个角度来看，越南人民军都是围村之战当之无愧的赢家。虽然围村战斗的收

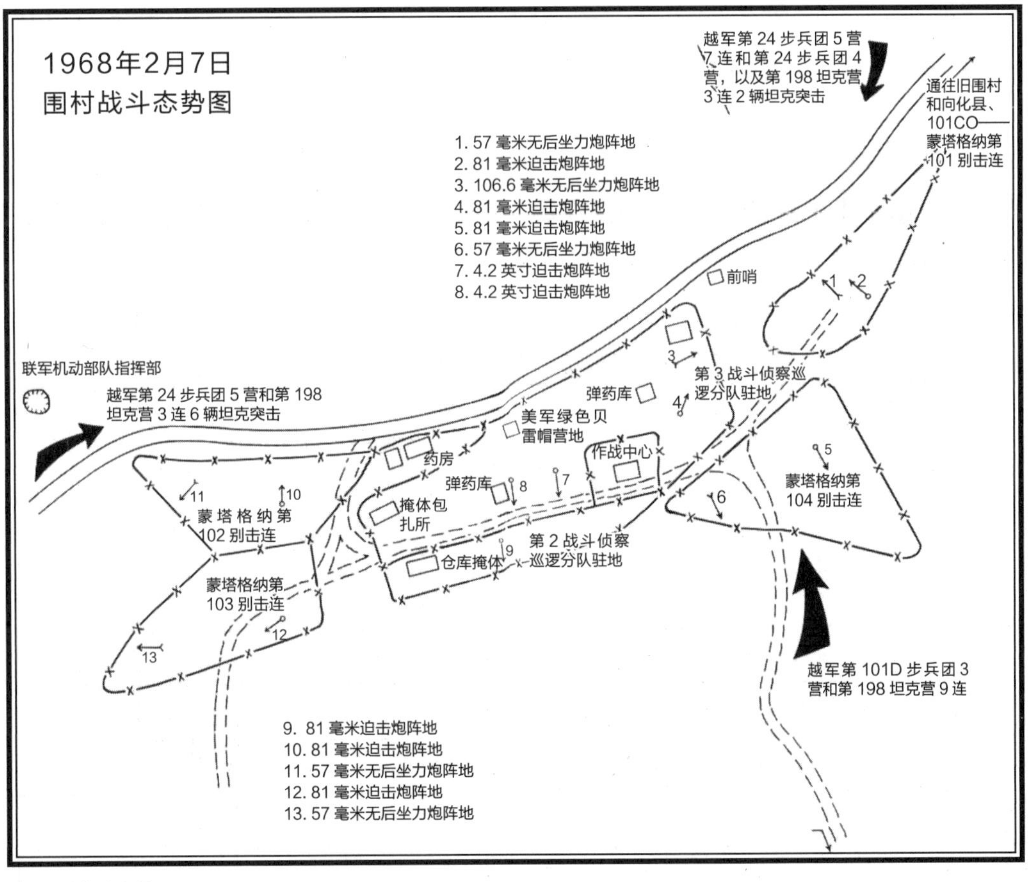

▲围村战斗态势图。

尾并不是特别完美，让美军绿色贝雷帽A101分遣队逃出，但这次战斗作为越南人民军历史上第一次大规模使用坦克兵，在炮兵、工兵、特工、步兵密切配合下，进行诸兵种攻坚战并获得了难能可贵的胜利。在此前9号公路的一系列攻坚战中（包括向化支区第66步兵团7营的第一次冲击和第48步兵团1营对甘露支区的进攻），越军败多胜少，而且还被迫扔下不少伤亡的指战员退却。从这点来看，能够彻底控制战场，并基本全歼守敌的围村战斗无疑是越军在诸兵种协同攻坚战中迈出的坚实一步，也是极大的进步。

通过这次进攻战斗，第304A步兵师拔掉了溪山地区联军一个较为坚固的基地，摧毁了9号公路西面的美军大部分防御系统。随着围村的丢失，溪山基地的美军被彻底孤立。而这次胜利的重要意义是，越军打通了溪山周围地区的9号公路，使第559兵团可以顺利将大量物资和兵力源源不断送进战场，为1968年新春总进攻和总奋起持续8个月打下了良好的基础。

然而，从战略角度看，围村之战的胜利并没有实现9号公路—溪山战役指挥部所希望的把承天方向的部分美军吸引到9号公路—溪山战场，以减轻顺化方面越军压力的目的。相反，夺回顺化是当时联军的第一大要务，不仅是美军，南越国军也源源不断向顺化周围投入重兵，最终把困在顺化内城的越军第6步兵团，第18C步兵团7、9营和第9步兵团1个营压出顺化。随着顺化战役的结束，9号公路—溪山战役指挥部被迫调整了战略，溪山战役也相应进入了相持阶段。

表4：1968年1月20日—7月20日，9号公路—溪山战役指挥部各次重要战斗伤亡统计表（译自《后勤工作：1968年春夏季9号公路—溪山战役》第330页附录9）

日期	战斗地点	参战部队	战斗形式	负伤	牺牲	伤亡总计
1968年1月21—22日	溪山—向化	第66步兵团	进攻战斗	486人	154人	640人
1968年1月20日	溪山—832高地（861高地）	第95C步兵团6营	进攻战斗	95人	15人	110人
1968年1月20日	溪山—845高地（881高地北子高地）	第95C步兵团4营	防御战斗	68人	20人	88人
1968年1月24日	班会珊基地	第24步兵团	进攻战斗	54人	29人	83人
1968年2月7日	围村南面	第101D步兵团3营	进攻战斗	80人	54人	134人
1968年2月7日	围村北面	第24步兵团4、5营	进攻战斗	140人	36人	176人
1968年2月8日	溪山—573高地	第101D步兵团1营	进攻战斗	71人	58人	129人
1968年2月8日到4月6日	围困溪山基地	第9步兵团	围困战斗	536人	320人	856人
1968年4月7日	围村东部	第24步兵团5营	袭击战斗	84人	20人	104人

|第六章|

围困锁敌

第一节　围困

围村战斗的胜利，并没有让越军停止对溪山基地的进攻。在围村大捷的鼓舞下，第325C步兵师决定用第101D步兵团1营攻占溪山基地西北前沿阵地——由美军陆战9团1营A连1排（排长：特伦采·罗亚赫中尉）把守的573高地（美军代号A1高地）。

573高地是美军陆战9团1营主阵地前沿，包括配属的机枪小组、炮兵前进观察员和文书在内，负责守备573高地的加强陆战9团1营A连1排共有66人。虽然兵力不多，但573高地本身就是一个天然防御阵地，除了西北坡外，其他各个方向均坡陡路滑。美军依托573高地的地形特点，在各个山坡上布设铁丝网群，山顶还修有一条战壕，内含不少沙包垒成的工事和火力点。

2月8日04点15分，在大雾和夜色掩护下，越军第101D步兵团1营先是用迫击炮对573高地山顶进行三四分钟的炮火急袭，然后2、3连指战员踩着弹着点从西北方向冲了上来。2、3连指战员很聪明地用帆布往带刺铁丝网一铺，部队成员顺着帆布逐个翻越了铁丝网地带，然后蜂拥冲击573高地山顶。发现越军进攻部队后，陆战9团1营A连1排排长罗亚赫中尉单枪匹马试图阻止越军的行动，他用自动步枪击毙了几名冲上来的越军，然后试图把阵地上的其他人叫醒。当他把一名受重伤的陆战队员拖到安全地带时，自己却不幸被密集的自动火力打倒在地。依仗兵力优势，越军第101D步兵团2、3连成功夺取了573高地半个山顶，双方在山顶战壕展开激烈肉搏。

陆战9团1营A连1排剩余将士操起工兵铲、刺刀，甚至5加仑的水桶和对方搏斗。为了支援573高地的战斗，陆战9团1营命令全部迫击炮在573高地西北坡张开一道火力网，拦阻第101D步兵团1营1连（第二梯队）跟进。尽管营长的意图是拦阻第二梯队，但营里的81毫米迫击炮手们还是勇敢地直接把炮弹打上573高地山顶，支援陆战9团1营A连1排战斗。

在山顶，大约30名幸存的陆战队员退到战壕南段，疯狂卸下周围的沙袋筑成墙，隔断战壕。在丢失战壕北段的战斗中，1排许多武器被打坏摧毁，弹药也所剩无几，许多人还负了伤。第101D步兵团2、3连并没有追杀他们，而是围住朝他们砸手榴弹。密集的手榴弹差点没把美军砸晕，1名陆战队幸存者回忆：“四五分钟内，他们朝我们扔了25~30枚手榴弹。他们能如此快把这么多手榴弹送上战场真是令人难以置信。”

07点40分，陆战9团1营A连连长亨利·J·M·拉德克里弗上尉集合2排并派他们救援573高地。二排用了整整25分钟才赶到573高地山脚。接着，拉德克里弗召唤飞机对573高地的第101D步兵团2、3连实施空中打击，然后率陆战队正面冲击把越军赶下高地。退却的越军又遭到陆战9团1营B连和D连，以及106.6毫米无后坐力炮和1辆坦克的追踪射击。11点00分，573高地的战斗结束了，陆战9团1营A连1排顶住了第101D步兵团1营的狂攻，守住了阵地。然而，这次坚守防御的代价不菲，陆战9团1营A连战死24人，负伤27人，宣称击毙150名越军。实际上，美军再次大大高估了越军损失。第101D步兵团1营损失是58人战死，71人负伤（见表4）。

虽然这次战斗胜利了，但陆战26团团长洛文德斯上校认为573高地位置过于突出，以后还会不断遇到越军进攻，不值得为这么一个前哨阵地不断牺牲。在他的命令下，陆战9团1营放弃了573高地。

573高地之战是溪山战役第一和第二阶段的转折点。从2月8日开始，溪山战役进入第二阶段。

此时，9号公路—溪山战役指挥部的任务也发生了变化。由于1968年新春总进攻和总奋起在整个越南南方打响，联军大规模出兵救援溪山基地的可能性微乎其微（在粉碎越军第一阶段总进攻和总奋起前）。因此，越南中央军委原定赋予9号公路—溪山战役指挥部的拔掉向化、班会珊和围村以后，等待和打援的战役设想暂时无法实现。在这种情况下，9号公路—溪山战役指挥部只能尽可能把围攻顺化越军的美军兵力和火力部分吸引过来，至少协助顺化方向坚守防御作战到规定时间限度乃至突围，陈贵海和黎光道命令第304A步兵师和第325C步兵师围困溪山基地。

1968年2月8日，也就是在573高地战役结束的当天，9号公路—溪山战役指挥部定下战役第二阶段的围困决心：

围困溪山基地，消灭敌人有生力量，摧毁敌人武器装备，封锁空路补给，切断陆路补给；更加紧密地包围敌人，迫使敌人迅速出兵救援溪山基地。若敌人没有出兵救援，我军就转入围攻，打敌反扑，进攻和消灭溪山基地的敌人各部。

原先包围溪山基地的计划需要重新调整为围攻，一边围困一边压进；参加围困溪山基地的各个单位要建立据点阵地，部署得到火力分队支援的战斗分队。后方的部队也要调动起来，随时准备打敌反扑和打敌机降；战役炮兵要给参加围困作战的各单位提供直接炮火支援，同时还要压制溪山基地指挥部、通信中心、机场、仓库区，让敌人更加惊恐，迫敌出兵救援。

事无巨细，陈贵海和黎光道还对战役炮兵（第45炮兵团和第675炮兵团）做出战术指示：

对被围之敌增加使用迫击炮和无后坐力炮打击（每个围困据点阵地配备2门82毫米迫击炮和2门无后坐力炮瞄准溪山基地），用4门D74 122毫米加农炮和8门DKB 122毫米单管火箭炮组织对溪山基地内的敌人进行小规模炮火袭击，使用1门A12火箭炮（BM14火箭炮）对溪山基地进行游动炮击，第45炮兵团和第675炮兵团剩下的力量要准备打击增援溪山基地之敌。

针对溪山基地的围困作战，9号公路—溪山战役指挥部对各部进行了具体的指导。在执行围困作战的任务前，9号公路—溪山战役指挥部召开军政干部扩大会议，把排以上干部（包括排长和副排长）都召集到一起，讨论并通过了战术指导思想：加强火线政治工作，强调在围困封锁作战中要坚定勇敢，压制机场，扼杀联军的补给。在包围圈的各个据点上，无论部队兵力规模大小，都必须把各种火器有机结合起来，与战役炮兵（第45炮兵团和第675炮兵团）和各师炮兵团密切配合，最大限度杀伤溪山基地内活动的联军，限制联军的活动。参加围困溪山基地的第325C步兵师和第304A步兵师各团要密切协同，消灭从基地内出动反击的美军，并做好打击沿9号公路和机降增援溪山的美军各路援兵的准备。在围困封锁作战的同时，第325C步兵师和第304A步兵师还要做好一切战斗准备，待命令一下立即发动进攻，拔掉溪山基地。

▲在溪山基地被围困期间，美军无时无刻不在担心被越军游动炮击和灵活狙击打中丧命，因而拼命加强防护措施。图为1名陆战队员在加厚盖顶的掩体里休息，这个掩体厚度足以抵抗越军炮火和迫击炮火力打击。

围困任务说起来很简单，可实际实施起来却不轻松。从当时的情况来看，溪山基地已经成为美国远征军在越南南方的大型综合基地之一。该基地地处斜昆山谷，宽1200米，长2200米，依托北部的881高地南子高地和861高地，西面的575、503和471高地，以及东面的遥观河（水深岸陡，无法徒涉），形成三面屏障拱卫。往南至9号公路海拔逐渐下降，地势较为平坦。针对溪山基地周围的地势特点，美军把溪山基地的防御重点放在了南面。

从驻军兵力来看，溪山基地的联军有6000多人——美军作战部队主要是陆战26团1、2、3团和陆战9团1营、陆战13团1营、3号前进作战基地，南越国军在溪山基地驻扎

1968年2月10日驻溪山基地联军实力表

部队	人数
陆战26团团部	191人
陆战26团1营	1301人
陆战26团2营	1254人
陆战26团3营	1279人
陆战9团1营	1192人
陆战13团1营	397人
3号前进作战基地	588人
南越国军别动军第37营	318人

的部队主要是别动军第37营。与奠边府的法军不同的是，美军在溪山基地周围控制了几乎所有俯瞰溪山基地的制高点，也就是说美军握有溪山山谷的制高优势。在兵力部署上，陆战26团3营负责同治高地（1015高地）、861高地、881高地南子高地、550高地的防务，西面陆战9团1营负责552高地。南面由南越国军第37别动营负责，守住最为平坦的溪山南大门。在溪山基地北面和基地内，美军还握着陆战26团1营和陆战26团2营两支机动部队，随时准备里应外合或者单独出击，打击包围溪山基地的越军部队。陆战13团1营的105毫米和155毫米榴弹炮群主要部署在溪山西面和东北两个主要炮兵阵地，和基地西南、东南、西北三个次要炮兵阵地。无论从兵力还是火力来看，溪山基地都堪称要塞。

相对奠边府的法军，美军在溪山基地的防御系统更为坚固和现代化，铁丝网障碍带也更为合理密集。在溪山基地中心，是一个西北至东南方向的现代化全天候野战机场，C–130“大力神”大型运输机可以不分昼夜地降落。基地内，美军还建立了47个大型钢筋混凝土碉堡和众多间隔20~30米由沙包垒成的工事掩体。基地内共有3条大型主要交通壕，一条把单兵掩体、火力点和各个大型钢筋混凝土碉堡相连，另一条把生活区和单兵掩体、火力点相连，第三条把各条交通壕和基地指挥中心相连。整个基地分为5个区，每个区域拥有1~3个大型地堡和众多半露地表的盖顶掩体。在基地外围，美军还布设了多层带刺铁丝网系统。在基地北面有7层铁丝网，东、西、南方向也各有5~6层铁丝网。在各层铁丝网之间和铁丝网内挂着各种声控传感器和金属易拉罐，以及各种定向雷、拌发雷、凝固汽油雷、照明雷等，一旦越军靠近即可将其炸个粉身碎骨。在火力支援体系上，除了溪山基地自身的炮火支援外，还可以得到241高地的卡罗尔火力基地的4门155毫米榴弹炮和16门175毫米自行火炮的支援，特别是号称越战之王的175毫米自行火炮，它们平均每天对溪山基地周围发射1500枚175毫米高爆榴弹，支援溪山驻军战斗。

在空中支援方面，美军可以出动各种现代化战术飞机，甚至B52战略轰炸机对溪山周围地区进行狂轰滥炸。据统计，美军在溪山战役期间平均每天出动300架次战术飞机和B52战略轰炸机，对溪山基地周围可疑越军集结区和炮兵阵地进行轰击。同时，直升机也昼夜不停在溪山基地着陆，送来补给和撤走伤员。有坚固的工事系统，以及高达6000的驻军，且其中绝大部分是美军，作战经验丰富，拥有最现代化的武器装备，难怪在美军高层眼里溪山基地牢不可破。美国参谋长联席会议主席惠勒上将声称：“在越南，一切军事作战准备，都是为了保卫溪山。”（1968年2月6日的参联会主席的报告）美国远征军总司令威斯特摩兰上将更是声称：“美军可以给溪山提

◀溪山基地西面的陆战26团1营阵地群，可以看到沿着战壕边上堆满了沙袋。

供更强大的火力和补给，以及无限的支援。”

溪山基地守军兵力充沛，火力强大，而且依托外围卡罗尔火力基地、洛克派尔附近火力基地和美国空军的支援实施坚守防御作战，对攻坚战向来就是短板的越南人民军来说，无疑是巨大的挑战。这一阶段围困溪山基地的作战，也是越南人民军历史上第一次对美军大部队据守的基地要塞进行的包围封锁作战。以前是美军对越军实施觅歼作战，现在情况反过来了，是越军在美军大型基地和空炮火力打击下对美军的围困封锁。面对美军现代化武器的打击，不能对美军正面光明正大地作战，而是要忍受打击日复一日地包围封锁，这对越军全体参战指战员的心理是个巨大的考验。

为了帮助部队克服困难，渡过心理难关，第304A步兵师政委陈元杜不厌其烦，不断找各团主要干部谈话，向他们说明整个越南南方形势发展变化的情况和包围封锁溪山基地的必要性。师政治部所有干部与战士统统下到一线，对各团战士进行战前思想动员，承认美军还十分强大、装备精良、训练有素、经验丰富，特别是空炮火力十分猛烈，而且还是依托坚固防御系统进行守备。从客观上看，第304A步兵师无论在兵力还是技术装备上都不足以与美军正面抗衡，要完成上级赋予的围困封锁作战，只能采取多掏堑壕延伸，勤做工事，紧贴美军防线，形成战线犬牙交错局面，然后结合各种兵器打击的方式消灭消耗美军有生力量，有效保护自己。

在政治部做战前思想动员的同时，第304A步兵师师指也从战术上对比双方优劣，尽量做到以己之长克敌之短。经过研究，第304A步兵师师长泰勇和政委陈元杜向各团就围困战术做出三点指示：

第一，参加围困作战的各单位要周密准备，然后迅速运动进入围困作战的各个阵地；每个围困作战阵地都要筑成能够容纳多个单位的坚固据点……为了最大限度削弱美军空炮火力效能，后方通往前方包围封锁溪山基地的各个据点沿途必须修筑盖顶和严密伪装的交通壕（避免暴露）。在每个包围封锁溪山的据点，都要修筑战斗工事和碉堡，并采取地道堑壕延伸法向前掘进。大部分筑城作业必须在夜间完成，以便白昼到来时我各个单位能够依托阵地工事，隔着铁丝网和溪山基地对峙。

第二，使用火力和特工压制溪山基地内敌人的活动，摧毁溪山机场跑道，阻止敌人对溪山基地的补给。从包围封锁作战一开始，我军就要逐步突破溪山基地的外围铁丝网地带，组织火力压制或摧毁各个据点地道堑壕向前延伸路线上的美军各座碉堡和工事，使用狙击火力消灭消耗美军有生力量，给敌人制造恐慌，持续压制对手，让对方士气沮丧。

第三，把师防空营的12.7毫米高射机枪加强给包围封锁溪山基地的各个据点，加强对空封锁和压制美军阵地工事、火力点。

同时，第304A步兵师师长泰勇和政委陈元杜向陈贵海和黎光道建议，调上2门37毫米高射炮掩护包围封锁作战的304A步兵师各团据点阵地，限制美军飞机的活动。与此同时，第325C步兵师师长朱方带和政委阮公常也向部队做出了具体战术指示。接着，第304A步兵师9团和66团（8营做预备队）、第325C步兵师第95C步兵团和第101D步兵团经过紧张的准备，开始向指定封锁作战位置开进。

按照9号公路—溪山战役指挥部的规定，第304A步兵师9团负责从南面包围溪山基地，第66步兵团负责从西南面包围，第24步兵团4、5营和第66步兵团8营作为预备队，准备攻击美军在溪山基地南面、西南面机降救援溪山的部队或者沿9号公路推进的援兵。

第325C步兵师要从北面和西北面围困溪山基地，组织兵力对881高地南子高地、861高地、同治高地实施围困，目标是拔掉美军在这个方向的一二个据点，保障通往围困溪山基地的后方机动路更近一步。在美军要救援溪山基地的情况下，第325C步兵师预备队第18C步兵团8营要准备配合第24步兵团4、5

美国空军B52战略轰炸机是越军在围困溪山期间最大的敌人。

营和第 66 步兵团 8 营展开攻击。

进入围困作战阵地的任务对各团来说都不是问题，唯有第 304A 步兵师 9 团，他们刚刚经历一场劫难，急需抚平伤痕。还在围村攻坚战的时候，为了配合第 24 步兵团进攻战斗，第 9 步兵团奉命打击沿 9 号公路增援围村之敌。其中，9 团 2 营在进入阵地时突然遭到 3 架 B52 轰炸，全营蒙受近 200 人的伤亡。轰炸结束后，现场一片惨象。第 9 步兵团副政委杜颜和第 304A 步兵师 9 团主要参谋干部赶往善后。他们迅速把伤员抬出送到野战医院救治，同时掩埋战死者，组织收容幸存的 2 营指战员。

第 9 步兵团 2 营的损失令人心痛，不仅让 9 团丧失了部分战斗力，而且还对部队的思想造成了一定的冲击。在这种情况下，一些人认为第 9 步兵团 2 营已经受到重创，肯定不会参加对溪山基地的包围封锁作战了，因为这是一项艰巨的任务，需要坚定的斗志、不怕牺牲和顽强战斗到底的决心。令人敬佩的是，第 9 步兵团 2 营营长和政委在部队士气恢复后，向第 9 步兵团团指积极求战，要求 2 营参加对溪山基地的围困作战，请求布置任务。营长和政委都表示，虽然 2 营蒙受了很大的伤亡，特别是干部损失很多，但全营希望能够直接和美军面对面战斗，给牺牲和负伤的指战员报仇雪恨！2 营的决心让第 304A 步兵师全体指战员深受感动，师指和 9 团团指派出许多干部下去，帮助第 9 步兵团 2 营坚定斗志和战斗决心后，2 营获准参加对溪山基地的围困作战。受到营长和营政委决心的感染，不少开小差离队的战士或因逃亡被逮捕押送后方待审的战士，全都主动返回前线，参加对美军的围困作战。2 营长和营政委都很清楚，士气可鼓不可泄，

▲瞄准敌人，一颗子弹消灭一个敌人！

没有人追究这些主动悔改返回前线战斗的战士们。没有人愿意留在后方，他们都很清楚部队战斗力是靠实战打出来的，只有在战火的洗礼中，部队的战斗力才能真正提升，意志才更能坚定。他们的做法没有错，很快 9 团 2 营的勇士们就会打出第 304A 步兵师在围困阶段最精彩的 2 次防御战斗。

至 1968 年 2 月 10 日，第 304A 步兵师 9 团和 66 团，与第 325C 步兵师的 95C 步兵团和 101D 步兵团一起，在向化县地方部队 8 营的配合下，建立了 13 个据点，开始紧密包围溪山基地。每个据点阵地由 40 名左右的指战员组成战斗分队，得到 60 毫米迫击炮、82 毫米迫击炮、12.7 毫米高射机枪、B41 火箭筒和 B40 火箭筒的加强。据点阵地的各种火器分工明确，步兵夜间进行地道堑壕延伸掘进，白天休息或警戒守备，用步兵武器狙击。对溪山基地碉堡和掩体火力点的压制，各个据点阵地主要用 60 毫米、82 毫米迫击炮和 12.7 毫米高射机枪实施。

在包围封锁作战一开始，遵照 9 号公路—溪山战役指挥部的命令，第 9 步兵团、第 66 步兵团、第 95C 步兵团、第 101D 步兵团和向

化县地方部队8营采取堑壕延伸战法，把包围圈逐步收紧。在堑壕延伸战斗中，第304A步兵师9团和66团各据点从溪山基地外围铁丝网障碍带前沿开始，逐步延伸逼近捣毁铁丝网地带。在第一道和第二道铁丝网地带撕开多个口子后，第9步兵团和第66步兵团用炸药包、爆破筒和集束手榴弹攻击了溪山基地前沿的许多美军碉堡和前哨阵地，给美军造成了不小的伤亡。从各个包围封锁线上的据点，越军活用迫击炮和狙击火力不断杀伤基地内活动的美军，并粉碎了美军对己方各个据点侦察的企图。

越军采取步兵和炮兵密切配合并不断进行地道堑壕延伸战法，紧密包围溪山基地，破坏溪山机场，阻止美军空投接济，阻止美军撤退伤员，采取迫击炮游动射击和狙击火力，打得美军不敢露头，只能躲在工事里惶恐不安。以据点为依托，通过堑壕延伸战法不断收紧绞索的围困战术，让溪山基地日益紧张起来。

根据美军记载，越军堑壕延伸速度甚至达到一夜300米，直扑机场跑道东段。1名陆战队员心有余悸地回忆：“看着这一幕（堑壕不断延伸），我们都很担心。敌人的堑壕一天天靠近了我们的环形防线。部分敌人的堑壕甚至延伸了2000米，距溪山基地只有35米！”

为了打掉越军堑壕延伸，美军采取了很多办法。比如先投掷大量无雷管的凝固汽油箱到堑壕顶部，然后用飞机发射火箭弹或航炮炮弹将这些凝固汽油箱打爆。尽管陆战队想尽了各种办法，可堑壕延伸的进度还是在继续推进。

为了全面粉碎越军的堑壕延伸和围困战术，同时打掉越军炮兵和高射炮兵，美国空军和溪山基地、卡罗尔火力基地的炮兵群对溪山地区周围所有可疑的越军炮兵阵地、高射炮阵地，越军围困各个据点阵地都进行超饱和轰炸和炮火打击。根据美军统计，从1968年2月到3月底，美军共向溪山地区出动战术飞机和B52战略轰炸机24449架次，投弹103500吨，陆战13团1营和美国陆军第94野战炮兵团2营（驻卡罗尔火力基地）发射105毫米到175毫米高爆榴弹102660发。这些炮弹和炸弹打击的目标仅仅是战场面积32平方千米的溪山地区，这简直就是超饱和打击。在美军极为猛烈的空炮火力打击下，溪山在颤抖，将该地区形容成“滚烫的烙铁”毫不为过。美军火力的强大不仅体现在总投射量上，就是单位时间内的投射量也是惊人的。比如，美军2架A6“入侵者”攻击机能在30秒时间内把56枚500磅航弹全部投入宽500米、长1000米的目标区域，按照有效杀伤半径至少26米来计算，56枚航弹足以杀伤这一目标区域的所有立姿、跪姿和卧姿目标。卡罗尔基地和洛克派尔基地的175毫米自行火炮号称越战之王，是美军在越战中投入战斗口径最大的榴弹炮。在卡罗尔基地的16门175毫米自行火炮群每分钟能向溪山地区投射60发175毫米榴弹，杀伤半径在35米以上。如果算上155毫米榴弹炮、105毫米榴弹炮，美军只要精确计算弹着点，采取TOT（同时弹着射击法）就能让密集弹群同时在目标区内爆发，形成最大杀伤效应。

尽管美军拥有十分强大的空炮火力，但越军始终维持了对溪山基地的包围封锁。原因就是越军第304A步兵师和第325C步兵师紧贴溪山基地铁丝网地带，并不断将围困的据点阵地向前延伸，迫使美军为了防止误伤，不敢过于靠近投弹。在支援溪山基地的空炮火力打击作战中，美军因为支援火力太近，导致了己方不少伤亡。此外，参加溪山围困作战的第 304A 步兵师和第 325C 步兵师指战员们抱定杀敌和不怕牺牲的意志顽强战斗，这也是一个重要的因素。在美军空炮火力打击下，每天指战员们都要修复 40% 以上的受损阵地，并不断延伸和建立新的阵地，有时甚至要修复 80% 的新建阵地，因为新阵地刚刚修好就被美军发现，并用火力破坏。战斗中，指战员们表现出了大无畏的气概。阵地上每倒下一个人，马上就有人接上。当某个据点战斗分队士气低落、精疲力尽之际，马上就有另一个战斗分队把他们换下来继续战斗。在溪山围困战斗期间，第 304A 步兵师承受了许多牺牲，也遇到了很多的困难。根据《后勤工作：1968 年春夏 9 号公路—溪山战役》一书第 330 页附录 9 记载，第 304A 步兵师第 9 步兵团在 2 月 8 日—4 月 6 日蒙受了 320 人牺牲、536 人负伤的代价（见表 4）。9 号公路—溪山战役指挥部卫生勤务部门统计，1968 年 2 月 21 日—3 月 31 日，共接收了 1072 名伤员。这些沉甸甸的数字毋庸置疑地述说了越军的忠勇和无畏。他们顶着几乎是当时世界上最猛烈的常规火力饱和打击，日复一日顽强坚守阵地，以必死决心在战斗，牢牢围住溪山基地，寸步不退。就凭这个战斗意志，越南人民军第 304A 步兵师和第 325C 步兵师就值得人们的尊重！

▲在艰苦条件下的越军战地救护。

在顽强围困的同时，越军也用迫击炮和 DKB 122 毫米单管火箭炮，甚至 D74 122 毫米加农炮封锁溪山机场和对溪山基地进行游动炮击，取得了显著的效果。虽然美国空军还是坚持天天给溪山基地运送物资和撤退负伤兵员，但降落数字已经从溪山战役爆发时的 140 架次 / 日，下降到 1968 年 2 月底的 40 架次 / 日。即便如此，还是有不少运输机在起飞 / 降落阶段，被越军的 37 毫米高射炮、12.7 毫米高射机枪、迫击炮和 DKB 122 毫米单管火箭炮编织的火力网打中。为了避免大的损失，美国空军根本不敢让诸如 C-130“大力神”运输机在溪山机场着陆，因为这类飞机很容易成为越军步兵武器和炮兵火力打击的目标。2 月 10 日，陆战队 1 架 KC-130 运输机在溪山机场被击毁，这个电视画面震惊了美国。

由于空运补给量急剧下降，溪山基地的美军粮弹短缺，不断增加的伤亡人员无法后送，沉重打击了溪山基地内驻扎的美国海军陆战队员们的士气。不少美国海军陆战队员抱怨：“待在溪山和坐电椅没什么区别。”在这种情况下，西方媒体开始大肆宣传，溪山成了第二个奠边府。媒体的呼吁和评论，给美国总统约翰逊造成了很大的舆论压力，迫使约翰逊要求参联会主席惠勒和美国远征军总司令威斯特摩兰上将给他保证：“溪山能够守住！绝不会是第二个奠边府！”

1968年2月底，越军突然加大了对溪山基地的炮轰频率，美军伤亡数字迅速攀升。2月23日是溪山基地的又一个惨淡日子，美军在游动炮击下战死12人，负伤51人，3号弹药库遭命中，导致1600多发90毫米和106毫米无后坐力炮弹被引爆。连受炮火轰击和堑壕延伸围困的溪山基地不堪其扰，决定出兵巡逻查明越军堑壕延伸情况。从2月25日开始，双方打破战场的沉默，开始了激烈的交战。

第二节　钢铁英雄营

在溪山基地西南约600米，有一个正对溪山基地的无名高地，隔着一条干涸的河床，从这里可以对溪山基地一览无余。从接受围困溪山基地的任务一开始，越军第9步兵团2营就选择以这个无名高地为核心，建立了3号据点主阵地（同时也是2营的火力基地）。整个据点由3个区域组成，除了无名高地外，往西南400米（离溪山基地1000米）是副一号阵地，往东南300米是副二号阵地。三个阵地构成的3号据点，是越军对溪山基地包围圈上最前沿的据点之一，也是最重要的据点之一。负责守备3号据点的是越南人民军第304A步兵师9团2营8连。

从3号据点起，越军第9步兵团2营8连向前挖掘了一条300米长的堑壕，在许多地段上都突入了溪山基地第一层铁丝网地带。在3号据点各个阵地上，82毫米迫击炮、B40和B41火箭筒，以及82毫米无后坐力炮和12.7毫米高射机枪等火力分队先后轮战过，给美军造成了不小的杀伤。

由于位置重要，3号据点也是美军火力打击的重点，包括B52战略轰炸机。为了遏制3号据点的第9步兵团2营8连不断向前延伸的堑壕，B52战略轰炸机群对这里的美军铁丝网地带一炸再炸。在密集而猛烈的轰炸下，3号据点周围的地貌发生很大的改变。第9步兵团2营8连最初建立3号据点时，主阵地所在的无名高地还密覆植被，可现在不仅山头被炸得光秃秃的，就是山顶也被削掉了几米。

虽然美军空炮火力打击不断，但3号据点始终屹立不倒。在3号据点配属8连轮战的各个火力分队也配备冲锋枪，防备美军突然反击的情况下，为了保卫阵地，他们也要像步兵那样投入战斗。在包围封锁作战的头十天里，3号据点的9团2营8连得到第304步兵师68炮兵团DKB 122毫米单管火箭炮和第675炮兵团1营D74 122毫米加农炮的有力支援，给美军造成了不少伤亡，为封锁溪山机场作战和削弱美军对溪山基地的空运、空投接济做出了重大贡献。

经过10多天的围困作战，3号据点的越军第9步兵团2营8连到2月25日只剩20名

▲准备炮打机场的越军无后坐力炮。

指战员，加上配属给8连的火力分队，整个3号据点一共是39名干部与战士。武器装备方面，当天阵地上共有32件武器装备，包括2门60毫米迫击炮、3具B41火箭筒（RPG-7火箭筒）、2具B40火箭筒（56式40毫米火箭筒）。

1968年2月25日清晨，唐纳德·雅克中尉率陆战26团1营B连3排从溪山基地出发，向南执行巡逻任务，查明越军靠近溪山基地的情况。在基地南1千米，巡逻队发现3名越军站在通往向化县公路附近的路坎上，赶紧追击。这一追不打紧，它引发了双方在围困阶段的第一次战斗。

根据《第304步兵师战史》第93页第三段的记载，战斗是这样打响的：08点50分，左翼美军连遇到在3号据点前沿阵地警戒的8连2名战士。敌人迅速开火，射杀了2名警戒战士，但枪声也让8连迅速发现了敌人。8连指战员和配属战斗的火力分队迅速进入阵地。排长阮国胜在仔细观察扑上来的美军后，马上命令部队进入阵地，并紧急布置任务，严令部队必须把敌人放近来打。经验丰富的8连指战员沉着把敌人放近，然后突然以强大的步兵火力齐射。第一次开火就让敌人在3号据点前丢下了许多尸体。轻机枪手阮文朗打了2个点射，消灭了19名敌人。美军身材高大魁梧，在狭窄的交通壕里难以机动，因此在我军打击下伤亡很大。剩下的美军勇敢地冲击上来，可他们很快成了我军迫击炮火力打击的目标。密集的迫击炮弹砸进美军战斗队形里，很快瓦解了美越联军对3号据点左翼的突击。敌人被迫撤退，呼叫航空火力和炮火打击3号据点阵地。

除了对美军的兵力和伤亡夸大外，实际战斗情况和越军描述的差不多。雅克中尉带着B连3排走着走着，不知不觉就走进了3号据点阵地，结果被越军第9步兵团2营8连放近以后火力齐射，打了个措手不及。直到这时，雅克中尉才发现3号据点，遂率3排冲击，可距离太近了，在越军第9步兵团2营8连第二次火力打击下，美军伤亡迅速增加，雅克中尉自己也负伤了，只得下令撤退。可是，越军9团2营8连火力太猛了，雅克等人根本撤不下来。

接到雅克的求救，B连连长皮佩斯上尉赶紧再派1个排接应。皮特·W·魏斯中尉率B连1排赶往救援。魏斯中尉的1排自然没有逃过越军9团2营8连的“法眼”。距受困B连3排位置约300米时，魏斯的1排突然受到20米内的越军机枪火力射击，被迫卧倒在地。《第304步兵师战史》第93页第三段继续记载道：

在3号据点右翼，美军一个连利用8连和火力分队全力以赴对付左翼美军的机会，猛扑上来。当他们离3号据点1号战壕20米时，我们才发现对手。虽然8连迅速开火击毙了许多敌人，但敌人依仗兵力众多，还是很快冲进了我们的阵地，占领了1号战壕部分地段。他们打算使用1号战壕继续向3号据点中心攻击。然而，美军身材太高大了，而且背负沉重的武器装备，而3号据点的1号战壕根据我军身材挖得特别窄，美军机动不便，在部分地段被迫离开战壕，沿着两侧路坎冲击。看到这个有利的情况，8连赶紧派阿世（班长）的步兵班从南面赶来，阿世的步兵班沿着交通壕从北面杀过来。在8连2个班的南北对进夹击下，美军右翼连的连长和通信兵被击毙。敌人乱作一团，溪山基地的美军炮兵群也失去了准星，炮火甚至在美军自己的战斗队形中爆炸。进攻失败后，美军在交通壕丢下40具尸体，狼狈退回了溪山基地。

在2个排都受到近距离极为猛烈的机枪火力打击的情况下，溪山基地的陆战队赶紧用坦克火力、重机枪火力、106毫米无后坐力炮火力进行支援，但因浓雾和双方兵力紧贴在一起，火力支援效果不大。为了加剧美军的混乱，越军通信兵甚至对陆战26团1营B连的无线电通信频段干扰，给美军的通信指挥造成了不小的混乱。经过苦战，3排在损失了大半兵力后好不容易撤下来，和接应的1排会合。魏斯中尉也不愿恋战，命令收容3排幸存者和伤员后撤回了溪山基地。这次战斗，对陆战26团1营B连3排来说是个不折不扣的惨败，排长雅克中尉身负重伤，排里大部分将士或死或伤或失踪。更不幸的是，救回基地的雅克中尉最终也因伤重而亡了。包括1排在内，陆战26团1营B连总损失是：9人战死，1人重伤后送，10人带伤留队，19人失踪（18人后确认战死，1人被俘），没法确认对方的损失。

▲在大象草丛中埋伏准备打击敌人的越军战士。

第二天，也就是2月27日，陆战26团团长洛文德斯上校下令限制巡逻活动，避免不必要的损失。

战斗结束后，美军出动大批喷气式战术飞机临空投弹，猛烈轰炸3号据点，炸毁了不少工事，但没有给8连造成伤亡。傍晚，第9步兵团2营营指全体指战员上3号据点，连夜修复受损的阵地。暂时把8连换下来喘口气。3号据点的胜利消息迅速传遍了9号公路—溪山战役指挥部各个单位。对越军来说，这次胜利是越南人民军在溪山战役中第一次粉碎美军的反击，并大部歼灭美军1个排（越军夸大成歼灭美军125人，合计一个整编连）的优秀战例。战役指挥部号召全体围困据点的指战员们以3号据点的9团8连为榜样，学习8连的战斗经验，要求大家依托据点顽强战斗，粉碎美军反扑，继续紧密围住溪山。为了表彰第9步兵团2营8连的战功，第304A步兵师师长泰勇和陈元杜签发嘉奖令，对8连通令嘉奖。

对第9步兵团2营来说，这次胜利也具有非凡的意义，2营实践了自己上阵前的承诺，为进入围困阵地前遭到美军B52轰炸伤亡的近200名干部与战士报了仇。通过这次战斗，

2营向第304A步兵师师指和全师指战员证明了自己重新振作起来了，仍然具有可靠甚至更强的战斗力。

受到这次胜利的鼓舞，越军进一步向溪山基地内展开渗透。2月28日夜到29日凌晨，在南越国军别动军第37营当面，越军开始进一步渗透。他们在铁丝网割破了多个口子，并布设地雷和陷阱，他们的行动直到2月29日清晨才被发现。2月29日21点30分，在浓雾掩护下，越军第66步兵团1个连袭击了南越国军别动军第37营阵地。可越军不知道的是，电动声控传感器在第一时间就捕捉到了他们逼近的脚步声。当越军开始突破铁丝网的时候，2架负责打击其他目标的B52战略轰炸机赶了过来。陆战13团1营在卡罗尔火力基地的陆军175毫米自行火炮和雷达引导的B52战略轰炸机的协助下，对越军实施了密集的地毯式轰炸，“粉碎”了对手的冲击。南越国军别动军第37营报告，在铁丝网周围，越军丢下了7具尸体，第二天搜查却发现了71具尸体和许多爆破筒、炸药包，而别动军37营只有1人负伤。

对这次失败的渗透，越军战史也没有讳言。《1968年春夏季9号公路—溪山进攻战役》第33页记载道：“在溪山基地南面，第9步兵团的3个据点至1968年2月底已经在溪山机场附近的铁丝网地带逐步突破。1968年2月29日和3月1、2日夜，我军连续组织了突击，试图占领溪山基地内的美军交通壕，但都没有成功。”

在围困溪山基地的日子里，越军重点从别动军第37营防御地带实施渗透，在3月期间一共对别动军37营进行了7次渗透。虽然越军特工在一次攻击中剪断了铁丝网，但别动军第37营还是在陆战13团1营炮火支援下，击退了对手的每一次渗透和袭击。此外，越军还对南越国军别动军第37营展开攻心战，架起喇叭进行敌运工作，但收效不大。

越军对南越国军别动军第37营进攻没有得手，南越国军别动军第37营反手出击也没有获得胜利。1968年3月8日，南越国军别动军第37营出动1个连的兵力对越军第9步兵团1营3连阵地实施反击。

进攻前，美军对3连阵地进行了长达3个小时的猛烈轰炸，49枚大型炸弹接连命中目标，阵地上70%的工事、掩体和交通壕被炸塌。3连几乎所有指战员都一度被炸弹爆炸的冲击波震晕，不少战士还在轰炸中阵亡，许多武器被炸坏，弹药也被摧毁不少。可当南越国军别动队员扑到越军第9步兵团1营3连跟前时，3连指战员还是顽强打了4个小时，最终击退了对手的冲击，保住了阵地。

在围困溪山基地期间，越军第9步兵团1营3连阵地由于紧挨着溪山机场末端，是越军威胁在机场跑道滑跑起飞和着陆的运输机的火力基地，因此，3连承受了美军最大限度的

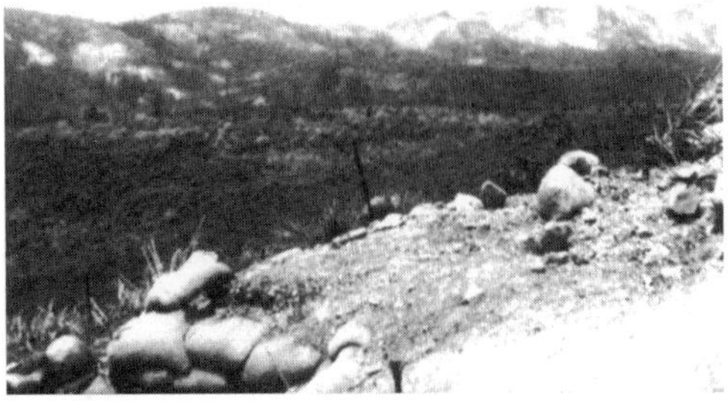

▲从陆战9团1营往越军689高地眺望。按照越军的说法，689高地对溪山就如同奠边府战役中的A1高地，可谓“溪山之眼”。

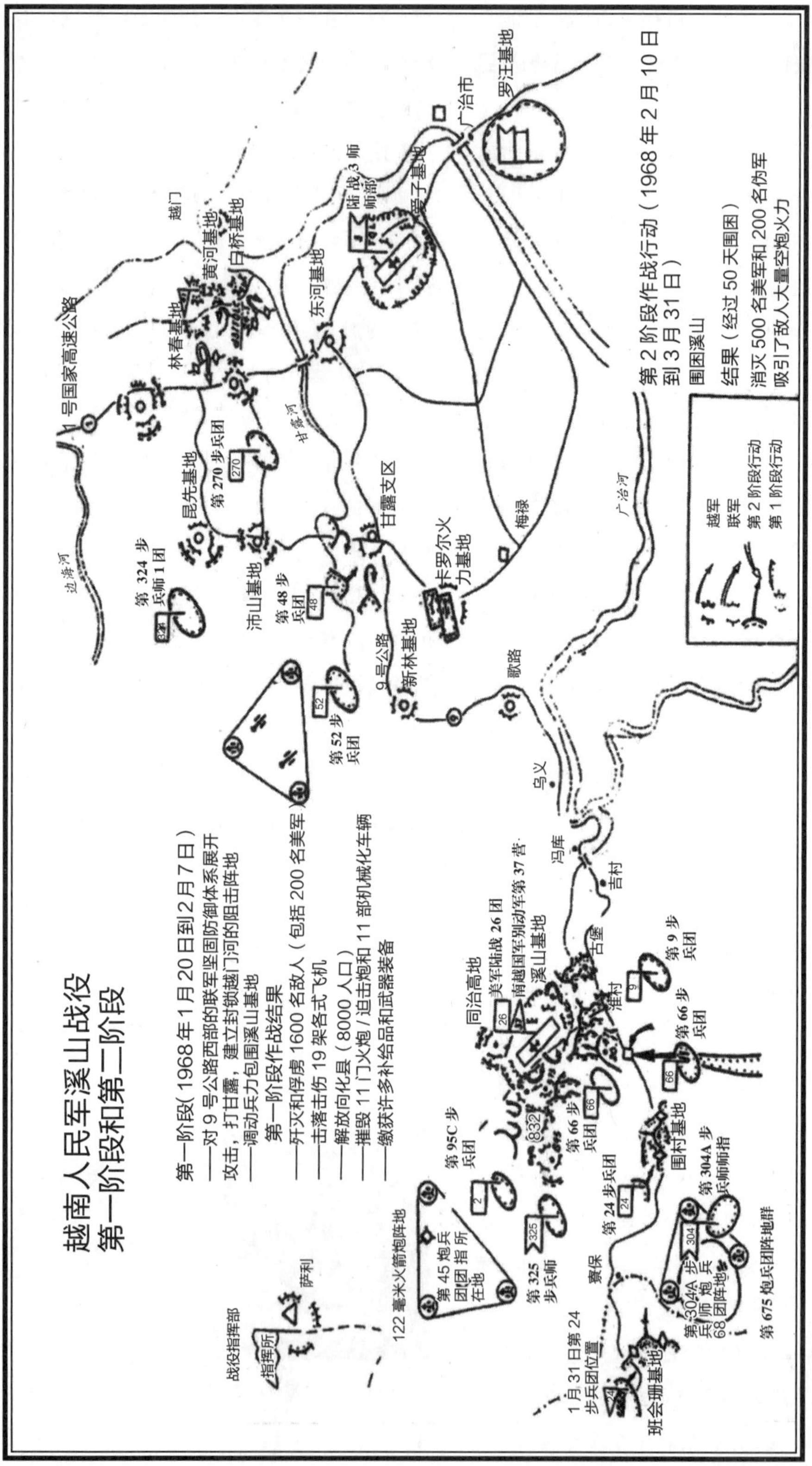

▲1968年1月20日到3月31日越南人民军溪山地区总体作战态势图。

空炮火力打击。通过3连的努力奋战，越军有力遏制了溪山机场的活动和美军运输机的起降，同时这也是越军第304A步兵师和第325C步兵师各单位中第一个突破美军铁丝网地带，深入到溪山基地内的单位。在整个战役中，第9步兵团1营3连始终守住了这个阵地，没有后退半步，虽然承受了巨大的火力打击，可3连还是维持着战斗力，直到溪山战役结束。第9步兵团1营3连和第9步兵团2营8连一起，是溪山战役越军英勇奋战的缩影。

正是这些看似普通的越军第304A步兵师的干部与战士们，以超人的意志，日复一日承受着令人难以想象的超饱和美军空炮火力打击，既要不断向溪山基地进行堑壕延伸收紧对溪山基地的绞索，又要顽强打敌反扑守住阵地，确保越军以越来越少的兵力（随着伤亡增多，实际战斗兵力日益减少）始终牢牢围困溪山基地不动摇，他们是真正的英雄！

参加对美军溪山基地包围封锁的还有第325C步兵师所属的第95C步兵团和第101D步兵团。他们从西北和北面也构筑了许多据点阵地，逐步向溪山基地进行地道堑壕延伸，为溪山战役的胜利奠定了基础。

进入3月，越军战役炮兵和高射炮兵的活动力度有增无减，继续对溪山基地的美军空运和空投补给构成巨大威胁：3月1日，1架C-123运输机着陆时被迫击炮火力打中，整架飞机被烧毁，3月6日，越军炮兵又在溪山基地东面5千米击落了1架C-123运输机，上面搭载的43名陆战队员和1名海军水兵，以及4名机组成员全部遇难；一个半小时后，越军游动炮火打进溪山基地，打坏了1架准备起飞的C-123，这架倒霉的飞机最终在17日被彻底击毁。直升机损失也不小，2架CH-46

▲美国空军1架C-123运输机冒险在满地狼藉的溪山机场着陆，给溪山基地送来了急需的物资。

海骑士和1架贝尔UH-1在3月被越军高射炮兵击落。3月22日，ASP1号弹药库再次被越军炮火命中，900发大口径榴弹和3000发穿甲弹，以及部分雷管、炸药被摧毁。

虽然围困溪山阶段越军取得了很多胜利，但越南中央军委出于要继续发起1968年新春总进攻和总奋起第二阶段战事的考虑，准备从溪山战场抽调兵力。1968年3月中旬，越南中央军委和越南人民军总参谋部决定调第325C步兵师到西原军区参加第二阶段新春总进攻和总奋起。第325C步兵师在溪山基地西北和北部方向的围困阵地移交给第304A步兵师。

在溪山战役第一阶段的浴血攻坚和第二阶段的紧密围困中，第304A步兵师和第325C步兵师密切配合，完成了上级赋予的艰巨而光荣的任务，牢牢地围住了溪山基地。

随着在溪山战场活动2年多，对这个战场一草一木了如指掌的经验丰富的第325C步兵师的撤退，压在第304A步兵师身上的担子就更重了。为了保障阵地换防有序进行，同时不至于出现断档，9号公路—溪山战役指挥部命令第325C步兵师留下该师在溪山战场经验丰富的第101D步兵团2营，并让其守住从西北方向最深入溪山基地的据点，把剩下的距离溪山基地较远的据点交给第304A步兵师接防。在接替第325C步兵师防务、独自承担包围溪山基地美军的任务后，第304A步兵师指战员的思想状况发生了变化，大家变得焦虑起来，认为自己有能力解放溪山，为什么上级就是不下令进攻溪山呢？为什么还要日复一日地紧密围困溪山，在据点阵地上被动承受美军空炮火力打击，导致伤亡不断增加呢？

这个时候，第304A步兵师指战员又不禁想起了1954年的奠边府战役。在那次决战中，越军一共进行了55个昼夜的奋战，最终攻克奠边府，活捉德卡斯特里准将，歼灭法军1.6万。而在溪山，越军也围困溪山基地40多天了。第304A步兵师许多指战员认为，空炮火力打击没有动摇304A步兵师，美军的反扑又被击退，美军已经惊慌失措，战斗力显著下降。当时，上至师长泰勇和政委陈元杜（除了副师长黄丹和副政委阮仲慧），下到普通战士，都认为自己已经完全控制了战场，只要上级一声令下，第304A步兵师完全可以做到攻克溪山，以至于有些人嘲讽道："谁知道上级还要等多久才给约翰逊在溪山送上一份奠边府大礼呢？"

在火线谈话中，第304A步兵师原政委、现任师副政委的阮仲慧发现部队有这种急躁、轻敌的思想后，赶紧给指战员们做解释工作，之所以不打溪山完全不是因为战斗能力问题，而是因为战略任务需要。对于是进攻消灭溪山基地还是继续围困溪山基地的观点争论，阮仲慧采取辩证法向部队解释道："我们当然要消灭敌人，可是更重要的任务是把敌人最大限度的火力吸引到这里（溪山地区），同时吸引和钳制敌人的战略机动兵团，越多越好。目前，我们已经把敌人强大的火力吸引过来，但他们的兵力还没动，我们要把他们调出来。调出越多敌人来这里，我们的胜利就越大，而要做到这点，我们只能采取围困的方式，要让溪山的美军变得更加孤立，迫使美军出兵救援。（一旦美军出兵）将给我们提供绝好（脱离工事之敌）的时机去狠狠打击他们，为整个（越南）南方战场更大的胜利做出贡献。因此，我们必须牢固树立打持久战思想，杜绝急躁冒进！"

与此同时，第 24 步兵团团长黎公世带着第 24 步兵团团指主要参谋干部前往第 325C 步兵师师指了解情况，同时接受第 101D 步兵团 2 营的配属。虽然第 24 步兵团团指到溪山基地西北和北面各个据点阵地的距离较远，一路上都是美国空军的轰炸封锁区，但勇敢的第 24 步兵团团长黎公世还是要求亲临前线了解掌握情况，因为第 24 步兵团是第 304A 步兵师乃至 9 号公路—溪山战役指挥部在溪山地区的预备队，负有打击美军救援部队和封堵美军反击突破包围封锁线后把对手压回去的重任。只有亲临一线观察掌握具体情况，才能更好拟定作战计划和指挥部队战斗。黎公世在此前多次战斗中都亲临前线观察掌握情况，然后拟定作战计划，在第 24 步兵团组织实施的各次战斗中都收到了良好的效果。

作为一名第 304A 步兵师自身培养的军事干部，黎公世是由抗法战争中一名普通的爆破战士逐步成长起来的，他的作战经验丰富，看问题全面独到，以沉稳睿智著称。现在，他已贵为团长，但从不居功自傲，依旧事必躬亲，这是他带兵的特点，也是第 24 步兵团迅速成长为第 304A 步兵师战斗力最强、最可信的部队的原因。

在班会珊战斗前，当第 24 步兵团侦察连在战前几次侦察行动因触雷和暴露无功而返的时候，身为团长的黎公世亲率一支侦察小组潜入班会珊基地的核心据点——斜梅据点抵近侦察，终于获得了宝贵而全面的敌情态势资料。由于他的斜梅侦察传奇，赢得了全团指战员对他的爱戴和高度信任。

1968 年 3 月 15 日，在第 66 步兵团 8 营 3 个连全部接过 575 高地周围各个据点阵地，第 9 步兵团 2 营 2 个分队接过周郎城据点和东北的 4 号据点后，第 325C 步兵师正式完成对第 304A 步兵师的防务交接。与此同时，第 101D 步兵团 2 营奉命留下来配属给第 304A 步兵师，继续包围 861 高地和 881 高地。至此，继续紧密围困溪山基地的重任就正式落在了第 304A 步兵师的肩上。

为了执行新的任务，第 304A 步兵师继续做出调整，让第 9 步兵团和第 66 步兵团完全负起围困溪山基地的任务，第 24 步兵团作为师预备队。为了做好随时打击美军沿 9 号公路实施陆路救援和机降突击救援的准备，第 24 步兵团团长黎公世组织对溪山地区美军可能的机降着陆点——沙卢（Sa Lo）、葛具（Cac cu）、合帕（Ha Pat）等地进行地形侦察，并准备配合第 9 和第 66 步兵团对溪山南部 420 高地机降的美军展开攻击。

泰勇赋予第 9 步兵团的任务是，在围困溪山基地的同时，也要准备对向化县、古堡和 471 高地南北增援的美军机降部队展开攻击。第 66 步兵团既要围困溪山基地，也要准备打前进至围村、昆村和 685、420 高地的美军援兵。

在美军没有出兵救援的情况下，如果上级下令要打溪山基地的话，第 9 步兵团将在特工支援下，从南面和东南面进行主要方向的进攻。第 66 步兵团将从西面和西南实施次要方向的进攻，第 24 步兵团为师预备队。

至 1968 年 3 月底，第 304A 步兵师各据点阵地把溪山基地围得更紧密。1 号据点突入了溪山基地的第三道铁丝网，2 号据点突入了第四道铁丝网，3 号据点摸至第一道铁丝网，4 号据点仍然牢牢守住溪山机场东南区域。越军的步兵武器发挥了巨大的战斗效能，消灭了溪山基地内走动的不少美军散兵，打坏了不少混凝土碉堡和掩体工事，前往溪山机场接收补给物资的美军卡车和美军士兵伤亡不小。就算在遥观河岸附近陡峭的河岸，越军也组织游动狙击手猎杀美军取水人员，不让对手轻松取水。在溪山基地的6000多名美军为了防止越军狙击手和游动炮火杀伤，不得不成天躲在碉堡和掩体工事里，不敢露头。随着时间的推移，美军的口粮和弹药消耗不少，粮食储备量在减少，弹药也不够。补给量从原先的每天380~400吨下降到每天150~180吨。在此期间，美军对越军的反制措施主要还是老一套的航空火力打击。他们的战术飞机和B52战略轰炸机甚至轰击了第三道铁丝网。美国空军每天都要往溪山地区派出12~15架次B52战略轰炸机。在航空火力支援下，美军还用迫击炮、M79火箭筒和各种步兵武器射击越军阵地。

从3月24日开始，溪山基地的美军主动出击，双方之间战斗频繁。24日当天，美军陆战9团1营A连在579高地遇到越军第66步兵团8营6连的激烈抵抗，A连5死6伤，1架武装直升机被击落。两天后，陆战9团1营B连一支巡逻队又在溪山基地西面200米的常规昼间观察哨（无名高地）遇到越军1个连。根据伴随巡逻队的陆战队前进炮兵观察员拉里·希里－希奥菲的描述，他们闯进了一个精心布置的越军步兵连阵地，随即遭到越军猛烈的火力打击。巡逻队退了下来，召唤火力支援。在B连派兵增援下，陆战队最终夺回了这个高地。根据陆战队的文件记载，击毙越军26人，陆战9团1营B连3死15伤。陆战9团1营营长米歇尔随后写道："这是北越

▲陆战9团1营D连阵地，注意阵地上堆满的沙袋。

军在陆战9团1营防线上渗透最远的一次，在围困战期间类似事件再也没有发生过第二次。"

自2月25日巡逻行动中蒙受惨败后，陆战26团1营B连就一直想报仇雪恨。3月30日，陆战26团1营B连终于获得了这个雪耻的机会。按照陆战队的说法，这是在整个溪山战役中，他们第一次对已知的北越军阵地展开攻击。此时，弗雷德里克·J·麦克伊万中校接替詹姆斯·B·威尔金森中校出任陆战26团1营营长（3月15日）。新官上任三把火，一上任他就把作战参谋查尔斯·E·戴维斯少校召来，详细拟订对3号据点的进攻计划，他提醒戴维斯少校准备工作要事无巨细面面俱到。在营炮兵参谋和航空参谋协助下，他们拟定了一个周密的火力支援计划，既要打垮3号据点的越军守备兵力，又能防止越军增援。虽然清晨有大雾和低垂云层，但美军还是连续实施了3个波次的航空和炮火准备。3月30日拂晓前，在大雾和夜色掩护下，肯尼斯·W·皮佩斯上尉率陆战26团1营B连穿过溪山基地铁丝网地带，对3号据点展开攻击。当B连

从左翼展开攻击队形前往攻击前出发阵地集结的时候，陆战13团1营开始炮火准备削弱越军阵地工事系统。为了支援B连进行接敌运动，陆战13团1营打了2600多发炮弹。

3月30日清晨07点55分，陆战26团1营B连在美军9个炮兵连（包括洛克派尔附近火力基地的175毫米自行火炮群）的徐进弹幕背后跟进，对3号据点展开攻击。2排在约翰·W·迪龙中尉率领下占领了第一个目标，越军一条堑壕线（靠近471高地矮坡）。在这里，2排建立了一个火力基地，支援B连2个排和连部继续对第二目标——3号据点主阵地展开攻击。陆战队用手榴弹、喷火器、反坦克火箭筒逐个摧毁越军工事，然后上刺刀冲击。陆战队记载："B连杀掉了阵地上所有看到的北越军。"陆战队工兵在B连步兵背后跟进，埋炸药炸毁了3号据点的大型地堡。

美军的战斗记载基本得到了《第304步兵师战史》的印证。《第304步兵师战史》第100页记载道：

3月29日夜，美军先是使用空炮火力对3号据点进行猛烈的火力准备。3月30日凌晨01点00分，美军再次进行空炮火力准备。在连续2次火力准备后，美军陆战队步兵和坦克密切配合冲到我军阵地跟前300米。在将近5个小时的激烈战斗中，我方拼命坚守，美军则坚决要占领我军阵地。敌人兵力十倍于我军，故而战斗打得十分残酷。在3号据点坚守防御的第9步兵团2营6连连长战斗一开始就中弹牺牲，但6连指战员们却众志成城，密切协同使用各种兵器打击敌人。阿永同志独立奋战，击退了敌人一次冲击。刚刚补充到6连、第一次上战场的战士阮友同击毙了敌人的营长，并消灭了敌人的通信班（实际是击毙了陆战26团1营B连2名野战电话员）。82毫米迫击炮班班长阮辉雄同志指挥迫击炮连续打了110

▲在881高地南子高地的陆战26团3营I连连部掩体上空高高飘扬的美国国旗。连长达比尼上尉每天清早都要把国旗升起。

发炮弹，粉碎了敌人一次冲击。

08点53分，敌我双方展开肉搏战。由于敌众我寡，3号据点6连大部分指战员要么牺牲倒下，要么负伤。敌人占领了3号据点三分之二的地盘。10点00分，3号据点一角仍在6连残部手中，此时他们只有少量的武器可用，但关键时刻敌人丢下300具尸体撤回了基地。傍晚，我军派兵重新修复了3号据点。这是敌人发动溪山解围行动前，溪山基地的敌人对第304A步兵师围困据点阵地的最后一次进攻，但还是被第304A步兵师指战员的决战意志击败。

的确，陆战26团B连在战斗中遇到极为顽强的抵抗，损失不小，特别是越军的82毫米迫击炮弹像长了眼睛似的，不断落入B连战斗队形中爆炸，迫击炮弹造成的伤亡占B连当天损失的绝大多数。B连连长皮佩斯上尉报告，在越军迫击炮的轰击下，B连连部几乎被全歼，战死者中有炮兵前进观察员马里昂·H·“汉克”诺曼中尉。

这次战斗陆战26团1营B连是胜利者，但付出的代价之惨，令人瞠目结舌——战死10人，负伤100人，失踪2人。美军宣称击毙115名越军，可自己也受到了毁灭性的打击，而且只是一时得手，并没有彻底打掉3号据点。在溪山战役围困阶段，3号据点连续2次和美军交手，守军先是第9步兵团2营8连，后又是第9步兵团2营6连，两个连浴血奋战，一个打出优秀战例，一个死战到底寸土不让迫使美军付出几乎一个连全灭的代价才占领大半个据点，且最终依旧退却。第9步兵团2营全体指战员以自己钢铁般的意志，誓死战斗的决心，用自己的鲜血把3号据点浇筑成了围困溪山基地阶段的英雄阵地，屹立不倒。这是第304A步兵师的骄傲，也是全体参加溪山战役围困阶段的越军英勇和不屈的象征。

不过，这次战斗却打出了一个信号，那就是美军不再坐以待毙，为了击破越军封锁包围圈，美军决心发起攻击，这是飞马行动前溪山基地主动出击的信号。2月10日—3月31日，溪山基地的加强陆战26团宣称一共清点到越军1602具尸体，抓俘7人，另有2人投诚。情报部门却夸大了对手的损失，把越军损失夸大到1~1.5万人。同时，美军官方统计，1968年1月20日—3月31日，溪山地区的美军战死352人，1月20日—2月24日，负伤后送者903人（不包括团营包扎所统计的伤员）。但事实上，这个统计数字并不正确，研究溪山战役的美国海军陆战队专家斯塔贝推翻了这个结论，上述统计的战死352人并不包括乘飞机被击落坠死的49名美军，也不包括很多被己方炮火和航空火力打死以及美国空军空、地勤人员，甚至不包括围村损失的绿色贝雷帽。斯塔贝对战死者姓名进行逐个筛查后发现，1968年1月20日—3月31日美军在溪山基地实际战死的人数是530人，而不是352人，重伤后送者903人，还不包括团营包扎所统计的伤员。就算剔除团营包扎所统计的伤员（因为没有数据），加上南越国军、蒙塔格纳别击队和老挝王国皇家陆军第33步兵营，联军在溪山战役第一和第二阶段的兵力损失也在2200~2500人之间。溪山俨然成了联军的坟墓。

越军方面，根据《后勤工作：1968年春夏季9号公路—溪山战役》第330页附录10“参加溪山战役的各个单位伤亡统计表一览”

记载：第 325C 步兵师在 1968 年 1 月 20 日—3 月 7 日战死 398 人，负伤 698 人，计伤亡 1096 人；第 304A 步兵师在第一阶段和第二阶段总损失不明，仅能统计第 9 步兵团在 1968 年 2 月 8 日—4 月 6 日战死 320 人，负伤 536 人；第 45 炮兵团 1968 年 1 月 10 日—3 月 29 日战死 21 人，负伤 53 人，计伤亡 74 人；第 7 工兵团 1968 年 1 月 20 日—3 月 29 日战死 42 人，负伤 91 人，计伤亡 133 人；第 198 坦克营 1968 年 1 月 20 日—2 月 29 日战死 11 人，负伤 14 人，计伤亡 25 人；特工第 33 团 40 连 1968 年 1 月 20 日—2 月 29 日战死 14 人，负伤 11 人。

虽然双方损失都不小，但越军的总损失几乎和联军持平，在美军拥有绝对优势的空炮火力打击下，能打出这样的交换比，越军的表现着实令人敬佩。

▲溪山基地南面的南越国军别动军第37营依托战壕和越军第66步兵团对峙。

为了确保前线苦战部队的供应，在攻坚和围困阶段，9 号公路—溪山战役指挥部后勤部门和卫生勤务部门竭尽全力给他们提供保障。按照 9 号公路—溪山战役指挥部负责后勤供应的干部的计算，溪山地区作战的指战员们每日热量摄取必须维持在 2600~3000 卡路里。

为了保障这个基本的每日热量供应，后勤部门从 1968 年 1 月 10 日—3 月 20 日，9 号公路—溪山战役指挥部共向 320A、304A、325C 和第 324 步兵师提供了 2492 吨大米、303 吨盐和蔬菜、227 吨肉类。卫生勤务部门共治愈 1436 名病员和 484 名伤兵，并让其返回部队，把 396 名伤员通过长山公路送回北方救治。

不仅供应得力，9 号公路—溪山战役后勤部门还考虑周到，甚至连热饭供应工作都做得很好。在美军猛烈的空炮火力打击下，给一线部队提供一日三餐热饭是很困难的，特别是包围封锁溪山基地的各个据点阵地。但越军炊事兵活用奠边府战役期间的无烟灶方式做饭，克服了美军空炮火力打击带来的困难，保障了每名指战员每天 2 顿热饭。

在营养和热食得到保障的同时，消毒防蚊虫工作也做得十分出色。据统计，第 325C 步兵师和 A1 兵站在 1968 年 2 月到 3 月底喷洒了 DDT 7 万平方米，A3 兵站和第 304A 步兵师喷洒 DDT 16.5 万平方米。特别是在紧贴美军溪山基地，突入基地前铁丝网地带的越军各个围困据点阵地，因为指战员们无法挂蚊帐防蚊，只能采取喷洒 DDT 的办法消毒杀灭蚊虫。

由于卫勤和后勤保障有力，在溪山战役攻坚和围困阶段，溪山地区的越军部队健康率达到了很高的水平：第 304A 步兵师和第 325C 步兵师在一线的战斗步兵健康率 95.5%，2 个炮兵团（第 45 炮兵团和第 675 炮兵团）健康率 97%，后方部队健康率 95%，但后勤运输部队的健康率却下降到 85%~90%。

除了后勤和卫勤有力保障外，维修站也行动起来。在溪山战役两个阶段中，共修理 7 部发电机组，修理了 234 辆车（99 辆中等程度修理），修复 657 件步兵武器和 131 件各类直射火器。

正是在后勤、卫勤和维修部门保障下，溪山地区的越军没有后顾之忧，在作战兵力减少一半的情况下（第 325C 步兵师抽调他用），继续奋勇作战，牢牢紧围溪山基地。英雄的第 304A 步兵师，正在一步步把溪山变成美国远征军最头疼的地方。在击退越军 1968 年新春总进攻和总奋起第一阶段攻势后，美军决定重新打通 9 号公路，击破越军包围圈，给溪山换防和恢复补给。在这种情况下，溪山战役进入了第三阶段——打援。

|第七章|

鏖战“飞马”

第一节 较量前的布局

1968年3月，越南人民军在1968年新春的总进攻和总奋起第一阶段攻势基本消停，联军方面也已将对手全部逐出了城市，双方都在厉兵秣马准备第二轮较量。环顾整个越南南方，联军处于被动态势的战场就只剩下9号公路西面的溪山地区。在这里，越军虽然把第325C步兵师撤了出去，只剩加强第304A步兵师留在战场，但对溪山基地的围困绞索却越勒越紧。驻守溪山的加强陆战26团压力重重：陆战队员们每天都要承受越军榴弹炮、迫击炮和火箭炮的游动炮击，以及不断延伸的堑壕和游动狙击，伤亡与日俱增。与此同时，溪山机场也在越军高射炮兵和战役炮兵群，以及步兵武器（诸如无后坐力炮和迫击炮、12.7毫米高射机枪）威胁下，每天着陆架次骤减，这给溪山基地美军的战役后勤保障带来了很大的困难。另一方面，陆战3师情报部门根据战俘、投诚者和逃亡者的口供，做出一个惊人的判断：越军已经获得地对地导弹，目前准备把这些导弹转移到非军事区内的9号公路沿线，重点轰击昆先基地和溪山基地。面对这个子乌虚有、危言耸听的情报，美第3两栖军抱着宁可信其有、不可信其无的心态，决心对9号公路越门到东河之间，以及新林基地到溪山基地之间发起两次大规模作战，目标是打掉越军第320A步兵师和给溪山基地解围，顺带扫荡溪山基地周围的越军第304A步兵师。

由于1968年3月以后，第320A步兵师在东部方向的作战指挥权由9号公路—溪山战役指挥部移交给越南中央军委节制，因此越门—东河方向在1968年4月反击美军扫荡的战斗不在本书讨论范围内。这一章主要描述的是1968年4月美军在溪山地区进行的“飞马”行动。

对溪山基地的解围作战，上至美国远征军总司令威斯特摩兰上将和第3两栖军军长库什曼中将，下到陆战3师师长汤普金森少将都十分重视。1968年3月2日，第3两栖军军长库什曼中将在岘港召开会议，美国远征军副总司令艾布拉姆斯中将也莅临会议，通过了重新打通9号公路和给溪山解围的决议。3月10日，美军又在岘港召开第二次高级军事会议，美国远征军总司令威斯特摩兰上将亲自批准了给溪山基地解围的作战，行动代号“飞马”。参加这次会议的有暂编军军长威廉·B·罗森中将、第3两栖军军长库什曼中将、美国陆军骑兵1师师长约翰·J·图尔森中将和美国陆军第101空中突击师师长。得到威斯特摩兰上将批准后，罗森中将指派美国陆军骑兵1师师长约翰·J·图尔森中将在陆战3师师长汤普金森少将的配合下，草拟“飞马”行动作战计划。这次作战，由罗森中将全权负责，他将指挥美国陆军骑兵1师、美国海军陆战队第1团（陆战1团）和11营，以及1个海军工兵营负责实施。根据“飞马”行动计划，美国陆军骑兵1师将和陆战1团一起从顺化前出到本次行动的进攻前出发阵地——溪山基地东面16千米的歌路基地。然后，美国陆军骑兵1师依托强大的空中机动能力，沿着9号公路向溪山基地实施蛙跳式机降跃进，占领9号公路沿线各个要点，掩护工兵迅速跟进，修复涵洞和桥梁，保障9号公路能够通车。南越国军第3伞兵战团也将参加给溪山基地的解围作战。“飞马”行动发起日定为1968年4月1日。

说干就干。命令一下，美军就开始有条不紊地进行战斗准备。美国海军陆战队第11

神色严峻的陆战3师师长汤普金森少将，乘坐一架陆战队直升机前往溪山基地视察。

工兵营和第5机动工兵营，在美国陆军第8工兵营加强下，首先进至歌路地区建立了代号“斯图德着陆区”的前进基地。这个新的基地包括大量碉堡掩体、补给仓库和可供C-123运输机起降的机场设施。与此同时，美国陆军骑兵1师也完成了“飞马”行动的作战准备，陆战3师也准备展开牵制作战，把包围溪山基地的越军注意力从溪山—东河的9号公路段吸引过来。驻顺化芙拜基地的陆战1团也在顺化战役后密集训练和补充兵力，锐意恢复编制和战斗力，准备参加“飞马”行动，换下陆战26团。

3月26日，美国陆军骑兵1师开始进行战场准备，里查德·W·迪勒尔中校的骑兵9团1中队开始从“斯图德着陆区”起飞，侦察歌路到溪山之间的9号公路沿线各个要地和制高点。通过侦察飞行，迪勒尔中校的骑兵9团1中队查明了溪山基地周围的越军阵地位置，并引导空军使用延时引信和“菊花切刀”集束炸弹在预定着陆但却密覆植被的山头炸开空地，为“飞马”行动的着陆做好先期准备。

与此同时，罗森中将命令陆战26团在“飞马”行动期间归美国陆军骑兵1师师长约翰·J·图尔森中将指挥。敌情方面，溪山基地的陆战26团指出，越军已经放弃了溪山基地周围的阵地，撤回老挝休整，仅留下少量后卫部队在阵地上掩护主力撤退。根据战俘供认，越军因损失惨重和补给接济不上而士气低落。据报，越军在溪山地区的战斗力已经下降到“没法进行连以上协同作战”的程度。不过，联军还是估计，“飞马”行动中，他们面对的是越军3万疲惫之师，含19个步兵营，并得到一些炮兵、工兵、勤务部队支持。当然，联军高估了越军在溪山地区的总兵力，却低估了他们的战斗力。

美军忙碌的战场准备并没有逃过越军的“法眼”。

3月底，9号公路—溪山战役指挥部频繁接到新林到溪山基地周围山头观察台的越军侦察员的报告，美军增加了对9号公路沿线的地面侦察活动和空中侦察，而且对新林—溪山之间9号公路段许多山头反复不断进行猛烈空中打击和炮火打击，炸出一个个空地。此外，美军工兵也不断派人深入9号公路勘测和侦察桥梁破损和承载情况。

通过这些报告，9号公路—溪山战役指挥部很快判明，这是美军要对溪山地区进行大规模军事行动的征兆。不过，9号公路—溪山战役指挥部没有弄明白的是，美军的行动目的究竟是要打通9号公路重新给溪山基地补给或换防，还是要掩护溪山基地守军撤走。战役指挥部认为，两种可能性都存在，但进行部队换防和守住溪山的可能性更大。关于他们的作战方式，9号公路—溪山战役指挥部判断，美军很可能会重新打通9号公路，这将给越

▲一架B52战略轰炸机不断对溪山基地周围的越军阵地实施密集的火力打击。这些从关岛机场起飞的战略轰炸机在一定程度上可算作是溪山基地的精神寄托。

军一个绝好的消灭脱离工事之敌的机会。当然，越军也因为作战兵力短缺而遇到不少困难。

战役指挥部的担心也是有道理的，经过连续2个多月的战斗和兵力调动，溪山地区的越军兵力情况相对战役发起前有了很大的变化。在越南中央军委于1968年3月底接过了东部地区第320A步兵师、270步兵团的作战指挥权后，9号公路—溪山战役指挥部的辖区就只剩下溪山地区。作战力量是第304A步兵师（欠第24步兵团6营，得到第101D步兵团2营加强）、向化县地方部队8营、甘露和向化两县乡村游击队、第675炮兵团2营（12门D74 122毫米加农炮）、第45炮兵团（48门DKB 122毫米单管火箭炮）、第241高射炮团（其他高射炮团撤到后方休整）、第198坦克营3连和9连。其中主要作战力量第304A步兵师，参加战役之初满员兵力10117人，可经过战役两个阶段的消耗，包括伤病和阵亡以及逃亡，虽然连续进行了3次兵力补充，但第304A步兵师每个步兵营的兵力仍只有200~300人，只有满员率的40%~60%，全师实际战斗兵员不足3000人。

为了对付美军的大规模解围作战，9号公路—溪山战役指挥部决定动员部队仅用一部分力量做机动预备队，抓住时机待敌脱离工事反击时坚决消灭。同时，把第101D步兵团2营调出机动到歌路西面的9号公路沿线组织各个据点，节节抗击消耗和迟滞美军骑兵1师推进。剩下部分兵力继续围困溪山基地，防止美军里应外合。围困溪山基地的各个据点的指战员们要继续紧贴美军，打敌反扑，并把加强陆战26团孤立在基地内，预备队要准备打靠近溪山基地机降的美军援兵或是机降在越军后方的援兵，继续彻底围困孤立溪山基地。

作战指导思想是内外线打击要有机结合起来，各兵种密切协同，分割美军的兵种战斗协同，逐步消灭美军机降部队，阻止美军打通9号公路。具体战法强调打美军两翼和后方，分割美军战斗队形，阻止美军集中兵力。当美军暂停前进调整部署的时候，要坚决果断展开运动进攻和袭击战斗，消灭消耗美军有生力量。各单位要努力保持战斗队形，避免不必要的运动（防止被空中火力和炮兵火力杀伤）。每次战斗结束后，各单位都要努力充实兵员，做好连续战斗准备。

9号公路—溪山战役指挥部做出决定后，立即把作战任务交给了第304A步兵师。军情紧急，师长泰勇和政委陈元杜马上召集所有连以上干部，到师指开扩大作战会议，讨论对付美军的作战方案，顺便进行战前动员。谁知道会开得并不顺利，许多团营指挥干部对美军强大的火力和兵力优势感到担心，他们认为美国陆军骑兵1师拥有兵力15787人，还有434架飞机（主要是直升机）、1600门各种迫击炮、54门105毫米榴弹炮、87具火箭筒和1872具70毫米火箭筒（武装直升机发射器），号称“麦克纳马拉之子”，是美国陆军空中骑兵试验作战师，在越南战场从西原转战到平定省，又参加了1968年2月的顺化战役，虽然损失较大，但综合战斗力和火力远在陆战3师之上。反观第304A步兵师各团，虽然在溪山战役第一阶段和第二阶段打得不错，但久战已露疲惫之态，满员率低，武器装备和火力输出与美军相比更是天壤之别。和这样的对手较量，大家心里都很没底。

面对大家的忧虑，副师长黄丹中校站了

861A高地的陆战26团2营E连1名陆战队狙击手——阿尔伯特·米兰达下士正在观察员戴维·布尔德维尔下士指引下，用雷明顿700狙击步枪瞄准远处目标。最右边手持双筒望远镜的是排长阿列克·博登维塞尔。

起来，用辩证性眼光分析越美双方。首先他承认美军兵力和火力强大的客观存在，但话锋一转认为战场上的较量不仅要看双方投入作战的总兵力和火力输出对比的强弱，而且还要看战斗意志和双方的排兵布阵。有时候，获胜的一方并不是因为兵力和技术装备占优势，而是懂得巧妙选择战场与合理部署兵力、技术装备，要以己之长攻敌之短。

黄丹中校进一步分析，经过2个多月的战斗，越军已经解放了溪山地区周围大片土地，越老边界已经打通，9号公路西段事实上已经逐步成为越军的后方。越军已经可以通过9号公路源源不断投入兵力和技术兵器，把美军一个完整的军事基地包围起来，迫使他们损失了大量技术兵器和兵力。发起9号公路—溪山战役的目标本身就是为了吸引美军战略机动兵团救援溪山基地，给南方各个战场特别是治天军区减轻压力。现在美军来了，越军第304A步兵师已经实现了自己的战略意图，迫使美军按照越军的设想出兵救援溪山。目前，越军已经紧密围困了溪山，可以从容组织战斗。对溪山地区的兵要地志，第304A步兵师十分熟悉，而且已经预判好了美军所有可能的机降着陆点，并做好计划准备在各个可能的着陆点攻击机降之敌。经过2个月的战斗，第304A步兵师在山岳丛林地带的运动进攻作战和伏击作战方面已经具有丰富的经验。作为总结，黄丹中校鼓励大家：“我们一定能胜利，目前的问题是如何以较少的牺牲赢得更大的胜利，同时继续把增援的敌人连同溪山基地给钳制住，越久越好。”

黄丹中校辩证性的发言赢得了第304A步兵师全体与会指战员的热烈掌声，也解除了他们心中的疑问，只要以己之长攻敌之短，胜负未可知！即便败也要让对手付出相应的代价。经过分析和交换意见，第304A步兵师师指做出决定：

围困溪山基地的第9步兵团和第66步兵团继续紧密包围敌人，同时准备打击从溪山基地往外突击之敌；师战斗队形要重新调整部署，组织好师和各团预备队牢牢守住敌人可能的机降点；对各个战场加强战前检查工作，做好随时进攻敌人援兵和调动部队战斗的准备。第9步兵团1个营要部署在吉村（Kat），并在冯库（Bong Kho）组织一个据点；第24步兵团3营转移到向云村；向化县地方部队8营2个连转移到冯冕车战略村；向化县地方部队8营3连要在歌路和新林之间地区顽强战斗，迟滞美军行动。

第675炮兵团2营负责支援9号公路南面战斗，炮兵阵地设在车邦河西岸。第45炮兵团负责支援9号公路北面战斗，炮兵阵地设在同新维（881高地北子高地西北1400米）和欢集（881高地南子高地东南偏东约2000米）。第304A步兵师所属的炮兵12营（装备DKB 122毫米单管火箭炮）负责支援第304A步兵师9团，炮兵阵地设在巴庄。迫击炮和无后坐力炮单位分拆成两三门炮组成的分队，随时打击暴露之敌和压制敌炮兵阵地。

为了准备和美国陆军骑兵1师打持久战，粮食、药品、弹药和武器也开始紧张向前转运，但越军后勤部门还是慢了一拍，还没等他们把弹药和粮食全部分发给第304A步兵师和战役炮兵，美军就展开了攻击。

第二节　血搏“飞马”

或许是愚人节的缘故，行动发起日选在愚人节的“飞马”行动一开始就被老天爷开了个不大不小的玩笑。1968年4月1日07点00分是美军“飞马”行动的进攻发起时间，可歌路基地到溪山基地之间的大雾和低垂云层，让像等待检阅似的在“斯图德着陆区”排成整齐队形的美国陆军骑兵1师的直升机群没法动弹。按照“飞马”行动图尔森中将的气象指标，云高至少要上150米，能见度至少要有2.4千米，直升机群才能出动。就是这么一个“好天气”指标，在“飞马”行动15天时间里都不常见，往往每天只有13点00分—17点00分仅4个小时能达到这样的“天气指标”。

在这种情况下，“飞马”行动一开始出动的不是“马”，而是陆战队员。休斯上校率领的陆战1团在没有多少空中支援的情况下，徒步穿过出发线，沿着9号公路，以陆战1团2营在公路北面、陆战3团2营在公路南面并肩挺进。在他们前进的同时，陆战队第11工兵营也开始排除地雷和障碍物，修路，加固桥梁，修涵洞，重新恢复9号公路的通车能力，陆战1团1营仍然留在歌路基地，负责“斯图德着陆区”的安全。

13点00分，云开雾散。美国陆军骑兵1师开始投入战斗。休伯特·S·坎贝尔上校带领的美国陆军骑兵1师3旅，在和美国陆军第101空中突击师2旅换防后，从顺化西面乘坐直升机直抵“斯图德着陆区”，然后开赴溪山战场，吹响美国陆军骑兵1师进攻的号角。

坎贝尔手下都是久经越南丛林战考验的空中骑兵精锐——骑兵7团1营（营长：约瑟夫·瓦希亚克中校）、骑兵7团2营（营长：

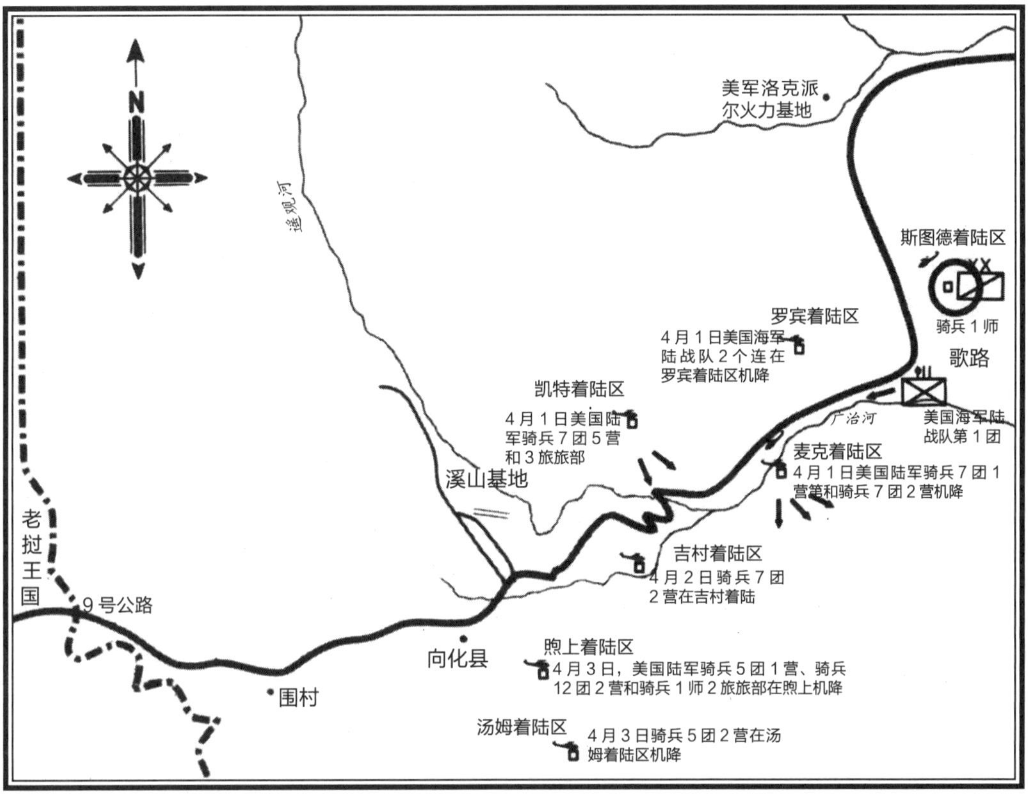

1968年4月1—5日，美军飞马行动态势图。

罗斯科埃·罗宾森中校）和骑兵 7 团 5 营（营长：詹姆斯·B·奥特中校）。按照计划，瓦希亚克中校的骑兵 7 团 1 营一开始就要在 428 高地的麦克着陆区（这是一个三面环广治河夹成的河汊口沙洲高地）着陆，接着骑兵 7 团 2 营也在该地区着陆。与此同时，詹姆斯·B·奥特中校的骑兵 7 团 5 营在凯特着陆区——萨某着陆。

按照美军的记载，“飞马”行动的第一天，骑兵 1 师 3 旅三个营顺利机降，基本没有遇到什么抵抗。看到第一天进展顺利，图尔森中将决定把约瑟夫·C·麦克多诺上校的骑兵 1 师 2 旅投入战斗。不过，麦克多诺的 2 旅仍在承天省有任务，没法快速脱身，因而 4 月 2 日的蛙跳机降作战只能继续交给休伯特·S·坎贝尔上校的骑兵 1 师 3 旅来实施。

第二天，首先实施机降突击的陆战 1 团。休斯上校用 2 个连的兵力在 9 号公路沿线的罗宾着陆区实施机降，配合陆战 1 团 1 营沿着 9 号公路实施扫荡。一路挺进过程中，陆战 1 团 1 营在周围许多山头、掩体和空空如也的野战营、仓库点发现了越军很多粮食和武器装备以及弹药，这让美军缴获丰硕。据统计，整个飞马行动中，美军一共缴获了 13890 吨各类物资。如此多的武器装备和军需物资能躲过美军持续不断对溪山地区进行的超饱和空中打击而顺利运进，不禁令美军大为敬佩。

同一天，坎贝尔上校命令罗斯科埃·罗

宾森中校的骑兵7团2营向吉村实施蛙跳跃进。着陆过程中，骑兵7团2营没有受到大的抵抗。对美军来说，当天的大敌仍是恶劣的天气。在天气的限制下，美军战术飞机仅能出动23架次，投弹47吨。不过，美国空军第7航空军的B52战略轰炸机却出动了42架次。

4月3日，美国陆军骑兵1师2旅终于做好了战斗准备。麦克多诺上校指挥骑兵1师2旅旅部、骑兵5团1营（营长：罗伯特·L·伦克勒中校）和骑兵12团2营（营长：里查德·W·斯维特中校）在古堡南面的煦上实施机降，煦上随即遭到越军炮火袭击，但没有受到步兵袭击。在东南2.5千米的汤姆着陆点，亚瑟·J·利里中校的骑兵5团2营机降。除了遭到炮火袭击外，没有步兵袭击。不过，骑兵9团1中队A小队的直升机群发现向化县西南约3千米有越军1个营规模的部队，立即召唤空中炮艇予以打击。

傍晚，美国陆军第77炮兵团1营（6门155毫米榴弹炮和4门8英寸榴弹炮）机降着陆，使"飞马"行动美军的支援火炮数量达到了惊人的102门，这还不包括卡罗尔火力基地和洛克派尔基地的16门175毫米自行火炮。当天，美军第3两栖军一共进行了796次炮火支援任务，消耗炮弹10814发。

对美国陆军骑兵1师连续3天的机降蛙跳突击作战，越军第304A步兵师尽管有所准备，但还是在最初阶段被打懵了。《第304步兵师战史》第106页承认：在敌人机降阶段，美军还最大限度使用空炮火力对9号公路—溪山战役指挥部的前线和后方进行猛烈打击，我军许多电话线被炸断，许多部队和战役指挥部失去了联系，许多单位粮弹丧失，或是后勤供应点被敌人占领。在极为猛烈的航空火力、炮火和敌人大量兵力在多点同时机降的"壮观"打击下，第304A步兵师许多单位懵了。

《9号公路—北广治阵线1966—1973年》一书也坦承"飞马"行动开始阶段，越军在美军火力打击和多点机降下显得十分被动：敌人还集中炮兵火力猛烈轰击我军前方包围圈和大后方地区，给我军兵员和武器装备造成了很大的损失，破坏了许多通信器材，战役指挥部和一些单位的联络中断了多个小时，甚至是多日。敌人猛烈的空袭和炮击，以及第1空中骑兵师直接在溪山地区机降（部分部队直接机降在我军阵地），确实给我军一些单位造成了很大的被动。

被动归被动，越军还是顽强组织对美军的炮火袭扰。"飞马"行动最初3天时间里，几乎每个着陆区都受到了炮火袭击。另一方面，在最初的错愕之后，越军开始回过神来，鼓起勇气和美军较量。

《第304步兵师战史》第106页记载道：但经过第一次交手后，我们部队发现，美国人除了身材高大外，无论是美国海军陆战队还是美国陆军骑兵1师都没什么了不起的。他们缺乏斗志，一遭到攻击就条件反射般卧倒在地然后组织还击。越多的美军脱离工事遭受攻击对我军就越有利，因为这将大大削减美军空炮火力的发挥。凭借着初步交手，我军就已经迅速知道如何组织进攻和打赢美军空中骑兵了。

虽然美军一连三天采取机降作战，顺利展开了兵力，但"阳光下的散步"从4月3日开始结束了。吉村本来是越军第9步兵团3营负责防御的地带，但3营没能及时赶到吉村就被骑兵7团2营机降占领了。吉村往西是

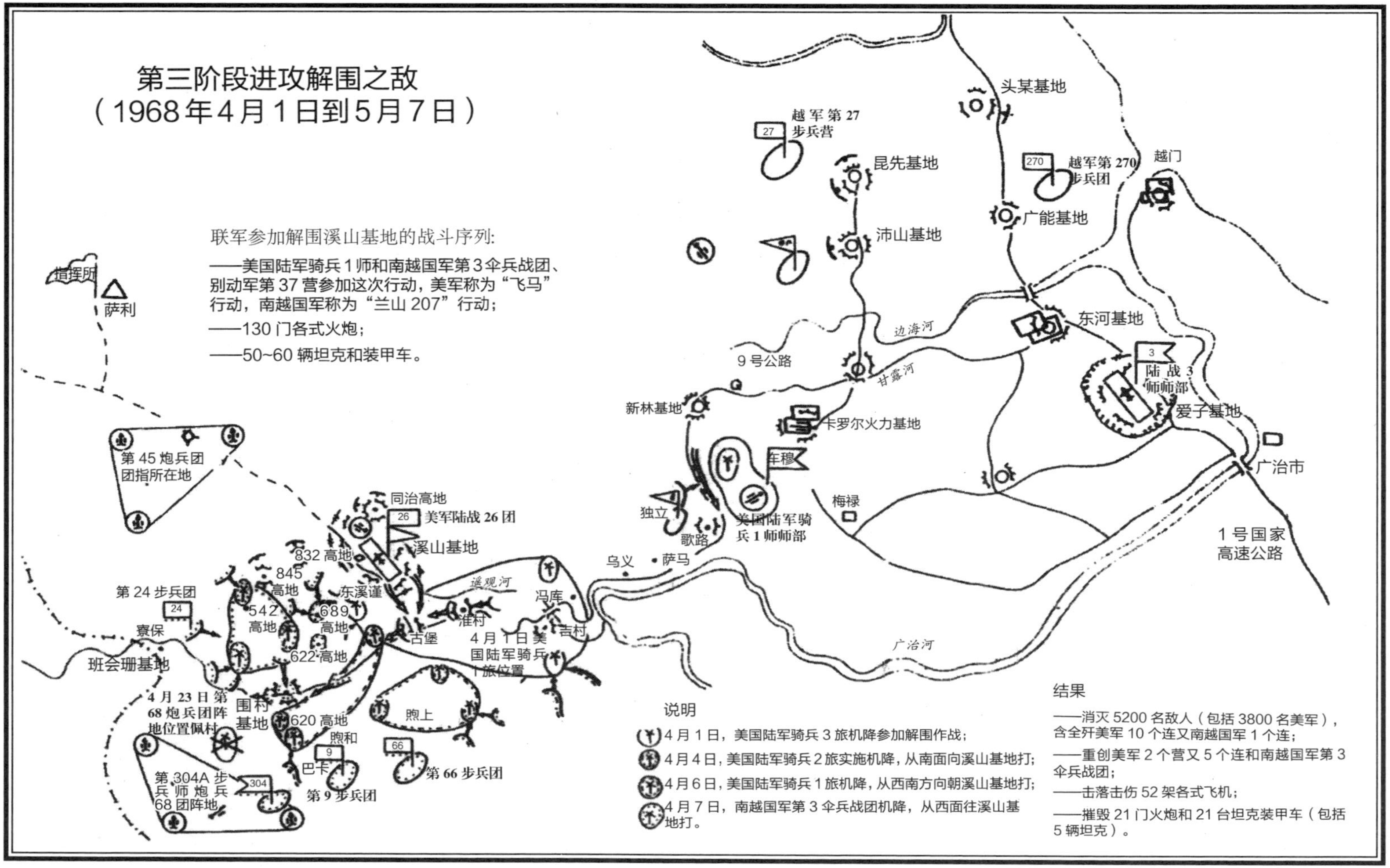

1968年4月1日—5月7日第三阶段溪山地区整体作战态势图。

淮村据点，这是双方必争之地。如果让美军夺取了淮村，那么第304步兵师9团围困溪山基地的1、2号据点就将承受巨大的压力；如果守住了淮村，那么歌路到溪山之间的9号公路段就仍被牢牢封锁。在这种情况下，淮村的争夺关乎越军的命运。根据越军9团团指的命令，3营参谋长阮文平和13连副连长裴皖亲自指挥第9步兵团3营13连3排20名指战员负责淮村防御。经过对溪山基地一个多月的围困，越军第9步兵团3营战斗力下降很大，现在既要维持对溪山基地的围困，又要抽调兵力坚守淮村，压力之大可想而知。阮文平领受命令后，自知责任重大，兵力少，必须抱着必死的决心，以一挡十，才能完成坚守淮村的重任。

他们的对手是罗宾森中校率领的骑兵7团2营。按照骑兵1师的战报记载，罗宾森率2营于4月3日着陆后即扑向淮村，却遭到越军"1个连"的顽强抵抗，进攻受挫。得知美军进攻淮村的消息，泰勇马上判断，美军此举是要拔掉淮村据点，然后往471高地突击，争取和从溪山基地往外打的美军陆战9团1营在471高地会师，粉碎越军第304A步兵师在溪山西南和东南面的包围圈。决不能让美军得逞！为了掩护其他部队展开，阮文平必须死守淮村。

罗宾森也知道淮村的重要性，只有打下淮村才能保障通往溪山基地的9号公路的畅通。一个抱着死守的信念，一个为了完成打通的任务，双方于4月4日继续在淮村展开激烈较量。美军记载，4日越军抵抗力度有增无减，罗宾森们激战一天突破无方，退回凯特着陆区。对淮村的顽强抵抗，骑兵7团2营D连的约·阿布德利中尉在日记中写道："这里的越军打得很凶。我不喜欢这里，我希望我们都能活着回去。"

▲歌路基地的"斯图德着陆区"，美国陆军骑兵1师就是以此为基地，前往溪山地区实施"飞马"行动。

对阮文平来说，美军凶狠的攻击也给他们造成了很大的压力。20名勇士面对骑兵7团2营的连番整连冲击，打得英勇顽强。按照《第304步兵师战史》的记载，4月4日当天他们一连击退了骑兵7团2营的7次冲击，宣称歼敌70人，击落1架直升机。越军也付出了相当大的代价，20名勇士中就有10人倒下，13连副连长裴皖也腿部中弹，可还是带伤坚持指挥战斗。此时，剩下的10名指战员心里都很清楚，前线需要每一个人，只要还有一口气，谁也不能退出淮村！

4月5日和6日，罗宾森中校继续组织骑兵7团2营对淮村据点进行冲击，但还是被越军击退。至4月7日14点50分，淮村据点阵地上只剩4名越军战士，被迫撤退，骑兵7团2营基本控制了淮村。但故事并没有结束，倒在阵地上的重伤员战士阿寿，在恢复意识后发现美军1架直升机着陆，然后用尽力气端起冲锋枪对直升机打掉了一个弹夹的子弹并投出3枚手榴弹，宣称消灭了这架直升机和搭载的美军。阿寿的个人战绩真实与否无法定论，但就第 9 步兵团 3 营 13 连 3 排在只有 20 名指战员的情况下，面对美军骑兵 7 团 2 营的绝对优势兵力和火力，顽强地打了 5 天 5 夜，让对手始终认为自己面对的是一个连的死战，即便最终让出了阵地，也是值得敬佩的，这才是真正的军人和真正的勇士！

对淮村的抵抗，骑兵 1 师给予了肯定，称对方是顽强的抵抗，骑兵 7 团 2 营攻克淮村后，宣称清点尸体 83 具。可笑的是，对方只有 20 名指战员参战，何来 83 具尸体？对照前面的德浪河谷地把对方损失夸大 10 倍的历史，可以说美国陆军骑兵 1 师的灌水战绩真是他们的“好传统”。

虽然淮村之战 20 名勇士打得不错，但越军还是留下了一个遗憾，那就是在 4 月 5 日激战正酣，越军连续击退骑兵 7 团 2 营进攻的时候，第 304A 步兵师师长泰勇亲自命令第 9 步兵团 1 营增援淮村，向骑兵 7 团 2 营发动坚决反击，抓住战机重创对手。不幸的是，第 9 步兵团 1 营刚刚抵达古堡，就遭到了美军骑兵 1 师 2 旅所属的骑兵 5 团 1 营的攻击。双方围绕古堡展开了惨烈战斗，骑兵 5 团 1 营营长伦克勒中校战死沙场。为了支援骑兵 5 团 1 营攻坚，美军全力以赴进行空中支援，但 1 架喷气式战斗机失控坠地，导致骑兵 5 团 1 营又增添 1 死 1 伤的损失。继伦克勒中校任骑兵 5 团 1 营营长的克劳伦斯·乔丹中校率部继续冲击，但连续 2 天都被越军第 9 步兵团 1 营挡了回去。由于损失太大，骑兵 5 团 1 营撤了下来，换上

▲美军175毫米自行火炮群阵地。依靠强大的炮火和航空火力支援，美军逐步打垮了第304A步兵师各阻击分队，恢复了和溪山基地的联系。

利里中校的骑兵5团2营突击，才在4月7日拿下了古堡。

在美国陆军骑兵1师连续组织进攻的同时，越军第304A步兵师也对美军组织了一次反击。4月6日，越军第24步兵团4营对600高地的美军展开了一次袭击战斗，宣称歼灭美军近200人，自己战死26人，负伤54人，但美军方面对这次战斗没有任何记载。

在淮村血战和古堡激战的同时，加强陆战26团也开始奉图尔森中将的命令，从溪山基地往外打，配合美国陆军骑兵1师的作战。根据陆战26团的部署，出击行动由陆战9团1营担任主攻手，目标是突击471高地，然后和美国陆军骑兵1师会师。

4月4日02点30分，在把B连留下来继续坚守溪山基地西面阵地后，陆战9团1营主力占领进攻前出发阵地。06点00分，在大雾的掩护下，陆战9团1营展开攻击。得到强大的炮火和航空火力支援，陆战9团1营A连很快在15点00分冲上471高地山顶，经过一个小时的战斗，A连以10死56伤的代价攻下了471高地，宣称击毙对手16人。

对471高地的防御战斗，《第304步兵师战史》同样进行了较多的着墨：

1968年4月3日06点30分，美军陆战9团1营从溪山基地出发，一连攻占了东溪谨（471高地西北）3、4、5号高地，他们的目的是锐意拿下控制整个溪山山谷西南部的锁钥之地——471高地。

为了达到目的，美军对471高地进行猛烈的火力打击，密覆的植被被炸光了，山头也被削弱2米。为了粉碎美军的意图，第66步兵团9营13连（高射机枪连）一个分队和第9步兵团2营7连4名指战员迅速赶往471高地布防。10点00分，敌人发动多次冲击，但均被471高地的我军击退。敌人损失2个连，我军击落5架直升机。激烈战斗一直持续到15点00分，陆战9团1营损失惨重，却始终没法拿下471高地。接着，敌人又把骑兵1个营调到东溪谨3、4号高地，配合陆战9团1营继续冲击。

为了守住471高地，第9步兵团2营和第66步兵团9营各连陆续投入战斗，向进攻的美军骑兵1营和陆战9团1营发起猛烈反击。471高地之战打得激烈残酷，许多指战员用刺刀和枪托与美军肉搏。敌人损失了250人（陆战9团1营战死8人）。夜幕降临，美军攻下了471高地的2号高地，我军仍顽强守住1号高地。

471高地位置重要，泰勇决心反击夺回。接到退下来的第9步兵团2营报告美军当夜正在471高地2号高地和周围3、4号高地集结兵力的消息，泰勇当即命令第66步兵团9营对陆战9团1营集结地组织运动袭击。虽然9营在白天的战斗中打得筋疲力尽，但还是组织起11连和12连以猛虎下山之势，扑向471高地，打了一个“漂亮”的袭击战斗，宣称歼敌约百人。

对9营的夜袭，美军描述稍有不同。美军称，陆战9团A连攻下471高地后不久，马上遭到了越军DKB 122毫米单管火箭炮轰击。4月5日凌晨04点30分，在471高地东半部组织防御的拉尔夫·H·法拉格勒尔上尉的陆战9团1营C连突然遭到越军的猛烈冲击。当时，陆战9团1营A连正巧在471高地西坡，隔着山顶没法给C连提供火力支援。越军步兵蜂拥冲上山坡，然后用冲锋枪、轻重机枪和RPG火箭筒猛烈射击C连阵地。虽然越军一度扑到C连跟前20米，但法拉格勒斯却顽强守住了阵地。陆战13团1营的支援对C连至关重要，共有1000发炮弹砸在了越军的头上。06点30分，越军撤了下去。陆战9团1营在付出1死28伤的代价后，宣称击毙对手140人，抓获5名俘虏，巩固了471高地。

在陆战9团1营控制471高地的同时，陆战26团2营却在595高地栽了一个大跟头。595高地是溪山西面重要的锁钥之地，距溪山基地约1千米。站在595高地山头，可对溪山基地动态一览无余。更重要的是，595高地周围有一条可以通行坦克的公路，这对全副机械化的美军来说，无疑是溪山基地向西通行的重要交通干线。

由于位置重要，负责这一带堵截溪山基地的越军第24步兵团4营营长黎乐隆深知责任重大，他命令4营5连1排负责595高地的守备。1排的兵力布置如下：1、2班计13名指战员在595高地山腰子高地（较矮）布防；2挺重机枪和1门60毫米迫击炮布置在通过575高地坦克公路的两侧；3班5名指战员在副排长阿宁的指挥下，在595高地山顶依托2个地堡设防——1号地堡由班长阿带等4名指战员负责，配备1挺轻机枪，2号地堡由副排长等2人负责。

由于595高地战术价值很高，从溪山战役一开始，越军就特别重视对595高地的防守，反复修筑，把该高地变成了一个要塞。越军把地堡修成A字形，宽5米长7米，拥有三个出口。依托2个地堡，周围还修建了大量的掩体、工事、火力点和备用阵地，整个阵地通过四通八达的交通壕相连，形成正面、侧射、倒打的综合阵地防御系统。

从围困溪山阶段一开始，595高地就给溪山基地的美军造成了很多的麻烦。为了“抹平”595高地，美军用强大的航空火力和炮火反复打击。在“飞马”行动开始后，看到陆战9团1营得手，跃跃欲试的陆战26团2营营长希斯也着手试图拔掉595高地这颗钉子。4月6日清晨，在里·R·奥弗斯特里特上尉率领下，陆战26团2营G连前往595高地搜索越军。午前，当G连爬上595高地山顶时，突然遭到越军第24步兵团4营5连1排副排长阿宁等6位勇士猛烈的射击，几名陆战队员当场被击毙。G连试图隐蔽时，又受到山顶1排3班和山腰1、2班的火力夹击，伤亡惨重。在这种情况下，里·R·奥弗斯特里特上尉只得呼叫炮兵和空中火力支援，可飞机数量有限，而炮兵又往往要保障支援其他部队进行低空俯冲攻击的喷气式战斗机的安全，无法及时开炮。由于火力协调问题重重，陆战26团2营G连始终没能粉碎山顶越军的抵抗。根据

▲ 陆战26团2营E连连长布里汀正向上级报告，E连成功反击，击退了越军对861高地的进攻。

G连报告，当天一共战死14人，49人重伤后撤，11人带伤留队，宣称击毙越军47人。按照《第304步兵师战史》的记载，当天第24步兵团5连1排在595高地顽强战斗，歼灭美军120人，其中3排歼敌40人，只有战士阿首负伤。

如此惨烈的败北让希斯中校几乎不敢相信自己的眼睛。第二天（4月7日），他命令G连和F连联手继续冲击595高地。可当天骄阳似火，G连和F连还没有冲上595高地山顶，不少人就中暑倒下。进攻战斗也再次遭到越军第24步兵团4营5连1排极为顽强的抵抗。F连2个排长身先士卒冲锋在前，却被越军火力打倒在地，其中1个排打到只剩14人，然后在加尔扎下士带领下继续战斗，G连连长奥弗斯特里特上尉也在战斗中负伤。进攻再次失败，2个连在7日战死8人，负伤53人。其中，G连在2天前还有210人，现在却剩120人。

获得胜利的同时，越军也付出了巨大的代价。595高地山腰的第24步兵团4营5连1排1、2班几乎全部倒下，山顶的1排3班也损失殆尽：3班长阿带战死，副排长阿宁和3名战士负伤，只剩19岁的战士陈友保还健在。他先是把阿宁和3名战士背到预备阵地，包扎完毕再重返阵地。面对美军最后一次冲击，他抓起手榴弹塞进兜里，并扛起B40火箭筒冲出阵地，向美军射击。密集的爆炸不仅击退了G连和F连最后的冲击，而且让第24步兵团5连惊喜得知1排没有覆灭。于是，5连在美军撤离后组织指战员登上595高地，撤下了陈友保，并把伤员和尸体转移到后方。

由于595高地杰出的表现，陈友保在溪山战役结束后，获得越南国会和政府授予的“人民武装力量英雄”荣誉称号。

南越国军第3伞兵战团的主要指挥官名单

部队	指挥官
第3伞兵战团长	阮克南上校
第3伞兵营营长	陈国历少校
第6伞兵营营长	张永福少校
第8伞兵营营长	阮文寿少校

连续打了2天竟然是这种结果，希斯中校感到气馁。他不知道，其实越军已经放弃了595高地。为了“雪耻”，美军连续2天对595高地进行航空火力和炮火打击，把595高地炸了个底朝天。4月9日，陆战26团2营全体上阵冲击，然而一直摸到595高地山顶，除了美军遗弃的尸体和一部PRC–25电台外，什么都没有发现。

陆战26团2营遭受惨败的同时，陆战26团1营也出溪山基地往南，派D连对3号据点实施突击，收容2月25日和3月30日在3号据点两次战斗中失踪的25名陆战队员的尸体。然而，面对扑上来的陆战26团D连，坚守3号据点这个英雄阵地的越军第9步兵团1营1连却退缩了。1连指导员还没战斗就向9团团指请求允许撤出3号据点，但被9团团指驳回。在没有获得上级同意的情况下，他组织召开1连党支部会议，一起做出了放弃3号据点、全连撤退的“决定”。由于1连的怯战放弃，导致陆战26团1营D连兵不血刃拿下了3号据点，收敛了21具B连失踪官兵的尸体。

虽然越军对美军骑兵1师和加强陆战26团的进攻战斗都进行了顽强的抵抗，但第304A步兵师经过连续2个月的战斗，各营兵力缺编很大，即使局部战斗打得英勇顽强并取得了很高的战斗效率，然而始终没法弥补兵力不足的缺陷，更重要的是，在“飞马”行动一开始，美国空军和陆军猛烈的火力打击，给第304A步兵师造成了比直接和美军步兵战斗大得多的伤亡。由于损失太大，第304A步兵师实在无力阻止美军重新打通9号公路。4月6日中午，陆战9团1营在471高地和美国陆军骑兵12团2营胜利会师。作为高潮日，当天南越国军第8伞兵营84连搭载直升机在溪山基地着陆，与南越国军别动军第37营取得联系。这标志着自1月27日南越国军别动军第37营进驻溪山基地以来，另一支南越国军精锐部队也到位了。

4月7日开始，在淮村、古堡、471高地被攻克，以及越军重创陆战26团2营放弃595高地后，美军的作战进度大大加快了。陆战9团1营继续向西挺进，几乎未遇任何抵抗就夺取了552高地。沿着9号公路，陆战1团也实施了零星的机降作战，陆战1团2营和陆战3团2营继续沿着9号公路沿线实施搜剿，保障第11工兵营修路作业不受干扰。美国陆军骑兵1师3旅继续向西扩张战果。第304A步兵师逐步将作战重点转移到打击南越国军第3伞兵战团的方向上。

4月8日凌晨，第66步兵团7营和特工分队一起，袭击了542高地之敌，宣称歼敌近300人，重创了南越国军第6伞兵营。

4月7日，越军第66步兵团7营11连在围村北面300高地袭击了南越国军伞兵部队，宣称歼敌1个连，自己战死5人、负伤24人。

4月6日，阮文寿少校带着第8伞兵营所属的84连刚刚在溪山基地机降，就冷不防吃了越军一顿迫击炮火。伞兵8营的美军顾问威斯利·B·泰勒上尉差点丧命。下午，第3伞兵战团长阮克南上校和阮文寿少校亲自带着第8伞兵营主力在溪山基地东南2千米的布村实施机降，却在凌晨遭到越军第24步兵团5营进攻和迫击炮火力急袭，导致18名伞兵负伤。

4月7日下午，南越国军第6伞兵营在围村附近着陆，准备执行封锁越老边界的任务。当天夜间，越军第66步兵团7营2连在特工分队的配合下，对300高地的南越国军第6伞兵营展开攻击，造成第6伞兵营11死30伤，

陆战26团2营E连的2名陆战队员正在修补受损铁丝网，前方躺着一名战死的越军士兵。

越军66团7营2连5人战死，24人负伤。

虽然承受了越军重点打击，但南越国军第3伞兵战团还是基本完成了任务。在越军第304A步兵师和南越国军第3伞兵战团鏖战的同时，美国陆军骑兵1师也明显加快了“飞马”行动的作战进度。

在没有受到强烈抵抗的情况下，美国陆军骑兵7团2营于4月8日08点00分沿着一条咖啡种植园道路进入了溪山基地，宣告9号公路的歌路到溪山路段完全打通。受到这个胜利的鼓舞，陆战9团1营也从471高地继续向西攻击前进，拿下了689高地。美中不足的是，在往689高地行进过程中，陆战9团1营战斗队形遭到越军准确的迫击炮火力打击，导致陆战9团1营9死27伤。

4月9日是溪山被围以来，基地首次没有遭到越军炮火袭击的日子。暂编军军长、飞马行动指挥官罗森中将向第3两栖军军长库什曼中将报告，已经不再需要对溪山基地进行空投补给了，因为机场已经完全修复和开放，包括C-130在内的各式运输机已经可以顺利着陆。在这种情况下，从歌路到溪山之间作战的联军各部开始使用溪山基地接收弹药补给。4月11日，美军第11工兵营重新修通了从歌路到溪山之间的9号公路，他们加固了9座桥梁，建立了17个迂回道，修复了14个公路路段。这是自1967年9月以来，歌路到溪山之间9号公路第一次通车。同一天，美国陆军骑兵1师进行了“飞马”行动期间的最后一次攻坚战斗，直取围村。令他们惊讶的是，一度被他们认为“已经溃不成军”的越军却在围村组织了坚决抵抗。骑兵12团1营打了一整天都没有攻下目标，只得退下来调整部署，第二天重新进攻的时候，越军第66步兵团9营11连副连长未经请示，就命令部队擅自放弃围村基地的据点，导致骑兵12团1营未发一弹就轻易占领围村，而负责支援11连的第675炮兵团2营因担心误击围村守备的步兵没敢开炮。

围村之战，也是美国陆军骑兵1师“飞马”行动的最后一战。4月13日，罗森中将命令美国陆军骑兵1师撤离溪山基地，前往阿绍河谷实施新的作战。几个小时后，美国陆军骑兵1师1旅首先离开了溪山基地，接着南越国军别动军第37营也离开了溪山。

美国陆军骑兵1师和南越国军别动军第37营逐步撤离的同时，陆战1团和陆战26团继续在溪山周围地区展开搜剿作战。巡逻队频繁报告，越军仍逗留在881高地北子高地，陆战26团新任团长布鲁斯·E·迈尔斯上校命令陆战26团3营肃清这个高地的越军。

和1月20日陆战26团3营I连侦察881高地北子高地的仓促准备不同的是，1968年4月14日对881高地北子高地的攻击进行了充分准备。美军计划动用陆战26团3营全部兵力，由陆战26团3营营长约翰·C·斯图德中校亲自坐镇指挥。为了夺取881高地北子高地，斯图德中校拟定了周密的火力支援计划，除了溪山基地和歌路基地的炮兵火力外，他还要求全营8门106.6毫米无后坐力炮和881高地南子高地的3门105毫米榴弹炮也参加作战支援。

4月13日黄昏，陆战26团3营全力以赴进行战斗准备。午夜时刻，在夜幕的掩护下，陆战26团3营4个连在2个搜索犬小组引导下，沿着预定路线进入881高地南子高地和北子高地之间的“山鞍”攻击前出发阵地。进攻前，斯图德把I连1个排和营部连留在881

2名美国海军陆战队的观察员正趴在掩体顶部用双筒望远镜监视越军延伸的堑壕，试图捕捉越军的迫击炮阵地。

高地南子高地，加上营武器连统一由准备晋升为少校的威廉·达比尼指挥。一整夜的时间里，陆战队炮兵和迫击炮都不断轰击881高地北子高地，摧毁了越军不少工事掩体和堑壕，基本完成了炮火准备的任务指标。

4月14日05点30分，在徐进弹幕支援下，陆战26团3营3个连并肩展开攻击，营部和1个连充当预备队。炮火支援是如此有效，以至于881高地正斜面（南坡）处处都是巨大的弹坑和倒木，坑坑洼洼的地形如同月球表面一般。陆战26团3营轻松拿下了南坡。881高地南子高地上密切关注北子高地战斗情况的迈尔斯对106.6毫米无后坐力炮的威力留下了深刻的印象。当陆战队开始爬上南坡时，正巧遇到一小片树林，顷刻间881高地南子高地的106.6毫米无后坐力炮齐射，当即把树木炸飞。靠近881高地北子高地山顶时，陆战26团3营呼叫炮火支援。不一会儿，2000发炮弹密密麻麻地砸在目标高地上。接着，陆战26团3营以K连从右翼冲上山顶。经过激战，美军把越军从掩体和战壕废墟中逐出。14点28分，K连在881高地北子高地升起了星条旗。为了这次战斗的胜利，陆战26团3营付出6死21伤的代价，完成了驱逐881高地北子高地越军的任务后，陆战26团3营撤回881高地南子高地。

881高地北子高地也是“飞马”行动的最后一战。4月15日08点00分，陆战3师开始接过溪山基地的作战指挥权，“飞马”行动结束，溪山地区作战转入到苏格兰2号行动。美国陆军骑兵1师师部撤回伊万斯军营，骑兵1师2旅暂归陆战3师节制。陆战1团进驻溪山基地，和陆战26团换防。完成了与最艰难阶段守备溪山任务的陆战26团的防务交接后，离开了溪山。陆战26团3营营长斯图德中校回忆道：“我营乘坐直升机从881高地南子高地首先撤到溪山，然后转移到广治。”

在4月1—15日的“飞马”行动中，根据

美国官方公布的数字，骑兵 1 师战死 51 人，负伤 251 人，失踪 5 人，美国海军陆战队 51 人战死，459 人负伤，南越国军 33 人战死，187 人负伤，联军伤亡合计 1045 人。可实际上，前美国海军陆战队员、溪山战役著名研究学者雷·斯塔贝对溪山地区所有美军伤亡人员逐个统计，发现 1968 年 4 月 1—15 日，美军（包括美国海、陆、空、海军陆战队）在溪山地区共战死 165 人，负伤 1600 人（其中负伤后送 845 人），损失 8 架固定翼飞机和 3 架直升机。也就是说战时统计的美军战死数字有所缩水，而且负伤统计实际是重伤后送的叠加，并没有包括轻伤留队者，可以说“飞马”行动代价确实不轻。关于南越国军的战死数字也有不同说法，《美国海军陆战队官方战史》就认为“飞马”行动中，南越国军战死 51 人。

战绩方面，联军宣称基本消灭越军 1 个师，清点到 1304 具尸体，抓俘 21 人，缴获 207 件轻重机枪、火箭筒、无后坐力炮和迫击炮、高射机枪，2 门高射炮和 557 件自动步枪、栓动步枪，1.2 万发大口径榴弹，5 辆卡车和 1 辆 PT–76 水陆两用坦克。

从联军角度来看，“飞马”行动仅用两周时间既打破了越军第 304A 步兵师对溪山基地的围困，也打通了 9 号公路，而且给予越军第 304A 步兵师沉重的打击，无论从哪个方面看，作战目的都达到了。美中不足的是，重创对手的同时，联军自身实际也蒙受了 2000 人的伤亡，这对于打一个实际战斗兵力只有 3000 人的第 304A 步兵师来说，这样的代价确实是太大了。

而第 304A 步兵师对“飞马”行动的结果，却认为是双方战平：

经过 13 天的战斗，美国陆军骑兵 1 师和南越国军第 3 伞兵旅团出动强大的兵力在空前强大的火力支援下，展开“飞马”行动，却没能完成围歼我师的计划，仅仅是扩展了溪山基地外围的控制区域。溪山基地仍然处于我军围困中，溪山基地受到破坏，C–130 运输机仍然没法着陆。

在溪山基地内的陆战 26 团试图往外打，但也没有获得成功。美国陆军骑兵 1 师和南越国军第 3 伞兵旅团损失惨重，失去了战斗力。随着时间的推移，敌人发现我军在顺化周围地区集结了 18 个营的兵力（是 1968 年新春总进攻和总奋起对顺化总攻击兵力的 2 倍）准备进行新春总进攻和总奋起第二阶段攻势。美军情报部门还声称，我军 2 个师已经进至溪山基地西部的越老边界地区。

1968 年 4 月 12—14 日，为了封锁溪山西部的越老边界地区，美国空军出动 B52 战略轰炸机群，对斜空到班东之间 9 号公路段进行绵密的轰炸。美军指挥部被迫撤出美国陆军骑兵 1 师和南越国军第 3 伞兵旅团，遗憾结束了“飞马”行动。

4 月 14 日夜，BBC 和美联社双双发布越南战场最新消息：“飞马行动结束，双方打成平手，谁也没赢，谁也没输。”

1968 年 4 月 16 日，越南中央军委常委致信 9 号公路—溪山战役指挥部，对他们粉碎美军“飞马”行动通令嘉奖。

这个评价确实太偏颇了。实际上，美军圆满达成了行动目标，溪山基地解围，9 号公路已经打通，溪山机场彻底开放，这些事实都无可辩驳。第 304A 步兵师对飞马行动的评价只是一厢情愿对现实的回避。

经过奋战，美军完全达成了“飞马”行动的预期目的，彻底恢复了歌路到溪山之间9号公路段的畅通。

尽管如此，第304A步兵师的表现还是可圈可点。作为越南人民军总部直辖主力师在越南南方战场上直接和兵力占绝对优势的美国海军陆战队第26团、美国陆军骑兵1师、南越国军战略总预备队之一的第3伞兵战团的第一次正面较量，在实际战斗兵员不到3000的情况下，在各次阻击战中表现出了以一挡十的顽强战斗意志，巧妙布阵，最大限度发挥指战员们的主观能动性，创造了一个又一个的小部队高效率战斗范例，证明了越南人民军战士面对强敌，善于亮剑，敢于亮剑，英勇善战不具对手强大，表现出了绝不亚于美军的单兵素质，值得对手尊重。从这点来看，第304A步兵师虽败犹荣。

当然，在看到第304A步兵师亮点的同时，该师的不足之处也不能忽视。9号公路—溪山战役指挥部认为，在“飞马”行动中，虽然美军损失不小，但越军没能抓住机会全歼美军哪怕任何一个营；另外，在美军打通溪山基地联系和9号公路后，越军斗志明显下降，不听指挥、擅自撤退的情况增多——第9步兵团未经请示，未得到上级命令，就擅自把围困溪山基地的2个营撤往后方，第24步兵团和第66步兵团的进攻和袭击战斗也表现得比较消极，没有以更积极的态度抓住美军脱离工事这种最有利的情况去反复进攻和袭击，战役炮兵部队因为一开始就丢失了许多观察所，没能和步兵进行密切配合；每次战斗结束后，第304A步兵师都没有迅速充实各单位兵员（从后方和机关抽调人员），导致各单位始终以严重缺编的兵力苦战，严重影响了部队战斗效能。这些都是越军在未来与美军的较量中亟需改进的缺点。

第三节 陆战队之耻

虽然“飞马”行动胜利结束，但越军在1968年的第二阶段新春总进攻和总奋起迫在眉睫。为了腾出预备队，第3两栖军军长库什曼中将和威廉·B·罗森中将都建议马上放弃溪山基地。形势已经很明显了，溪山基地的保留只是牵制美军的机动兵力而已，没有任何意义。威斯特摩兰上将虽然心里很清楚溪山基地实际已经束缚了美军的机动兵力，但为了他所谓的封堵住越军溪山地区往南越的运输干线，下令溪山基地必须保留。

在这种情况下，溪山基地的美军为威斯特摩兰上将的错误决策又继续被放血了3个月，直到越战名将艾布拉姆斯上将出任美国远征军总司令，才结束了溪山基地存在的错误。既然上头说要打，下级就得从命。陆战3师师长汤普金森少将马上把副师长雅各布·E·格里克准将派往溪山地区，全权指挥溪山基地的苏格兰2号行动。格里克到位的时候，溪山基地正在进行换防作业，陆战26团陆续撤离基地，返回广治市。在格里克手下的兵力一共是5个营，陆战1团1、2营和陆战9团1营，以及美国陆军骑兵1师2旅2个营。从4月16日开始，溪山基地的美军继续向四周积极出击，防范越军重新围困溪山基地。同时，陆战26团从4月16日到18日陆续撤离溪山基地。

为了迟滞陆战26团的换防，9号公路—溪山战役指挥部命令第304A步兵师克服一切困难，迅速充实各单位兵员，继续恢复对溪山基地的围困，压制溪山机场，努力揪住美军打，主要作战区域集中在622高地、淮村和古堡。同时，除了要分兵一部分，沿9号公路组织运动进攻和伏击战，消灭消耗美军一部分有生力量外，还要尽最大努力尽可能久地钳制和吸引住更多的美军战略机动兵团。

然而，在连续三个月的激烈战斗，特别是“飞马”行动后，第304A步兵师兵力急剧下降。许多干部和战士战死、负伤、生病、逃亡，严重削弱了第304A步兵师的战斗力。在这种情况下，第304A步兵师师指打算边打边给部队补充，逐步恢复战斗力，但首要任务还是战斗。因此，泰勇命令各团在充实部队兵力的同时，争取恢复对溪山基地的围困，同时把小打和打交通线有机结合起来，组织好营连袭击战斗，给溪山基地的美军继续施加强大的压力。

遵照师指的命令，越军第9步兵团政委阮经和团参谋长阮寿指挥1营，对淮村据点的美军展开运动进攻。第66步兵团8营和第325C步兵师第101D步兵团2营在各自营长阿强和阿琴的指挥下，轮番派兵袭击9号公路交通。第24步兵团派4营袭击煦上，5营袭击斜里和斜观。

虽然上下严令，但美军已经巩固了向化、古堡、围村、吉村、淮村周围地区，第304A步兵师各团的运动进攻和袭击战斗只是消灭消耗了美军一批有生力量，对溪山基地的围困没能恢复到“飞马”行动之前，9号公路依然通畅。

不过，第304A步兵师在困难重重，特别是兵力补充不济的情况下，仍在顽强战斗，不断给予美军沉重打击。4月16日，越军第66步兵团9营的622高地之战，是第304A步兵师在溪山战役中又一个模范战例。

当天07点00分，亨利·D·班克上尉率领陆战9团1营A连2个加强排往689高地巡逻。10点00分，连长班克命令部队暂停前进，改以2个班前往附近一个密覆1.2~1.8米高的大象草的622高地搜索敌情。不出班克意料，这2个班马上遭到越军第66步兵团9营的步兵武器和迫击炮火力打击，被迫退了回来，报告2名陆战队员战死。班克上尉马上命令1排展开火力，掩护2排冲击622高地。

米歇尔·P·海伊登中尉率2排很快冲上622高地北坡，还没等扑进对方阵地就被依托伪装良好、形成交叉火力阵地体系的越军火力网打趴，海伊登中尉和排里的资深中士双双战死。2排虽然努力组织火力压制越军地堡群，但效果甚微。班克上尉只得命令2排撤下来，向基地请求火力支援。可令他傻眼的是，2排报告死伤人员都倒在越军地堡前10米，还在敌人火力威胁下，根本撤不下来。越军猛烈而准确的火力很快给美军造成了10死20伤的损失，相当于1个排的兵力受到了歼灭性的打击。虽然损失很大，但班克认为自己的对手不过是1个班的越军而已，在向陆战9团1营新任营长卡希尔中校报告情况后，他拒绝了卡希尔派兵支援的提议。死要面子活受罪，班克试图让1排上去掩护2排把伤亡人员给撤下来，但在“1个班”的越军火力打击下，1排也无可奈何。卡希尔也不傻，赶紧命令C连和D连做好战斗准备，随时增援。

▲陆战26团团长戴维·洛文德斯上校把指挥权移交给布鲁斯·E·迈尔斯，两人正在举行指挥权交接仪式。

战至中午，无可奈何的班克只得厚着脸皮求援。劳伦斯·希梅尔上尉的C连2个排赶来，卡希尔中校亲自前往。赶到689高地，卡希尔才发现A连2个排已经全部集中到622高地北坡，死伤太大，根本无法动弹。他命令希梅尔上尉马上率C连2个排从南面迂回攻击。眼看战斗规模越来越大，还有2天就要撤离溪山基地的陆战26团新团长迈尔斯坐不住了，通过电台询问卡希尔是否要增援，但卡希尔和班克一样倔强，答复说他们自己足够了。

然而，卡希尔过分低估了敌情，把1个营的兵力和火力误判成只有1个班，这对向来喜欢夸大对手，喜欢敌七我三的美军来说是头一遭如此低估敌人。从南面迂回攻上622高地的C连很快遭到左翼突如其来的火力打击。美军所不知道的是，第66步兵团9营早就把622高地修成坚固的堡垒，到处都是地堡和暗火力点。越军的射击纪律非常严明，A连冲击的时候北坡正、侧面火力射击，南坡火力点保持沉默，继续维持良好的隐蔽，等到C连进入射程后突然开火，把C连打了个措手不及。

原本要救A连的C连，自身也遭到了灭顶之灾。连长希梅尔、2名排长、1名资深中士和几名班长中弹倒下。威廉·C·康内里中尉接替指挥，立即呼叫炮火支援，可炮弹打得太近，在左翼50米内爆炸，险些伤及C连，只得停止支援。

15点00分，A连和C连在越军火力打击下，完全陷入了绝境。两个连伤亡都很大，许多指挥官和士官非死即伤，幸存的将士们只得趴在大象草里忍受越军的机枪火力打击和不时落下的迫击炮弹轰击，甚至连营长卡希尔中校也三处负伤。为了挽救形势，他只得命令约翰·W·卡尔吉勒上尉的D连赶来，从A连右翼投入战斗，沿着西北往东南方向攻下622高地，掩护A、C两连撤退。当时A连兵力损失太大已经完全失去战斗力，连长班克上尉打算趁着D连进攻之际，带A连撤下来。令人失望的是，卡尔吉勒上尉的D连冲击也受到了强烈抵抗。当D连穿过大象草时，突然遭到准确的狙击火力伏击，4名陆战队员均被爆头。高高的大象草和高地山坡间双方混乱交织的弹道让D连根本没法查明越军狙击手的位置和越军在622高地的阵地布置情况。虽然D连不顾一切努力冲击，但很快就在火力打击下伤亡越来越大，逐步停滞不前。

大约17点30分，班克自己也受了重伤，弗朗西斯·B·拉弗里少尉接任A连连长。通过无线电，卡希尔接到D连伤亡越来越大，已经冲不动的报告后自己也泄气了。他命令A连和C连扔下战死者，带上伤员撤回。卡希尔这道命令可以说是混帐透顶，完全违反了两个星期前他出任陆战9团1营营长时，陆战3师师长汤普金森少将对他再三强调的纪律："陆战队从不遗弃队友，必须把所有阵亡者给我带回来。"这次战斗损失大得惊人，陆战9团1营战死43人，负伤32人（一半以上重伤）。为了找回尸体，美军整整忙碌了6天，除了4具尸体外，最终收容得39具尸体。这样的惨败震惊了陆战3师高层，这是整个溪山战役中陆战队对单个目标进攻战斗最大的失败和最大的耻辱，不仅战斗完败，连陆战队的传统决

◀凭借着强大的空炮火力和兵力优势，美军强行打通了9号公路并成功解除了越军对溪山基地的围困。

不丢尸都忘得一干二净。震怒之下的汤普金森只能挥泪斩马谡，解除了卡希尔的职务。

虽然陆战9团1营的惨败令人震惊，但总的来说溪山基地周围形势对美军还是向好的方向发展。陆战1团团长斯坦利·S·休斯上校从陆战26团团长迈尔斯上校手上接过指挥权。陆战1团1营部署在558、950、861和881高地南子高地，陆战1团2营和团指留在溪山基地内，陆战3团2营留在9号公路沿线保障交通运输。4月底，驻溪山基地各营的主要任务是往向化县周围高地出击，没有遇到太大抵抗。

不过，9号公路方向的美军交通运输依然受到威胁。越军第304A步兵师尽管兵力不足，还是频繁组织对9号公路的袭击战斗：4月17日，第9步兵团1营袭击了吉村，宣称歼美70人，击毁1辆坦克；第9步兵团2营经过3个月连续不断的战斗，全营只凑得出13名指战员而且还和团指失去联系，可还是按照布置顽强埋伏在同库山脚，在每周仅有少得可怜的供应，只能喝粥啃树皮的情况下顽强组织战斗，伏击美军运输车队，宣称打掉8辆坦克装甲车和1辆吉普车；打得最好的莫过于第66步兵团8营，他们在4月19日伏击了歌路到溪山公路半途的陆战11团1营B连的运输车队，宣称打掉1辆坦克和2辆装甲运兵车。美军的确损失很大，整个车队一共由5辆车组成，在越军66团8营的伏击下只有1辆车最终抵达歌路，车队人员3死7伤。根据陆战11团1营营长罗伯特·C·休斯中校的回忆，第66步兵团8营的伏击阵地设在一个拐进河谷的洼地，他们在洼地树丛根部挖掩体，布置火力点。由于伪装良好（越军丛林战伪装的本领确实令人钦佩），除非越军开火，不然美军根本没法查明火力点具体位置。

为了更为有效地确保9号公路的安全，陆战3师副师长雅各布·E·格里克准将命令组织暂编机械连，由陆战队第3坦克营一部、陆战1团B连3排、陆战1团G连3排和反坦克连共同组成，负责9号公路沿线的游动巡逻，保护运输车队。同时，格里克还限制9号公路取消一切非作战必要的交通作业。采取这些措施后，歌路到溪山之间的9号公路段受到伏击的次数确实大为减少。

对第304A步兵师来说，1968年4月是他们师史上最艰苦、同时也是最辉煌的岁月。第304A步兵师作为越南人民军总部直辖机动主力师，在缺兵少将独立作战的情况下，连续和美国陆军、美国海军陆战队、南越国军伞兵进行了49次大小战斗（含阵地防御战、运动进攻、袭击、游动炮击、游动狙击），配属炮兵实施了20次独立战斗，宣称歼联军3594人，其中美军2234人。

在这次抗击美军“飞马”行动的战役中，越南社会主义民主共和国境内各大报社记者和作家，以及越南人民军第三军区摄影部电影摄制队一起赶往战场，深入采访第304A步兵师。战地采访和战地摄影处处充满了危险，死亡时刻笼罩着他们。战地记者武滔和第三军区2名电影摄影员（一男一女）前往第304A步兵师师指做采访和摄影时，突然遇到美国空军B52战略轰炸机的空袭，武韬和第304A步兵师副政委阮仲慧，以及师指许多指战员一道英勇负伤。

纵然有牺牲，纵然有失败，但1968年4月对所有参加过溪山战役的第304A步兵师绝不是苦涩的回忆，而是宝贵的经验和人生的锤炼，不少将领脱颖而出。特别是第 304A 步兵师师长黄丹中校，“飞马”行动是他人生的转折点，正是由于他力排众议，主张以己之长攻敌之短，在战役过程中多次亲临前线指挥战斗，尽可能发挥了第 304A 步兵师的有限战斗力，在兵力严重不足，战斗兵力和美军相差巨大的情况下，能够让联军付出 2000 人伤亡的代价，着实显示了自己的指挥才干。在师长泰勇转任第 308A 步兵师师长后，黄丹中校顺理成章接任第 304A 步兵师师长，在他的率领下，第 304A 步兵师战斗力更上一层楼，在 1972 年战略进攻广治阶段中，表现力压第 308A 步兵师，成为名符其实的越南人民军实战第一王牌师。

同样在溪山战役脱颖而出的还有第 304A 步兵师所属的第 24 步兵团团长黎公世，他在战役第一阶段组织的班会珊进攻战斗和围村进攻战斗堪称越南人民军在抗美救国战争中攻坚战的经典范例。在抗击美军“飞马”行动中，第 24 步兵团也表现出色，多次组织对美军和南越国军运动进攻和小打袭击、游动狙击，给美军和南越国军不小的杀伤，战绩始终在全师名列第一。在溪山战役结束后，黎公世认真总结溪山战役的经验教训，在 1972 年战略进攻广治阶段打出整个战役中唯一一个歼灭战例，拔掉了卡罗尔火力基地，全歼南越国军第 3 步兵师团所属的第 56 步兵团，活捉团长潘文定中校和副团长阮定锋少校，后接替黄丹出任第 304A 步兵师师长，在 1975 年春季大捷中做了突出奉献，活捉南越最后一任总统杨文明，为“荣光师团”再添新辉。

▲虽然打通了9号公路，可越军第304A步兵师和第675炮兵团2营、第45炮兵团仍然顽强不断地对溪山基地组织游动炮击和灵活狙击袭扰，给美军继续“放血”。图为被击毁的美军C-123运输机。

|第八章|

别了，溪山！

第一节　先锋军驾到

经过了2个多月的酝酿和准备，1968年5月5日越南人民军在整个越南南方发动了第二阶段总进攻和总奋起。越南中央政治局在对第二阶段总进攻和总奋起的指示中，重点强调：“要发挥连续战胜之势，连续发展进攻，取得更大的胜利，加快发展革命政治力量和武装力量，让敌人完全处于失败被动之势，继而滚出越南南方。”

在做出全面指示的同时，越南中央军委给9号公路—溪山战役指挥部的任务是：继续围困溪山基地，钳制和消灭9号公路战场之敌。

为了完成1968年新春总进攻和总奋起第二阶段越南中央军委交付的任务，9号公路—溪山战役指挥部党委开会决定，集中兵力主动在各个阵地展开攻击，消灭联军一部分重要有生力量和技术装备。迅速恢复和巩固对溪山基地的围困，创造继续威胁溪山基地之势，迫使联军分兵进行第二次救援，创造打击脱离工事之敌的有利战机，若对手沿9号公路撤退则坚决消灭。

然而，这个决定引起了部队的意见——经过长期连续不断的战斗，第304A步兵师战斗力受到很大削弱，兵力和武器弹药都很有限，卫勤保障虽说是竭尽全力，但部队健康率已经无法维持80%以上，目前仍在持续下滑。考虑再三，9号公路—溪山战役指挥部把决心重新定位为主动固守现有阵地，积极进行袭击战斗，打歼灭战，连续出击联军各个据点，同时抓紧时间整补各个单位，等待条件成熟的情况再争取胜利。

根据这个指导思想，9号公路—溪山战役指挥部党委重新调整了溪山地区的第304A步兵师的兵力部署态势：第101D步兵团2营在9号公路的甘露—遥观段进行破交战斗；第66步兵团负责在溪山西部和西南重建围困据点阵地；第9步兵团要在南面重新恢复围困；第24步兵团暂时撤到后方补充，随时准备根据新的命令参加战斗。

与此同时，美军也在调整部署。1968年4月底，陆战3师副师长格里克准将去职，新任副师长的霍夫曼准将开始负起溪山基地的作战指挥权。霍夫曼继续执行前任格里克继续在溪山基地周围进行有限机动防御的措施，防范越军重新围困溪山基地。为了积极搜索和打击溪山基地周围的越军，他还制定了一个所谓的“钥匙孔使命”计划，由4名陆战队员组成纵深侦察巡逻小分队，采取“摸一把”的渗透战术，用4~5架直升机同时外出巡逻，但只有一架直升机放下纵深侦察巡逻小分队，摸一把就走人。按照霍夫曼的说法，采取了“钥匙孔”计划后，他的纵深侦察巡逻小分队带回了许多宝贵的敌情资料。

不过，“钥匙孔”计划的实施，并没能堵住第304A步兵师对溪山基地的积极游动炮击和活跃狙击。据统计，4月16日—7月11日美国海军陆战队在溪山地区战死的301人和负伤后送的1489人中至少有一半是倒在第304A步兵师的枪口和迫击炮火力打击下，越军的活跃狙击和游动炮击作战虽然每次歼敌不多，但给美军造成的累积伤亡却远远超过了正式战斗的损失。

在游动狙击和游动炮击的同时，越军第304A步兵师也积极对美军组织了一系列袭击战斗：5月4日，袭击522高地，重创陆战队1个连；第66步兵团在继续围困832高地和689高地的同时，加大了对美军的狙击和袭击频率；在南面，第9步兵团打掉美军在淮村周

◀虽然依旧受到越军的游动炮击和灵活狙击袭扰，但溪山基地的日子过得还是挺快活的。图为溪山基地的美军野战邮局。

围的一次反击，获得不小的战果。

第304A步兵师顽强战斗，让美军频繁出巡，累积伤亡大的同时，还大量消耗物资，使溪山基地储备量严重不足。1968年5月5日，溪山基地报告只剩5天的物资储备量，后勤支援单位都快束手无策了。这样的窘态让霍夫曼准将在震惊之余，赶紧把陆战3师在北广治各个基地的后勤库存用车队和直升机群向歌路基地调运，然后从歌路基地的“斯图德着陆区”采取直升机空运和沿9号公路车队运输的方式向溪山基地紧急抢运。然而，重新恢复沿9号公路的大规模运输作业，却给304A步兵师提供了良好的伏击机会。5月14日，美军一支车队从歌路基地出发，在一个往北拐进入溪山基地的咖啡种植园交叉路口不到1千米处遭到越军第101D步兵团2营伏击。负责警戒车队的陆战1团2营G连立即下车迎战越军。在附近，陆战3团2营正集结队伍，准备乘坐直升机开赴1015高地，当伏击消息传来后，陆战3团2营马上取消了开赴1015高地的任务，赶往救援车队。越军匆忙撤退，却在距伏击点南面1500米处被陆战3团2营追上，继而两面截杀。面对危境，越军也没有慌乱，而是迅速撤进周围的预设地堡，依托阵地和陆战3团2营展开2个小时的激烈战斗。陆战3团2营宣称毙敌74人，自身7死36伤。5月14日的伏击战标志着越军在9号公路的破交作战重新活跃起来。第101D步兵团2营遵照战役指挥部的命令，在第9步兵团2营配合下，顽强战斗，不断在9号公路组织袭击和伏击战斗，给美军造成了不小的麻烦。

5月17日，陆战1团2营H连在溪山—围村之间的9号公路半途中巡逻时，发现了5名越军，顺势追击上去。美军中了计，这5名越军实际是诱饵，他们迅速把H连诱入越军1个连的伏击圈。依托伪装良好的地堡，越军从近距离朝H连猛烈开火。当然，H连也不傻，将计就计，迅速退下去，呼叫炮兵和航空火力打击暴露的越军阵地，接着发起攻击迅速拿下了这些地堡。这次战斗，陆战1团2营H连6死8伤，宣称击毙越军52人。

5月19日07点10分，正当陆战4团3营I连还在552高地奋战的当头，陆战1团2营F连1个排在2辆坦克支援下从溪山基地往南，沿咖啡种植园道路前进，掩护一支车队开回歌路。距咖啡种植园道路和9号公路交叉路口约300米处，陆战1团2营F连突然遭到越军伏击。在这次伏击中，越军1个连同样展现了巧妙的战法，他们依托阵地工事，把陆战队放近至25米，才突然开火。密集的自动步枪火力、RPG火箭筒和手榴弹把F连打得根本抬不起头来。虽然美军努力尝试反击，但却被越军连番击退。战场上密集落下的迫击炮弹群，更是增加了陆战队员们的痛苦。得知连主力遭到伏击的消息，留在溪山基地内的陆战1团F连主力立即出动，前往增援受困的战友和车队。让人大跌眼镜的是，越军不仅击退了F连的冲击，而且还发起了果断的反突击！攻守瞬间易位，转入防御的F连勉强击退了越军的冲击，可车队却没法前进。比利·R·邓肯中校——陆战1团2营营长坐不住了，他带着一个小型指挥班赶到了战场，亲临一线指挥战斗。也不知道他的到来是不是给F连带来了厄运，就他抵达现场的一刹那，F连连长被迫击炮弹炸死，F连也和越军斗得难分难解。

时间拖下去对美军不利，邓肯果断把G

连投入战斗，与F连合兵一处，首先粉碎越军的反冲击，然后呼叫航空火力打击越军阵地。可越军也不会坐以待毙，他们紧紧贴住美军阵地，双方战线相距30~50米，让美军炮兵无从下手。在这种情况下，邓肯只得呼叫陆战队第1航空联队对越军后方投掷凝固汽油弹，采取火攻战术退敌。这招果然奏效，越军没有继续坚持打下去，而是转身撤出了战场。战场恢复平静后，陆战1团2营继续组织向南搜索，试图追杀越军，不料对手来无影、去无踪，陆战1团2营忙里忙外却两手空空，但至少掩护车队安全通行的任务圆满完成。这次战斗，陆战1团2营包括F连和G连两位连长在内共有8人战死，34人负伤，宣称击毙越军113人（其中现场清点尸体69具），抓俘3人。

▲ 在歌路和溪山之间的9号公路段巡逻的陆战队第3坦克营所属的M48“巴顿”式主战坦克。

打扫战场时，陆战1团2营仔细检查了越军的尸体和俘虏，惊讶地发现他们“着装干净整洁”。根据邓肯中校的回忆，俘虏在审讯时供认，他们的任务是封锁9号公路，阻止美军沿公路的一切运输作业。更让美军警惕的是，一名叫武猛雄的士官，供认自己隶属于第308A步兵师，该师的88团和102团已经进入广治省西北部。继第304A步兵师后，越南人民军总部直辖的又一个机动主力师出现在了溪山战场上。武猛雄声称，第308A步兵师参加溪山战役标志着“决战即将开始”。武猛雄对美军情报官坦言，第304A步兵师、第308A步兵师和另一个单位（越北军区直属主力团——第246步兵团）、第325C步兵师将对溪山基地发动总攻。他声称，越军的意图是切断9号公路，然后把老挝战场的高射炮兵调进溪山战场，要像对奠边府那样对溪山基地发起总攻。对武猛雄的供词，美军情报部门认为幼稚可笑，毫无价值，情报等级列为F6（也就是敌情口供等级最低级）。

对5月19日的战斗，美军实际上错判了对手。《9号公路—北广治阵线1966—1973年》记载道：1968年5月19日，第66步兵团1个营在溪山基地西面组织伏击，突然消灭敌正在搜索我军的1个连并3辆M113装甲运兵车。接着，敌人集中陆战队2个营的兵力对东溪谨西南方向扫荡，试图将我军驱逐。经过5月19、20、21日三天的战斗，在基地周围活动的敌人不仅没有把我军包围溪山基地的兵力赶走，反而消耗了相当多的兵力，敌人被迫撤回溪山基地，用炮兵火力和空军火力继续轰击我军固守的各个据点区域。敌人的狼群扫荡战术没能实现，只得继续固守各个根据地，战役司令部也决定各单位组织力量一边逐步蚕食敌阵地，一边加大用直射火力射击，有效引诱敌人出根据地予以消灭。

虽然错认了对手，但武猛雄供认的第308A步兵师进入溪山战场的消息，却千真万确。越南人民军第一号主力师——“先锋军”第308A步兵师“莅临”溪山！

第308A步兵师是抗法时期越北中央根据地创建的第一个师，别号“先锋军”，长期被越军总部当作绝对主力师，用于重要的战略战役方向，有着“用我必胜”的信念。该师作战勇猛，秉承着决战决胜的信念，在战斗中坚决冲击，不打折扣。当然，在这些作战特点的背后，是第308A步兵师参加的每次战役伤亡率都高居第一，伤亡最大、歼敌最多是第308A步兵师的“光荣传统”。

1968年1月，奉越南中央军委的命令，第308A步兵师和越北军区（后改为第一军区）第246团（别号“三岛团”）从和平春梅出发，顺着长山山脉南下，目的地——溪山地区，随时准备根据命令参加战斗。其中，第308A步兵师化名“湄公支队”。

4月6日，第308A步兵师的先遣干部团首先抵达溪山地区，进行战场地形侦察，为部队进驻做好先期准备。5月14日，第308A步兵师在溪山地区的老挝境内做好战斗准备。当时，第304A步兵师已经连续战斗了4个月，已成久战疲惫之师，虽然还在继续不断杀伤美军，可他们的战斗力已经没法完成9号公路—溪山战役指挥部的最低期望值。在这种情况下，越南人民军总参谋部一声令下，调第308A步兵师（欠调到第5军区的36团）和第246步兵团投入溪山战斗，准备换下第304A步兵师。9号公路—溪山战役指挥部给第308A步兵师的任务是：“切断遥观到古堡之间的9号公路段，从陆路完全孤立溪山基地，阻止联军解围，给我军消灭脱离工事的敌人创造有利时机，威胁溪山基地之敌，防止敌人增援溪山基地，阻击东面进攻之敌，尽可能久地牵制住敌人，配合整个南方的第二阶段总进攻和总奋起。其中，打击脱离工事之敌是最主要的任务，要把内外打击有机结合起来，为胜利创造条件。”

接到命令，第308A步兵师迅速集结兵力，布置战斗队形，组织对美军的侦察作业，学习第304A步兵师的战斗经验，特别是在阵地上顽强战斗，坚持到底的决心。进驻溪山地区后， 为了让第308A步兵师尽快熟悉战场，第304A步兵师师长泰勇，这位1950年边界战役期间任第88团团长的308师老将，重新回到老部队，出任第308A步兵师师长。与此同时，第308A步兵师也和第304A步兵师换防，第102团换下了第9步兵团，第88步兵团换下了第24步兵团。

6月1日，越军“三岛”部队——第246步兵团抵达长山公路15号交通联络站，奉命迅速进入溪山战场，完成和第304A步兵师的防务交接。6月12日，第246步兵团和第66步兵团完成换防。“荣光师团”第304A步兵师在经历了近5个月的战斗后终于撤出了溪山战场。正是第304A步兵师的不懈奋战，越军才在飞马行动前后以少于美军的战斗兵力，继续死死咬住美军，不断杀伤美军，打出了不少高效率小部队经典山地防御战例，游动炮击和灵活狙击更是让美军在慢性失血中完全落入了越南中央军委的钳制和吸引战略中，让美军一支重要战略机动兵团和为之服务的大量勤务部队被牵制在溪山战场，为越南南方第二阶段总进攻和总奋起乃至美军最终撤离溪山基地，做出了特殊贡献。可以说，溪山战役，“荣光师团”功不可没。“荣光师团”荣耀溪山！从此以后，溪山成了第304A步兵师永恒的胜利象征和骄傲。

“荣光师团”走了，第308A步兵师和第246步兵团扛起了溪山战役的重任。根据9号公路——战役指挥部的命令，第308A步兵师以第88步兵团为预备队，第102步兵团在溪山基地南面接过第66步兵团防务，务必要夺回吉村和淮村据点，重新封锁9号公路，截断美军的陆路交通。

对第308A步兵师的到来，美军也不敢怠慢。陆战3师师长霍夫曼准将马上把爱德华·J·拉蒙塔格内中校的陆战9团3营调往溪山基地，归陆战1团节制。在加强防御的同时，霍夫曼也没有放松对溪山基地周围的出巡。在他的命令下，溪山基地的美军继续对周围地区进行有限机动巡逻，重点是9号公路方向的淮村和吉村。在这里，美军将和第102“首都”团演绎出精彩绝伦的激情碰撞。

5月24日，陆战3团2营G连出溪山基地，往吉村方向巡逻。吉村离溪山山谷的遥观桥约1千米，地势险要，可以俯瞰9号公路，因而成为第102步兵团和美军争夺的焦点。

为了夺回吉村据点，第102步兵团8营6连首先对吉村周围进行潜伏侦察，刚刚做好工事隐蔽，就遇上了G连。美军也不客气，见到6连就呼叫航空火力和炮火打击。当G连开始冲击的时候，却惊讶地发现越军第102步兵团8营6连居然从阵地工事里冲了出来，试图包围他们。更糟糕的是，第102步兵团8营也得知6连遭到攻击后，迅速派7、8连赶往增援。看样子，102团是要包G连的饺子。好汉不吃眼前亏，G连当即退却下来，呼叫航空火力、炮兵火力和迫击炮火力对第102步兵团8营实施打击。好不容易逼退对手，当G连在18点00分再次冲击的时候，依旧受到越军猛烈的火力拦阻。在武装直升机、炮兵和迫击炮火力支援下，G连终于在20点15分冲上山顶，越军退出了战场，丢下58具尸体。一天战斗下来，G连也蒙受了15死21伤的代价。第二天早晨，美军一名空中观察员报告：“敌人衣衫褴褛往南和东南方向退却。”得知消息的陆战3团2营赶紧把3个连派往G连遭遇战山头，并以F连进驻吉村为基点，往西北700米搜索越军：E连在9号公路和咖啡种植园道路交叉口，G连在E、F连之间的指形高地搜索。可搜索了大半天，却不见102团8营的踪迹。

原来，第102步兵团8营在5月24日美军实施第二轮航空火力打击的时候，就把主力撤下来了，只留了1个班在吉村周围阵地，结果被美军歼灭。虽然损失不大，但侦察任务泡汤。不仅如此，美军还在这一带“驻兵”了。这个情况让9号公路—溪山战役指挥部很恼火。第二天（5月25日），陈贵海严令第102步兵团8营一定要打下吉村，重新封锁9号公路。

领命的第102步兵团8营经过3天准备，于5月28日凌晨对吉村展开攻击。第一次攻打吉村，是102团在溪山战场的第一战。《第308步兵师战史》记载道：“经过2天的准备，5月28日，第102步兵团8营对吉村发起攻击。得到第66炮兵团（装备M46 130毫米加农炮）猛烈压制射击支援，8营各路进攻部队杀伤敌100多人。但我军各连冲击完全没有协调，缺乏战斗连续性，结果从错愕中惊醒的敌人立即集中106.7毫米无后坐力炮、重机枪、M79火箭筒在内的各种火力猛烈还击，同时使用飞机投掷凝固汽油弹轰击据点周围的我军各路进攻部队。经过1个小时的战斗，我军也控制了该高地的前沿低矮子高地，但由于我军投入战斗兵力不足……敌人迅速投入预备队连续反击，迫使我军主动结束战斗，8营撤出战斗转入巩固。”

相对308师的简略描述，美军对这次和“首都”团的第一次较量却着墨颇多，而且从中可以看出102团的作战特点。5月28日02点45分，借助微亮的星光，陆战3团2营F连发现一股越军正在吉村周围运动，似乎在准备进攻。F连代理连长詹姆斯·L·琼斯中尉马上请求炮火支援。在美军炮火轰击的同时，3名手持炸药包的越军爆破手突然嵌入F连环形阵地北侧一个监听哨，并拉响炸药包，在把自己炸得粉身碎骨的同时，也炸死了监听哨的3名陆战队员。爆炸声响起，越军一个营沿着宽大的正面，在猛烈的机枪火力和40多发RPG火箭弹的支援下，蜂拥冲击北坡。凭借兵力优势，越军很快靠近了F连的环形防线，琼斯中尉只得下令全连实施最后的拦阻射击。观察到越军使用不同色彩的信号弹对空发射后，琼斯猜测这很可能是越军攻击与撤退的联络信号。于是，他果断抽出自己的信号枪，对空打了一发红色信号弹。似乎是猜对了越军的信号联络规则，一看到红色信号弹升空，原本马上就要冲进F连阵地的越军却莫名其妙地撤退，和美军脱离了接触。

然而，F连只获得了短暂的喘息。得知对手利用了自己的信号联络漏洞后，越军稍事调整，又展开了更为凶猛的冲击，密集的机枪子弹和火箭弹不断在F连阵地上爆炸。越军1个营攻势凶狠而猛烈，仅仅几分钟的工夫就把F连1排逐出了阵地，并突破了F连60毫米迫击炮阵地。在美军炮兵群火力掩护下，F连2排和3排顶住了越军的冲击，并掩护1排

溪山战役中顽强战斗的南越国军别动军第37营将士，他们在180米内爆炸的炸弹群（近距离空中支援）掩护下，顽强和越军战斗。他们的英勇表现，赢得了美国海军陆战队的尊重。

稳住阵脚在F连主防线东面的一个圆丘建立新的阵地。

03点30分，越军打下F连环形防线一角后，冲击势头逐渐停滞了，但似乎是为了配合这次冲击，越军40发130毫米榴弹在G连阵地上砸下。04点15分，1架道格拉斯AC–47“幽灵”空中炮艇赶到战场，投下照明弹照亮战场，接着用密集的机载机枪扫射越军，支援F连。但经验丰富的102团8营并不害怕AC–47“幽灵”空中炮艇，他们一边组织12.7毫米高射机枪进行对空拦阻射击，一边从四面八方恢复对F连的冲击。在2个小时的残酷战斗中，F连遭到越军一次又一次的疯狂进攻。越军不仅依仗优势兵力连续冲击，而且还从东南面的山头连续向F连发射了不下500发火箭弹。越军的火力猛，美军火力更猛。AC–47“幽灵”空中炮艇每分钟射速可达1.8万发，陆战12团1营B连也用榴弹炮和陆战3团2营的81毫米迫击炮一起，猛轰越军。

07点00分，美军空中观察员报告“整个战场躺满了越军的尸体”。天亮了，越军还是不气馁，继续从西面增兵，企图继续冲击美军。他们忘了，白天是美国人的天下。在美军空中观察员的引导下，美军战斗攻击机对越军增援部队进行了绵密的航空火力打击。其中一枚凝固汽油弹就炸死了30名越军，彻底粉碎了对手的攻势。可近距离空中支援也很危险，1枚凝固汽油弹在距F连阵地不到20米处爆炸，火势顺风向蔓延，迫使F连暂时撤离了自己的阵地。火熄灭后，F连才返回阵地，继续和越军对射。

11点50分，E连赶到战场，开始协助F连扫荡西面山梁。在确保了这一地区后，E连开始对威胁F连1排的越军火箭筒手所在高地展开攻击。经过2个小时的战斗，E连把对手赶下了山梁。F连的噩梦总算是告一段落了。在紧急补充弹药和撤走伤员后，E连展开了追击。这次战斗，让双方都付出很大的代价：陆战3团2营13人战死，44人负伤，宣称击毙越军230人。

在E、F连和越军血搏的同时，G连也遭到了几次炮击。显然，越军的炮兵阵地仍然可以有效威胁溪山基地及其周围的美军阵地。虽然美军采取一切措施，包括使用空炮火力打击，试图打掉越军炮兵，但均告失败。在整个溪山战役期间，越军始终都能对溪山基地进行猛烈的炮火打击，他们的炮兵给美军留下了深刻的印象。前美军陆战3师师长格里克准将就回忆说：“溪山几乎每天都要遭到猛烈的炮击。所有的官兵都不得不待在地下掩体或是深深的战壕（加盖顶）内活动。”

5月30日，霍夫曼准将从卡罗尔火力基地调了4门175毫米自行火炮和4门8英寸榴弹炮给溪山基地，为的就是反制越军炮兵。特别是越战之王——175毫米自行火炮，射程

▲面对越南人民军头号主力团——第102步兵团的坚决突击，美国海军陆战队也表现出了同样的悍勇，顽强抵抗，把对手强行顶了回去。

远、威力大，部署在溪山足以打到最可疑的越军炮兵阵地所在地——古螺垭口。美军为了进行这次炮火反击，特地取名“猛击2号”行动。在175毫米自行火炮轰击的同时，美军还出动B52战略轰炸机群，配合175毫米自行火炮对古螺垭口进行反击，但“猛击2号”行动除了白白浪费了大量弹药外，毫无显著效果。

与此同时，越军也在谋划第二次打吉村。第一次战斗失败后，8营撤出战场到后方整补，第102步兵团还剩下7营和9营。陈贵海铁了心要封住9号公路，下令第102步兵团再打吉村。这一次从领命到战斗，102团7营准备时间只有不到24小时。如此仓促的准备，战斗结果可想而知。尽管如此，第102步兵团7营还是坚决在M46式130毫米加农炮和82毫米迫击炮的支援下，打算先打掉E连，再吃掉F连，继而攻下吉村。遗憾的是，一打吉村的时候，精心准备的第102步兵团8营光打一个F连都没打下来，仓促准备的7营却要连打E、F连岂不痴人说梦？

果不其然，7营潮水般的冲击被E连给顶住了。打到天亮，7营见没能啃下E连，只得脱离接触。不过，当天的战斗并没有结束。接到吉村再起战火的消息，陆战1团1营B连赶紧过来增援，正好碰上刚刚撤下来的越军第102步兵团7营。抱着打不掉陆战3团2营E连，至少也要吃掉眼前这股美军的决心，越军第102步兵团7营顽强组织了对陆战1团1营B连的伏击战。越军打得勇猛异常，把陆战1团1营B连困在死角里。本来负有救援使命的B连却反而要别人来救，陆战3团2营G连和陆战1团2营E连赶紧向B连靠拢。在坦克支援下，陆战队3个连并肩对越军第102步兵团7营反击。102团本来就是越南人民军中绝对的主力团，面对美军3个连的冲击，也拿出了不怕牺牲、决战决胜拼死一战的优良作风，和美军顽强拼杀。激烈战斗一直打到下午，7营连续击退对方多次冲击，但自己也蒙受了巨大的兵力和武器装备损失，失去了战斗力，再打下去就有全军覆灭的危险。得知7营的危局，陈贵海亲自把电话打到第102步兵团7营营指，在嘉奖7营勇敢战斗的同时，下令7营立即结束战斗，撤出战场。

第二次吉村战斗比第一次更为惨烈。美军蒙受了更大的损失，也领教了第102步兵团勇猛强悍的战斗作风。美军统计，第二次吉村战斗共战死32人，负伤99人，宣称击毙越军136人。越方记载，第102步兵团也付出了很大的损失，两打吉村就战死了103人，导致7、8营战斗力受到很大的削弱。从两打吉村的结果来看，在肯定“首都”团勇猛强悍、敢打敢战的硬骨头作风的同时，也应看到他们这种打法是一把双刃剑，虽能重创美军，但自己代价更大。如何才能用较小的代价换取胜利，是第308A步兵师特别是第102步兵团应该反思的地方，当然也是他们应该学习第304A步兵师之处。

两战吉村失败后，第308A步兵师调整部署，把第88步兵团和第102步兵团9营顶上，第102步兵团7、8营撤下来休整，并充当预备队。泰勇的意图是把第308A步兵师战斗兵力全部集中在9号公路南面，准备对美军发起新的进攻战斗，誓要重新封锁9号公路。

越军有自己的想法，美军也有自己的如意算盘，还没等第308A步兵师发起新一轮进攻战斗，美军就杀了过来。

第二节 “罗宾”行动

吉村战斗和各种渠道的情报，都明白无误地向美军表明，第304A步兵师已经离开了溪山战场，第308A步兵师88团和102团，以及越北军区246团进入了战场。他们正跃跃欲试，准备对美军展开攻击。在判明越军换防的同时，美军也通过空中侦察，发现越军正在溪山地区南部丛林开辟新的战略运输干线。根据空中侦察照片的判读结果，美军发现这条公路和9号公路平行，从老挝境内直通越南南方。当美军发现这条公路的时候，这条路已经往越南南方境内深入了30千米，沿着一条似乎通往顺化市的小道延伸。美第3两栖军情报部门认为，在老挝东部集结的越军各个坦克营正等着这条公路完工，然后开进越南南方。

为了破坏越军的计划，陆战3师新任师长雷蒙德·G·戴维斯少将计划充分发挥美军的机动性和火力，实施一次两阶段的作战行动，打掉越军的战略交通干线，粉碎越军直通顺化集结重兵的企图。第一阶段作战行动，代号“北罗宾”，拟以休斯上校的陆战1团从溪山基地朝南面山岳丛林地带突击，打击9号公路沿线刚刚进入战场的第308A步兵师。第二阶段作战行动，代号“南罗宾”，由爱德华·J·米勒上校的陆战4团实施机动作战，意在摧毁越军的战略交通干线。

“罗宾”行动的作战准备于5月底开始。溪山基地周围守备的美军各营都做好了战斗准备。陆战队第36航空大队和第39航空大队连续作业，把5日份的弹药空运到溪山基地并分发给部队，以便直升机群能完全腾出手来，支援“罗宾”作战。在行动发起前5天，负责指挥这次行动的陆战3师副师长霍夫曼准将下令进行综合航空火力准备，美国空军出动219架次战术飞机和30架次B52战略轰炸机把几千吨炸弹扔到溪山南面山岳丛林地带的预定着陆区，摧毁越军兵力集结地和武器装备的同时，炸开一个个林中空地，形成良好的着陆场。与此同时，美军第3两栖军9个炮兵连也向预定目标投射1万发105毫米到175毫米高爆榴弹，做预先炮火准备。

和“飞马”行动一样，“罗宾”行动前美军的战役准备同样没有逃过越军的法眼。6月1日，第308A步兵师前沿阵地的各个观察台都报告，美军沿9号公路和溪山南部地区增强了侦察活动和空炮火力打击，又开辟了大量的林中空地。显然，这是美军在溪山地区发起新一轮战斗行动的前兆。

对美军的准备，9号公路—溪山战役指挥部于6月1日下午召开紧急会议，统一了认识：美军很可能要集中兵力发起新一轮解围作战，意图是把第308A步兵师往更远方向击退，彻底解除越军对溪山基地的围困，为最终撤出溪山基地创造安全环境（那就是彻底控制9号公路）。应该说，9号公路—溪山战役指挥部很有先见之明，他们准确猜出了美军即将撤离溪山的战略意图，但对“罗宾”行动意在打掉自己战略运输干线的目的的估计却有些出入。

在这个敌情判断基础上，9号公路—溪山战役指挥部命令第308A步兵师迅速调整部署，重点在溪山基地南面的9号公路沿线展开战斗队形，准备在美军实施行动之初就坚决实施打击。

1968年6月2日，是“罗宾”行动日。当天，陆战3团2营采取机降方式，蛙跳占领了溪山基地南面的9号公路沿线的各个预定阵地。中午，范·温克勒中校的陆战1团1营在溪山基地东南10千米的罗宾着陆区实施机降突击。着陆后，陆战1团1营旋即向北攻击，企图把越军往9号公路方向的口袋阵驱赶。负责对进突击的陆战4团2营也从歌路基地往罗宾着陆区实施机降，到位后迅速组织夜间环形防御阵地。

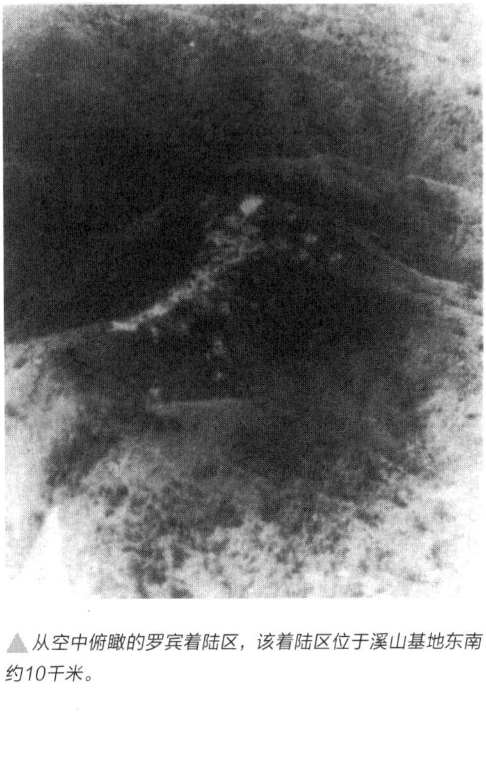

▲从空中俯瞰的罗宾着陆区，该着陆区位于溪山基地东南约10千米。

6月3日，陆战1团1营继续向北突击，霍夫曼准将则命令陆战4团1营投入战斗，他们迅速在罗宾着陆区机降，解除防御任务的陆战4团2营马上乘直升机对下一个机降点——往西4千米的洛恩着陆点实施蛙跳突击。在“罗宾”行动首日被打了个措手不及的第308A步兵师开始还击。洛恩着陆区，在越军地图上标注为“巴庄”，是原第675炮兵团2营D74 122毫米加农炮群阵地。1968年5月底，第675炮兵团2营转移阵地后，这里只留下了越军一个观察台。陆战4团2营着陆当头，巴庄的越军观察台在报告了敌情后迅速撤走，第102步兵团8营随即赶来试图反击，却没能占领出发阵地。接着，第102步兵团又把7营调来战斗，也只是组织步机枪火力和迫击炮火力攻击洛恩着陆区。第102步兵团7营自第二次吉村战斗后还没有恢复战斗力，因而他们没有组织起对美军的冲击，只是用火力迟滞了美军直升机的机降速度和着陆效率，没有给陆战4团2营造成太大伤亡。

第308A步兵师连续两天的阻击行动有气无力，而第675炮兵团2营却很活跃，不断用D74 122毫米加农炮轰击溪山机场，摧毁了美军一批弹药，造成了美军数人死伤。

6月4日，也就是罗宾行动的第三天，越军第308A步兵师开始猛烈反击。07点00分，越军第102步兵团使用9营9连和10连在特工分队、82毫米迫击炮分队、12.7毫米高射机枪的支援下对陆战4团2营F连实施突击。经过短促战斗，9连和10连没法突破敌阵就迅速撤出了战斗，F连2死24伤。9营的坚决进攻，让负责“罗宾”行动的霍夫曼准将很兴奋，这是吸引越军前来战斗，用火力打击重创对手的好时机。在他的命令下，陆战1团迅速巩固罗宾着陆区，炮兵迅速展开火力基地，然后用猛烈炮火支援陆战4团2营战斗。与此同时，陆战4团团部和陆战12团1营也要在罗宾着陆区机降，然后等待直升机吊运工兵设备和工事预制构件下来，以便快速修好炮兵掩体、发射阵地、堑壕和拉置带刺铁丝网。

在陆战4团团部和陆战12团1营展开火力基地的同时，陆战4团1营C连和D连也在洛恩着陆区机降，把陆战4团2营解放出来，使之向北对越军第88步兵团阵地发起攻击。为了在行动中最大限度发挥空中机动特点，陆战4团2营在陆战4团1营机降到位后，又迅速向下一个目标——科洛着陆区（距洛恩着陆区东北2千米，靠近陆战1团1营阵地）实施蛙跳突击。6月5日，美军不间断蛙跳向北突击，受到了越军第一次顽强的抵抗。陆战1团1营C连在9号公路南面4千米处遭到依托伪装良好的阵地群落的越军第102步兵团9营（前身是抗法战争第102团79营）11连的抵抗。C连在营属106.6毫米无后坐力炮和炮兵火力支援下连续冲击。激烈战斗从清早一直打到黄昏，C连才勉强攻破了越军阵地。相比7、8营在吉村的战斗，第102步兵团9营打得灵活巧妙，给美军很大的震撼。

6月5日黄昏，陆战4团命令1营转移到罗宾着陆区和洛恩着陆区之间，准备乘直升机在第二天前往参加"南罗宾"行动。然而，陆战队还没行动，越军就先杀了过来。6月5日清晨06点00分，越军第88步兵团1个营的兵力在炮火和迫击炮火力支援下，突击了洛恩着陆区。陆战4团1营C连和D连顽强抵抗，并召唤炮兵和迫击炮、战术飞机和武装直升机支援。经过2个小时的战斗，越军先是退了下来，但还是持续不断用冲锋枪和82毫米迫击炮，甚至130毫米加农炮轰击陆战4团1营C连和D连阵地。中午，越军持续不断的炮击，让洛恩着陆区形势异常紧张。为了避免被越军围攻和蒙受更大的损失，陆战4团团长米勒上校只得于14点00分，让直升机群先后把陆战4团1营C连和D连接回罗宾着陆区。当最后1架CH-46直升机离开洛恩着陆区时，他们遭到了越军1挺12.7毫米高射机枪的猛烈射击，爆炸坠地。这次事故使得洛恩着陆区抗击88团冲击的陆战4团1营C连和D连总损失达到24人战死，37人负伤。

尽管第88步兵团在6月6日对洛恩着陆区进行坚决攻击，给陆战4团1营C连和D连造成了相当的损失，但陆战3师副师长霍夫曼准将还是决定按计划展开"南罗宾"行动。当天，直升机群搭载着陆战9团3营在罗宾着陆区东南预定着陆点，靠近越军战略运输干线东延长线实施蛙跳突击。一着陆，陆战9团3营就发现了这条战略运输干线。让美军惊讶的是，这是一条在丛林中修筑的良好公路，路宽近5.5米，一路上架有石桥，穿山有涵洞，路面平整（显然是推土机压平）。越军在路面两侧架起树木，顶上铺伪装网密覆植被，形成真正的绿色公路，从空中看这里和周围植被没什么明显区别，但实际上这条路每天都有大量兵力和车辆通过。顺公路而下，陆战9团3营还发现了不少野战阵地、生活区、医院、野战炊事区，还有各种各样的工兵器材物资，比如镐、铁锹、撬棍、斧头和炸药等。陆战9团3营I连连长格里·E·托德上尉和陆战3师的1名情报官都认为，这条路实际就是长山公路的一部分。拿托德的话来说："这何止是一条路啊，简直就是一个大型后勤保障交通基础设施！"据抓获的战俘的口供和缴获的文件显示，这条路是由越南人民军第83工兵团负责修建的。一名战俘供认，他们计划7月30日保障道路直通顺化——这是一项艰巨的工程，需要在陡峭的山岳丛林地形以每夜超过1600米的速度进行。

▲戴维斯·范·温克勒中校（左）和美军陆战3师师长雷蒙德·G·戴维斯少将（右）。在罗宾行动中，范·温克勒中校的陆战1团1营首先在罗宾着陆区机降，拉开了攻击序幕。

接下来几天时间里，陆战9团3营沿着公路继续向西，炸掉了沿途遇到的每一座石桥和涵洞（有时用的是缴获的越军炸药），捣毁了路面，同时摧毁了公路沿途发现的一切越军生活设施。陆战队第3工兵营A连派出大批骨干前往现场，协助陆战9团3营实施这次彻底的爆破摧毁作业。在美军破毁越军战略运输干线过程中，越军没有大的反应，没有干扰美军的行动。

当参加"北罗宾"行动的陆战队各营返回溪山基地后，大量直升机被解放出来，协助陆战4团参加"南罗宾"行动。6月11日，陆战4团3营搭载直升机群在卢村（洛恩着陆区南面的一个蒙塔格纳村庄）附近着陆，根据战俘口供,这里是越军的一个大型粮食供给点。陆战队在卢村周围搜索了一个多星期，却一无所获。

6月14日清晨,陆战4团2营也参加了"南罗宾"作战，他们搭载直升机对越老边界地区的那条战略运输干线进行了蛙跳突击。他们沿着公路向东，和沿着公路向西实施彻底爆破的陆战9团3营进行对进突击。和陆战9团3营一样，这次突击也让陆战4团2营大开眼界。公路西段和东段一样，也是设施完善的大型后勤保障交通基础设施。在其中一个路段，他们发现一个拥有500多个碉堡的阵地系统，周围还有许多囤积着1吨硝酸铵炸药的储备点，以及工兵用具、焊接机、1.5吨卡车和装载在3吨苏式卡车上的加工车间。看到如此好的东西，随同陆战4团2营作战的美国海军陆战队工兵们自然不愿白白摧毁，他们很快动手把这个加工车间拆了下来，然后分解成各个部件，用直升机运回溪山，然后通过9号公路运回东河的陆战3师师部。

正当美军为不知道越军意欲究竟为何的时候，第308A步兵师又出手了。通过侦察，越军发现在卢村南面搜索的陆战4团3营，于富敦（Phu Nhoi）高地组织环形防御。这是一个呈马蹄形展开的高地，由3个子高地组成，每个子高地间隔1千米，最高的是南面的690高地，也叫置诺高地，剩下2个子高地分别是盘水高地和盘至高地。富敦高地的地形比较复杂：高地密覆森林，难以有效查看全貌，且山高坡陡，给第 88 步兵团的侦察和进攻战斗都带来了一定的影响。

根据第 308A 步兵师师长泰勇上校的命令，第 88 步兵团 4 营在富敦高地北面的宗至高地占领攻击前出发阵地。由于准备周密，第 88 步兵团 4 营士气高昂，都表示一定要在富敦战斗中立功。

6 月 15 日 05 点 00 分，越军第 88 步兵团 4 营按时对富敦高地的陆战 4 团 3 营打响进攻战斗。在猛烈的火箭筒和迫击炮火力支援下，越军第 88 步兵团 4 营很快打下了 M 连据守的盘至高地一角，然后架起机枪猛烈扫射 M 连连部。美军随即组织火力压住了 4 营的冲锋之势。08 点 00 分，武装直升机赶到战场，用机枪火力打越军第 88 步兵团 4 营战斗队形。战斗极为惨烈，《第 308 步兵师战史》描述："随着时间的推移，战斗打得越来越激烈。敌人连续用直升机运兵增援和进行多次连续反击，结合炮兵火力打击我军的冲锋队形。许多干部和战士英勇牺牲。在意识到继续战斗下去也没法取得预期结果后，第 88 步兵团 4 营奉命收军撤出高地。"09 点 00 分，当越军第 88 步兵团 4 营脱离接触后，陆战 4 团 3 营开始打扫战场，宣称清点到 219 具尸体，抓获 11 名战俘，缴获 82 件步兵武器和 20 部电台。陆战 4 团 3 营战死 16 人，负伤 58 人。

虽然越军在 6 月 15 日的战斗中看似损失很大，但一打富敦表明的却是越军继续进攻的决心。6 月 16 日 02 点 15 分，越军突然对美军在战略运输干线附近新建的火炬着陆区，由陆战 4 团 1 营守备的火力基地展开攻击。越军先用迫击炮、RPG 火箭筒、机枪火力和炸药包开道，然后以 1 个连的兵力从南面和西面冲击美军阵地。不一会儿，越军就从 I 连阵地撕开口子，然后冲击陆战 12 团 1 营炮兵阵地。在照明弹的照明协助下，陆战 12 团 1 营压低炮管，炮兵上刺刀直接平射轰击越军战斗队形。虽然越军不顾一切冲到 C 连一门炮阵地，但很快就遭到了密集炮轰。04 点 00 分，越军遗下 28 具尸体，退出了战场。胜利一方代价也不轻，陆战 12 团 1 营和陆战 4 团 1 营也战死了 14 人。

连续两次战斗的失利，并没有让 9 号公路—溪山战役指挥部气馁，相反，陈贵海和黎光道都判断，第一次富敦之战失利后，美军"气焰嚣张"，似乎有了"必胜的信念"。为了打掉美军的士气和"精神支柱"，必须再用第 88 步兵团二打富敦。

经过紧张的研究讨论，越军第 308A 步兵师还是把二打富敦的重任交给了第 88 步兵团 4 营。为了这次战斗的胜利，第 88 步兵团上下进行了周密的准备：4 营得到第 88 步兵团 6 营 13 连和第 102 步兵团 9 营 12 连，以及第 308 步兵师防空营 12.7 毫米高射机枪群的加强；第 88 步兵团团指也转移到富敦附近山头，并直接和第 308A 步兵师指挥所拉了一条电话线，往前与 4 营指挥所取得了电话联系，完全做好了战斗准备。

在准备工作基本完成后，6 月 18 日拂晓前，加强第 88 步兵团 4 营向富敦高地的陆战 4 团 3 营发起四面环攻。遭到第 88 步兵团 4 营冲击后，美军马上出动大批武装直升机，对越军第 88 步兵团 4 营战斗队形进行绵密的航空火力突击。一时间，4 营战斗队形周围被密集的

陆战4团1营A连的陆战队员们正穿过1.5米高的大象草，向一座高地运动。

火箭弹和机枪火力覆盖，各连战斗队形受阻。为了继续前进，第88步兵团4营长命令一部分轻重机枪解除压制美军火力点的任务，转而组织对空射击打击美军武装直升机群，把直升机火力吸引过来，掩护步兵继续冲击。

正当第88步兵团冲击陷入苦战的时候，第308A步兵师防空营的12.7毫米高射机枪群赶到了战场。虽然他们比规定时间迟到了不少，但来得早不如来得巧，一到位就展开了队形，有效压制了美军武装直升机。在防空营的配合下，第88步兵团4营冲过了美军武装直升机的航空火力封锁区，突破了陆战4团3营K连的盘水高地。K连全体陆战队员却死战不退，在炮火和航空火力支援下，顽强和越军展开反复争夺。

激烈的战斗持续到中午，第88步兵团4营拿下了半个盘水高地，但陆战4团3营K连还是死死守住剩下半个高地。战斗打得十分激烈，但战线却僵持了。为了夺回丢失的半个山头，K连不断反击。同时，美军还用武装直升机和陆战队第311攻击机中队的3架A4E“天鹰”攻击机猛打越军第88步兵团4营。苦战不克，伤亡越来越大，但第88步兵团战士做过保证，一定要拿下富敦。死要面子活受罪，88团和第308步兵师尽管心里清楚二打富敦还是没有胜利，但谁也不敢下令撤退。眼看再打下去，第88步兵团4营就要被美军空炮火力打光，陈贵海再也忍不住了，又一次把电话打到第88步兵团团指，直接命令第88步兵团4营撤退：“在富敦，敌人已经被我军重创，88团马上撤出战斗，寻机再战！”

二打富敦，是越军第88步兵团精心准备多日的战斗，最终还是失败了，而且损失较大。对陆战4团3营来说，虽然胜利了，但自己的代价也不轻，11死30伤，宣称击毙越军131人。随着这次战斗的落幕，“南罗宾”行动宣告结束，陆战4团乘坐直升机返回溪山基地。

在这次“罗宾”行动中，美国海军陆战队一共捣毁了28个路段，炸毁2座桥梁和4个涵洞，宣称击毙越军635人，俘虏48人。这是整个溪山战役中，美军俘虏越军人数最多的一次行动。此外，美军还宣称摧毁和缴获了大量的物资，号称重创了越军第308A步兵师。从越军角度来看，第308A步兵师完全没能组织起对美军作战行动有力的抵抗，虽然不断组织进攻袭击战斗，但全部失败，而且被俘人

▲ “罗宾”行动是美国海军陆战队历史上第一次完全搭载直升机进行多个团连续机降蛙跳的作战行动，获得了巨大的成功，给美国海军陆战队的机降战术运用带来了深远影响。图为1968年6月27日，1架直升机满载美国海军陆战队从溪山基地出发，外出执行任务。

数较多。对刚刚上战场不到一个月，兵力远比“飞马”行动时期的第304A步兵师充沛，后勤供应较好的第308A步兵师而言，“罗宾”作战无疑是苦涩的回忆。他们的表现实在和“先锋军”、“越南人民军头等主力师”的称号相去甚远。

“南罗宾”和“北罗宾”行动是美国海军陆战队历史上第一次完全搭载直升机进行多个团连续机降蛙跳的作战行动。对这次行动，美国海军陆战队给予了很高的评价，声称这是美国海军陆战队“机动作战理念”的体现。美国海军陆战队某单位的一份官方记录更是声称：“这次行动证明了在海军陆战队的作战范畴上，无论是理念还是教条，火力基地（移动）技术都是可行的……这次作战经验进一步验证了我们运用火力基地理念的实践能力。”

第三节 双赢

1968年6月11日，“南罗宾”行动进入高潮的时候，威斯特摩兰上将离开了越南，艾布拉姆斯上将出任美国远征军总司令。艾布拉姆斯上将一上台，马上把威斯特摩兰上将在越南的“觅歼”战略，改为“扫和守”战略。为此，他需要最大限度集中战略机动部队，从山区全面撤出美军，集中兵力扫荡越军平原根据地。在新的战略形势下，让美军付出了1000多条生命，被越军战略牵制了大半年的溪山基地已经没有保留的价值。根据艾布拉姆斯上将的命令，陆战3师于6月19日迅速草拟放弃并摧毁溪山基地的作战计划，代号“查理”行动。

根据这个计划，陆战4团在完成了“南罗宾”行动后转移到9号公路沿线各个重要的制高点，保障满载武器装备和物资的车队在溪山到歌路之间的9号公路段畅通无阻。在武器装备和物资运出溪山基地期间，陆战1团继续镇守溪山基地和周围各个山头。陆战9团3营要协助陆战队第1工兵营A连系统性摧毁溪山基地。同时，这次计划还要求美国海军陆战队把所有能带走的武器装备和物资统统撤走，爆破销毁所有设施建筑和一切带不走可能资敌的物资。武器装备和物资转移工作干得很彻底。车队每天都从溪山开出，满载着大量的武器装备和物资，甚至包括损坏的装备开往歌路基地。美国海军陆战队第3工兵营和第11工兵营，以及第3岸基勤务营也赶赴溪山，用推土机和大型机械设备协助撤退。

销毁行动可谓坚壁清野和彻底破坏，甚至连烧毁的车辆残骸和损坏的装备都要切割成碎片，先转移到安全区，然后进行大规模掩埋，防止他们落入越军之手，给北越宣传机构口实。两个月前修复溪山机场的海军工兵营也重返故地，把机场跑道的带孔钢板拆卸一空。与此同时，美军工兵还炸毁了800多个碉堡和4800米长的带刺铁丝网系统，把销毁的铁丝网碎片填进战壕里，然后推土掩埋。无数的沙袋被倒空。通过彻底的销毁，留在溪山基地地面上的不过是被炸毁的工事和建筑残骸。为了阻止越军试图从溪山基地废墟中挖掘有用资材，陆战队甚至还在溪山基地残骸掩埋地撒上了越战中常用的CS化学毒剂。

实际上，越军并不在乎溪山基地的彻底销毁和撤退行动，溪山战役的胜负已经快要见分晓了，美军的撤退足以说明问题，至于缴获多少这对越军来说已经无关紧要了。为了保障撤退顺利，美第3两栖军特别提请溪山基地的美军一定要在撤退阶段万分提防越军的有限进攻，避免重大伤亡。

溪山基地的陆战4团3营将士们离去前向阵亡的战友道别。再见了，战友们！溪山不会忘记你们！

美军的担心也不是没有道理的。1968年7月1日，在溪山基地东南3千米的古堡附近，越军从03点25分开始对陆战4团3营I连阵地进行一系列小规模袭击。这次袭击战斗在迫击炮火力支援下，一连持续了4个小时。07点25分，越军又以至少1个连的兵力在130毫米加农炮和82毫米迫击炮支援下继续对I连展开攻击，结果被早有防范的I连击退。上午，I连发现越军还在附近游荡，马上组织火力突击，同时呼叫武装直升机和喷气式战斗攻击机支援。战斗一直持续到下午，I连报告越军丢下200多具尸体，其中半数尸体扔在了I连阵前100米内。战斗中，陆战队也有2人倒下。

接下来几天时间里，越军继续不断对美军施加压力。越军先是对溪山基地周围各个山头进行炮火和迫击炮火力急袭，然后出动小股兵力对美国海军陆战队各个阵地进行渗透突击，试图剪断铁丝网，但没有实施大规模进攻。

1968年7月5日20点00分，美国远征军正式宣布，溪山基地的使命已告结束。第二天，陆战1团余部乘坐卡车，沿着9号公路返回了歌路基地。当最后一辆卡车开过9号公路后，美国海军陆战队第3和第8工兵营拆除了他们在“飞马”行动阶段安置的陆地舟桥设备。至7月6日24点00分，查理行动结束。尽管如此，陆战1团仍然重返溪山基地，并逗留了一个星期，试图找回689高地附近战斗中失踪的陆战队员遗体。

陆战1团这次返回689高地的举动，引发了整个溪山战役的最后一战。截至美军完全撤出溪山基地的时候，9号公路—溪山战役指挥部还蒙在鼓里，依旧在积极准备攻打溪山基地西面最重要的689高地，企图“挤压逼迫”美军“撤退”。而陆战1团重返689高地周围寻找失踪陆战队员的举动，更加重了9号公路—溪山战役指挥部的误判，更铁了心要发起一次毫无必要的血腥战斗。

7月6日下午，9号公路—溪山战役指挥部命令著名的越北军区“三岛”团——第246步兵团3营对689高地发起总攻击，务歼美军。在战前的动员工作中，第246步兵团政委特地向3营强调：“689高地是溪山锁钥，敌人丢失689高地就等于丢掉溪山，因此我军必须拿出最大勇气实施攻坚，为压迫美军撤离溪山基地做出贡献！”

根据3营的部署，10连和11连在阮德平中尉的统一指挥下，对689高地实施攻坚。时隔40多年后，阮德平回忆689高地之战时还是感慨不已：“1968年7月6日，三岛团246团3营奉命打689高地。战役指挥部认为溪山是敌人计划中一个重要的据点，我军一定要坚决进攻粉碎敌人的阴谋（迫敌撤离溪山）。我负责指挥这次战斗的时候还是一个副连长。敌人的电子防卫墙在6月28日完工，一共有9层铁丝网，每层间隔5米。在阵地上，敌人使用各种现代化先进武器，还不断朝铁丝网外扔手榴弹。在这种情况下，我军仍坚决进攻敌人。战斗打得十分激烈，美伪军兵力是我军的许多倍，给我军造成了很大的损失。3营10连和11连蒙受了很大的损失，伤亡近300人。当然，我军也消灭了敌人300多人。我军占领了三分之二的战场，美军迅速在B和C子高地实施反击。到7月8日上午，敌人放弃溪山战场，我军遂全部控制了689高地。7月9日，溪山和向化成为越南南方第一个完全解放的县份。”

▲陆战4团3营一名队员在工兵拆除溪山机场前，依依不舍地久久凝视机场。为了这里，他们牺牲了太多的战友，还有大量优秀的陆战队员负伤，他们到底赢得了什么？

由于美军强大的空炮火力打击，第246步兵团3营蒙受了很大的损失：10连1排37名指战员就有13人战死，6人负伤；3排43名指战员战死11人，负伤18人。不过，阮德平的回忆数字似乎有所夸大。《后勤工作：1968年春夏9号公路—溪山战役》一书明确记载，第246步兵团在溪山战役中损失101人，其中战死37人，大部分是在689高地之战中倒下的（见附录2）。不管损失究竟为何，689高地之战也是越军在溪山战役中最后的亮相。7月11日，陆战1团带着在689高地周围找到的7具陆战队员的尸体搭载直升机返回了广治市，溪山战役终于落下了帷幕。

溪山战役结束了，但却留下了许多的疑问。它是整个越南战争中最受人瞩目，同时也是倍受争议的一场战役。对这次战役，人们印象最深的就是，越军血流成河，美国海军陆战队伤亡轻微,最终是人海战术打垮了美军心理，人海获得了胜利。

但越军战史的记载完全推翻了这个错误的看法。越南人民军总后勤局1988年出版的《后勤工作：1968年春夏季9号公路—溪山战役》一书第328页明确记载："从1968年1月20日到7月20日，9号公路—溪山战役指挥部在西部地区（H2，溪山地区）战斗负伤5036人，牺牲2441人，总计伤亡7477人。"

具体到每个参战部队，同一本书的第330页附录10"参加溪山战役各个单位伤亡统计表一览"记载：第325C步兵师参加战斗兵力7175人，从1968年1月20日到3月7日，战死398人，负伤698人，合计战斗伤亡1096人；第304A步兵师参加战斗兵力10117人，从1968年1月10日到5月31日，战死1342人，负伤2527人，合计战斗伤亡3869人；第308A步兵师参加战斗兵力7500人，从1968年5月27日到6月15日，战死434人，负伤721人（不含二打富敦），合计战斗伤亡1155人；第246步兵团参加战斗兵力2667人，从1968年6月10日到7月10日，战死37人，负伤64人，合计战斗伤亡101人；第45炮兵团参加战斗兵力1200人，从1968年1月10日到3月29日，战死21人，负伤53人，合计战斗伤亡74人；第675炮兵团参加战斗兵力1500人，从1967年11月到1968年6月10日，战死54人，负伤57人，合计战斗伤亡111人；第241高射炮兵团参加战斗兵力900人，从1968年1月10日到4月30日，战死28人，负伤60人，合计战斗伤亡88人；第7工兵团参加战斗兵力1700人，从1968年1月20日到3月27日，战死42人，负伤91人，合计战斗伤亡133人；第198坦克营，从1968年1月20日到2月29日，战死11人，负伤14人，合计战斗伤亡25人；第9步兵营参加战斗兵力800人，从1968年1月20日到2月29日，战死10人，负伤22人，合计战斗伤亡32人；战役后勤部门，从1968年1月20日到5月26日，战死73人，负伤115人，合计战斗伤亡188人；特工第33营，从1968年1月20日到5月26日，战死14人，负伤13人，合计战斗伤亡27人；第2通信营在整个战役过程中战死5人，负伤18人，合计战斗伤亡23人。

在列举整体战役伤亡的同时，再看战役各个阶段的卫勤统计数字。根据《后勤工作：1968年春夏季9号公路—溪山战役》一书第292页记载，1968年1月20日前，9号公路—溪山战役指挥部接收伤员21人，1968年1月20日—2月20日接收伤员1376人，1968年2月21日—3月31日接收伤员1072人，4月1—30日接收伤员789人，5月1日—6月26日接收伤员863人，6月26日—7月10日接收伤员61人。

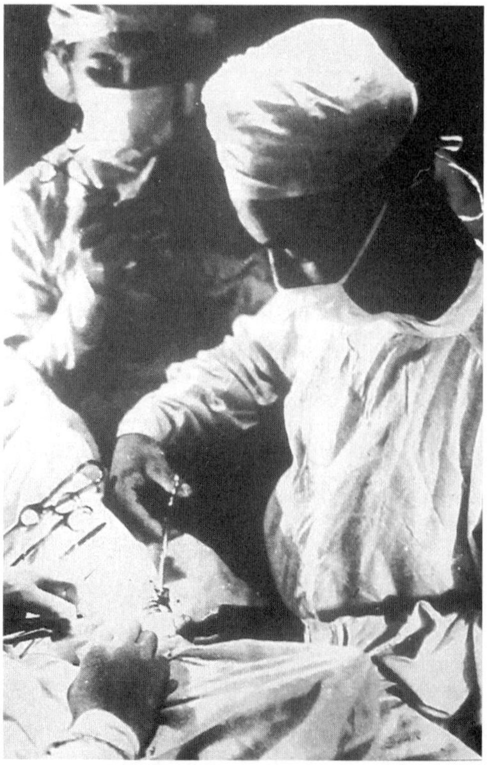

▲ 正在进行战地手术的越军军医。

这些数字，使我们无论从纵向还是横向来看，都看不出越军人海战术冲击、血流成河的迹象。可以说，溪山战役的大部分时间段，越军实际以并不多的作战部队连续战斗，牢牢钳制住美军战斗力强大的海军陆战队，而且打了6个月仅仅付出7477人的伤亡，实在是难能可贵，表现出色。

谈完越军的伤亡数字，再看看美军的伤亡数字。

长久以来，人们对溪山战役的错误认识，不仅源于严重夸大的越南人民军损失数字，更重要的是大大缩小的美军损失数字。按照美国媒体长久以来的宣传数字，溪山战役的美军战死不过205人，816人负伤后送，852人负伤留队，1人失踪。可美国海军陆战队最权威的溪山战役研究专家雷·斯塔贝（他本身就是溪山战役老兵，组织了溪山战役老兵会，对溪山战役的研究无人可比）和约翰·帕拉多斯合著的《决定性的山谷》一书第453页却推翻了这个结论。斯塔贝仔细研究了美国海军陆战队第3师的作战报告和卫生勤务统计资料后，发现1968年1月21日—2月24日溪山地区的美军负伤后送的统计数字是903人（见《决定性的山谷》第453页），这个数字并不包括团和营一级包扎所统计的负伤数字。同时，1968年1月20日—3月31日，官方统计是溪山地区的美军战死352人，可斯塔贝按人员名单梳理的结果却是战死530人。"飞马"行动，陆战3师官方宣称是1968年4月1—15日战死69人，4月16日和17日加起来战死54人。实际根本不止于此。按照斯塔贝的研究，"飞马"行动美军死于直接战斗的至少是125人，负伤后送845人，5人失踪，还有800人负伤留队。此外，“飞马”行动阶段，美国海军陆战队和美国陆军还有52人死于飞机坠毁、炮击和其他事故。而且，这还不是美军在“飞马”行动中的确切损失，还要加上美国空军损失的5~20人。斯塔贝认为，1月20日—4月15日，美国海军陆战队和美国陆军、美国空军在溪山地区实际损失最大值应该是战死730人，负伤2642人，失踪7人。加上4月16日—7月10日之间的苏格兰2号行动，美国海军陆战队和美国陆军一共战死326人，负伤1888人，3人失踪，从这个情况来看，美军在1968年1月20日—7月20日的溪山战役中的损失无疑是惨重的。不过，根据斯塔贝近年的最新研究，美军有名有姓在溪山地区战死（包括直接战斗死亡、己方炮火误杀、坠机身亡和其他与作战相关的事故死亡）的总人数是990人，离他在《决定性的山谷》的估计相差无几，负伤人员基本就是4500人左右，总计在溪山战役中，美军伤亡在5500人左右。但，就此认为5500人就是联军在溪山战役中的损失的话，那就大错特错了。

不要忘了，老挝王国皇家陆军第33步兵营在班会珊基地和围村基地战斗中基本覆灭，围村基地之战中蒙塔格纳人、向化军事支区战斗中的南越国军保安军915连和倒霉的256连，以及溪山基地守备战期间的南越国军别动军第37营和“飞马”行动中的南越国军第3伞兵战团，他们也都有不少的损失，总计伤亡人数也不下1000人。所以联军在溪山的总伤亡应该是至少6500多人，相对越军的7477人，双方在战斗伤亡上基本持平。考虑到联军如此强大的空炮火力和现代化装备，武器装备落后得多的越南人民军能打出这种水平的战斗伤亡交换比，不能不说是一个奇迹。也就是说，单从伤亡数字来看，无论联军还是越军都不是输家。

接下来，就是对比双方的战略意图。1966年越南中央军委建立9号公路—北广治阵线的目的就是为了把美军战略机动兵团一部分兵力吸引到溪山到东河之间的9号公路段，为越南南方战场各根据地减压。从整个作战发展过程来看，美军完全落入了越军的圈套中，从1965年9号公路没有一兵一卒发展到1968年陆战3师全部进驻9号公路沿线，甚至一个加强团还被牢牢钳制在溪山基地，在陆战3师北上9号公路的同时，美军陆战1师也往承天省移动，跟进填补陆战3师留下的空档。1968年新春总进攻和总奋起第一阶段攻势开始之际，联军在广治和承天省的兵力既有陆战1、3师，又有美国陆军骑兵1师和美国陆军第101空中突击师一部，能够把如此多的美军牢牢钳制在越南南方最北部的2个省——广治、承天，使西原、中部中区、中部南区、第五军区沿海平原在1968年期间出现大片美军空档区。虽然西贡、顺化、岘港的总攻击没有夺取城市，但在这些美军空档区（或美军压力很小的区域，特别是第6军区和第五军区平定省）越军大力发展平原根据地，大量恢复了1966年美军在第一次旱季战略反攻中夺取的地盘，使1968年越军控制的人口达到了400万之多，直逼1960年总奋起的成绩，这无疑是越军战略钳制决策的巨大胜利。美国远征军不过就8个师的机动作战兵力，面对南越境内44个省竟然要用超过3个师的兵力在2个省，而且还无法弹压住越军主力，那么剩下42个省还

在长山山脉西面顽强通过美军轰炸封锁区的越军车队。

需要美军多少个师的兵力弹压？知者无不为美军捏把汗。也正是因为美军把机动作战力量近一半压在北部两省，致使越南南方中部地区、西原和沿海平原出现了大量的空档区，在南部的美国陆军第 1 机械化步兵师、第 9 步兵师、第 25 步兵师还有第 4 步兵师鞭长莫及，只能弹压住南部平原和西原南部。面对越南南方广大的中部地区，美军只能徒呼奈何。无奈的威斯特摩兰上将正是看到了这个空档，故而一再请求增兵。他的看法也没错，要填补这些地区的空档，美军至少还应该再增加 3 个师以上。然而，越战已经占用了美国太多的公共资源，约翰逊当然很清楚 1968 年美军在越南南方的兵力是南北两头重兵，中间大片空档区，这片空档区要填补至少还得 3~5 个师的兵力，可一旦增兵，欧洲怎么办？美国就要局部动员——这是约翰逊所无法承受的压力。

可是不增兵，局部战争战略就要破产。在两难局面下，约翰逊选择了后者，局部战争战略破产，战争降级，双方举行巴黎和谈。继任威斯特摩兰上将的艾布拉姆斯上将不愧是美国陆军一代名将，他看出了威斯特摩兰的窘境和越军的战略钳制。如果再施行威斯特摩兰的处处觅歼和决战政策的话，那么美国远征军就毫无出路了。于是，艾布拉姆斯上台后马上进行战略收缩，把山区的美军据点统统放弃，最大限度把美军机动兵团捏成拳头，集中兵力和火力在 1968 年底到 1970 年初打越军的平原根据地，同时用美国空军封锁长山公路，最大限度遏制越军的后勤供应。为了执行这个新的战略，溪山基地的放弃也自在情理之中。艾布拉姆斯的战略调整非常正确，可惜太晚了。在彻底放弃控制越南南方山区根据地，集中兵力火力打掉平原根据地，同时用空军封锁长山公路的正确战略下，1969—1970 年，在越南南方的越军几乎陷入绝境，平原根据地基本丢失，地方部队乡村游击队损失大半，甚至著名的古芝根据地的乡村游击队的损失率竟然达到了 95%！无奈之下，在越南南方活动的越南人民军只能大量解散主力部队，让他们下地方恢复游击战争和地方部队、乡村游击队建设。美军铁拳打击的同时，长山公路也受到了空中火力的封锁，导致许多根据地吃不上饭，加上南越国军的绥靖政策生效，以及美国中央情报局“凤凰”行动的奏效，越军的处境每况愈下，1969—1970 年成为越南人民军在越战期间损失最大、最艰苦的岁月。而美国远征军取得的这一切的胜利，都源自于艾布拉姆斯巧妙放弃了溪山基地这个“包袱”。

塞翁失马，焉知非福。所以溪山基地的放弃，既是越南中央军委钳制和吸引战略的胜利，同样也是艾布拉姆斯集中战略机动兵团，实施平原拳头重击作战的胜利之门。越美双方各得一分，围绕溪山都是赢家。

最后再看双方的战术运用。毋庸置疑，溪山战役是一场经典的山地较量，双方都展现出了极高的战术水平。战役一开始，越军采取先弱后强、剥笋皮的方式，先把溪山基地周围相互依托的据点——向化军事支区、班会珊、围村全部拔除，然后对最难啃、最强硬的溪山基地实施围困压进战术。通过在溪山基地周围建立一连串的据点，包围溪山基地的同时，通过堑壕延伸战法不断收紧对溪山基地的绞索，突入美军铁丝网地带，紧贴溪山基地，同时组织各种兵器实施游动炮击和狙击，最大限度抵消了美军航空火力和炮火打击威力的同时，也给美军造成了很大的累积伤亡，可以说溪山战役围困阶段是越南战争中组织得最系统、效果最好的一次冷枪冷炮运动。在抗击美军出溪山基地的巡逻、反击，以及“飞马”行动期间，越军第 304A 步兵师的连排班级的小部队防御战斗打得英勇顽强，有效依托地形地利，屡屡创造高效率的经典战例。唯一的遗憾是第 308A 步兵师作风勇猛粗犷，没有很好发挥山地优势，反而连续出现多个发挥失常的负面战例，值得反思。但总的来说，越军（特别是第 304A 步兵师）在溪山战役中打法丰富，最大限度利用地形特点，有效发挥了自己的战斗力，并遏制了对手的技术优势，最终获得了满意的战斗交换比和战役结局。从这个角度来看，越南人民军在溪山战役的战术运用是成功的，同时越军大部分指战员特别是在战役围困阶段，都能视死如归坚决完成上级交付的任务，在面对美军超饱和空炮火力打击下，坚韧不拔顽强守住了阵地，这些都完全证明了越军的指战员完全可以跻身于优秀勇敢军人之列。

美军的表现同样也很优秀。虽然一开始兵力不足没法救援溪山基地外围的向化、班会珊和围村据点，但在越军围困阶段美国海军陆战队同样表现出了坚韧不拔，顶住越军游动炮火和狙击火力给自己造成巨大的心理压力，努力维持着溪山基地的运转。在用强大的航空火力和炮火优势给越军造成不小伤亡的同时，美国海军陆战队始终只以一半兵力在外围坚守各个高地，另留一半兵力做预备队，防止在最坏情况下越军进攻能有预备队顶住，外围援军进攻内部能有接应，可以说这种用兵方式为“飞马”行动的胜利预埋了伏笔。在接下来的“飞马”行动中，美军充分利用自己强大的直升机兵力投送能力，进行蛙跳机降突击，连续击破越军的顽强抵抗，仅用 7 天时间就打破了越军持续 52 天的包围圈，并彻底打通 9 号公路。美军强大的机动作战能力再次得到了充分的体现。在苏格兰 2 号行动和“罗宾”行动中，美军更是充分利用了自己的兵力优势，再次发挥了火力和机动力优势，没有给接替第 304A 步兵师的第 308A 步兵师和第 246 步兵团任何恢复围困溪山基地的机会，战场主动

▲双方围绕溪山进行的较量结束了，可美国人并没有彻底告别溪山，三年后美军还会再次回到溪山，但下次的溪山见证的将不是双赢，而是联军决定性的惨败。图为兰山719之战中攻下31高地的越南人民军第320A步兵师64团的指战员们，他们笑到了最后！

权始终牢牢掌握在美军手中。最后撤退阶段的“查理”行动更是敌前撤退的经典杰作，从坚壁清野和彻底破坏的销毁行动，到部队的撤退，都组织得天衣无缝，以至于美国远征军在7月5日夜宣布关闭溪山基地后，越军仍然蒙在鼓里，甚至还在7月7日夜组织了一次毫无必要的689高地血腥攻坚战。这一切漂亮的作战行动都无言地表明，美国远征军在战术组织方面和士兵素质方面，同样不是溪山战役的失败者，他们也是当之无愧的胜利者。

那么溪山战役究竟胜负如何呢？作者给出的答案是双赢。美军和越军，各自从自己的角度出发，最终都实现了自己的战略重任，也都把自己的作战特点和优势发挥得淋漓尽致，这场战役没有失败者，有的只是双赢！双方围绕溪山进行的较量结束了，可美国人并没有彻底告别溪山，三年后美军还会再次回到溪山，但下次的溪山见证的将不是双赢，而是联军决定性的惨败！

| 附录 |

附录 1：1968 年 2 月 2 日第 48 步兵团 1 营甘露支区进攻战斗战死人员名单

阮友义 第 48 步兵团 1 营通信排长
阮文先 第 48 步兵团 1 营 3 连排长
潘文会 第 48 步兵团 1 营副班长
黄世经 第 48 步兵团副连长
阮文和 第 48 步兵团 18 连副连长
阮博南 第 48 步兵团 1 营 4 连班长
杨德决 第 48 步兵团 1 营 2 连连长
阮文希 第 48 步兵团 1 营 4 连班长
阮文站 第 48 步兵团 1 营 3 连副班长
黎清豪 第 48 步兵团 1 营 2 连副班长
裴文纽 第 48 步兵团 1 营 4 连一等兵
梅公辰 第 48 步兵团 1 营营指一等兵
阮友任 第 48 步兵团 1 营营指副班长
阮士聂 第 48 步兵团 1 营 4 连一等兵
冯文香 第 48 步兵团 1 营 4 连一等兵
阮清江 第 48 步兵团 1 营 4 连副班长（上士）
阮文博 第 48 步兵团 1 营 3 连副班长（下士）
阮威弼 第 48 步兵团 1 营 3 连一等兵
杜文沛 第 48 步兵团 1 营 3 连班长（中士）
裴春园 第 48 步兵团 1 营 3 连副班长（下士）
阮明先 第 48 步兵团 1 营 3 连副班长（下士）
阮公韬 第 48 步兵团 1 营 3 连一等兵
武文言 第 48 步兵团 1 营 3 连班长（中士）
高春席 第 48 步兵团 1 营 3 连副班长（下士）
黄春仕 第 48 步兵团 1 营 3 连副排长（上士）
阮春贵 第 48 步兵团 1 营 3 连副连长
黎文贵 第 48 步兵团 1 营 3 连排长
阮文经 第 48 步兵团 1 营 3 连副排长（上士）
潘文和 第 48 步兵团 1 营 2 连班长（中士）
陈志连 第 48 步兵团 1 营 2 连排长
潘文富 第 48 步兵团 1 营 2 连一等兵
邓文义 第 48 步兵团 1 营营部一等兵
姚文勋 第 48 步兵团 1 营 2 营 5 连一等兵（配属 1 营战斗）
邓文编 第 48 步兵团 1 营 1 连副班长（下士）
阮玉首 第 48 步兵团 4 连连长（中尉）
段文州 第 48 步兵团 16 连一等兵
阮玉素 第 48 步兵团 1 营 4 连一等兵
神德辉 第 48 步兵团 1 营下士
甲文隆 第 48 步兵团 1 营 4 连一等兵
阮德顺 第 48 步兵团 1 营 3 连一等兵
阮文漫 第 48 步兵团 1 营 3 连一等兵
陈文保 第 48 步兵团 1 营 3 连一等兵
阮光义 第 48 步兵团 1 营 2 连副班长（下士）
阮世协 第 48 步兵团 1 营 2 连班长（中士）
阮文戎 第 48 步兵团 1 营 2 连一等兵

阮文行 第 48 步兵团 1 营 4 连一等兵
裴春涯 第 48 步兵团 1 营副班长（下士）
陈登园 第 48 步兵团 1 营通信副班长（下士）
阮文安 第 48 步兵团 1 营 4 连一等兵
裴文坚 第 48 步兵团 1 营 4 连班长（中士）
武文江 第 48 步兵团 1 营 4 连副排长（准尉）
何登兴 第 48 步兵团 1 营 4 连排长（少尉）
阮公仁 第 48 步兵团 1 营 3 连一等兵
范成偏 第 48 步兵团 1 营 3 连班长（中士）
阮德光 第 48 步兵团 1 营 3 连班长（中士）
阮平庆 第 48 步兵团 1 营 2 连一等兵
阮春贡 第 48 步兵团 1 营 1 连副连长（少尉）
陈　博 第 48 步兵团 1 营 3 连副班长（下士）
陈登冕 第 48 步兵团 1 营 3 连副班长（下士）
潘洪雄 第 48 步兵团 1 营 3 连军医（下士）
杜世琪 第 48 步兵团 1 营 3 连一等兵
阮文量 第 48 步兵团 16 连一等兵
阮先阳 第 48 步兵团 1 营副连长少尉
阮可安 第 48 步兵团 1 营 3 连一等兵
黎文站 第 48 步兵团 1 营通信战士（一等兵）
阮文隆 第 48 步兵团 1 营通信战士（一等兵）
杨先绍 第 48 步兵团 1 营通信战士（一等兵）
朱车基 第 48 步兵团 1 营通信战士（一等兵）
黄文才 第 48 步兵团 1 营 4 连一等兵
刘定成 第 48 步兵团 1 营 3 连一等兵
武威黄 第 48 步兵团 1 营 3 连一等兵
阮孟雄 第 48 步兵团 1 营 3 连一等兵
阮文方 第 48 步兵团 1 营 3 连一等兵
潘文略 第 48 步兵团 1 营 3 连一等兵
阮玉安 第 48 步兵团 1 营 3 连一等兵
阮春文 第 48 步兵团 1 营 4 连一等兵
邓文资 第 48 步兵团 1 营通信战士（一等兵）
韶春义 第 48 步兵团 1 营通信战士（一等兵）
姚定具 第 48 步兵团 1 营 4 连一等兵
程文辉 第 48 步兵团 1 营 4 连一等兵
杜玉金 第 48 步兵团 1 营 3 连一等兵
武国专 第 48 步兵团 1 营 3 连一等兵
杜文魁 第 48 步兵团 1 营 3 连一等兵
黎定索 第 48 步兵团 1 营 3 连一等兵
潘文商 第 48 步兵团 1 营 3 连一等兵
阮文奉 第 48 步兵团 1 营 3 连一等兵
姚文丰 第 48 步兵团 1 营 3 连一等兵
武玉隆 第 48 步兵团 1 营 2 连一等兵
阮玉成 第 48 步兵团 1 营 2 连一等兵
黎文明 第 48 步兵团 1 营 2 连一等兵
高春海 第 48 步兵团 1 营 3 连一等兵
段春贵 第 48 步兵团 1 营 4 连一等兵
阮博实 第 48 步兵团 1 营 3 连副班长
孟　欣 第 48 步兵团 1 营 3 连一等兵
黎文强 第 48 步兵团 1 营 3 连一等兵
阮文亮 第 48 步兵团 1 营 4 连一等兵
黎文莫 第 48 步兵团 1 营通信战士
阮国勇 第 48 步兵团 1 营通信战士
阮文硕 第 48 步兵团 1 营 3 连一等兵
刘辰碧 第 48 步兵团 1 营 3 连班长（下士）
阮文雄 第 48 步兵团 1 营 3 连班长（下士）
黎可縈 第 48 步兵团 1 营 2 连副班长（下士）
阮玉常 第 48 步兵团 1 营 2 连副班长（下士）
阮文福 第 48 步兵团 2 营营部军医（中士，加强给 1 营）
阮仲胜 第 48 步兵团 1 营 4 连一等兵
黎威林 第 48 步兵团 1 营 4 连一等兵
阮文丑 第 48 步兵团 1 营 2 连班长（中士）
裴　勇 第 48 步兵团 1 营营长（上尉）

附录 2：参加溪山战役各个单位伤亡统计表

（译自《后勤工作：1968 年春夏季 9 号公路—溪山战役》第 330 页附录 10）

单位	参战兵力	统计时间段	负伤	牺牲	伤亡总计
第 325C 步兵师	7175 人	1968 年 1 月 20 日—3 月 7 日	698 人	398 人	1096 人
第 304A 步兵师	10117 人	1968 年 1 月 10 日—5 月 31 日	2527 人	1342 人	3869 人
第 308A 步兵师	7500 人	1968 年 5 月 27 日—6 月 15 日	721 人	434 人	1155 人
第 246 步兵团	2667 人	1968 年 6 月 10 日—7 月 10 日	64 人	37 人	101 人
第 45 炮兵团	1200 人	1968 年 1 月 10 日—3 月 29 日	53 人	21 人	74 人
第 675 炮兵团	1500 人	1967 年 11 月—1968 年 6 月 10 日	57 人	54 人	111 人
第 241 高射炮兵团	900 人	1968 年 1 月 10 日到 3 月 30 日	60 人	28 人	88 人
第 7 工兵团	1700 人	1968 年 1 月 20 日—3 月 27 日	91 人	42 人	133 人
第 198 坦克营		1968 年 1 月 20 日—2 月 29 日	14 人	11 人	25 人
第 9 步兵营	800 人	1968 年 1 月 20 日—2 月 29 日	22 人	10 人	32 人
战役后勤部门		1968 年 1 月 20 日—5 月 26 日	115 人	73 人	188 人
特工第 33 营		1968 年 1 月 20 日—5 月 26 日	13 人	14 人	27 人
第 2 通信营		1968 年 1 月 20 日—2 月 29 日	18 人	5 人	23 人

附录 3：9 号公路—溪山战役西部地区（H2，溪山地区）越南人民军主要炮兵弹药消耗统计表*（译自越南国防部所辖军事历史院出版的《1968 年春夏季 9 号公路—溪山战役》第 79 页）*

阶段 / 弹药种类	122 毫米榴弹	122 毫米火箭弹	107 毫米火箭弹	82 毫米迫击炮弹	120 毫米迫击炮弹	小计
第一阶段（1 月 20 日—2 月 7 日）	1379 发	432 发	51 发	1154 发	184 发	3200 发
第二阶段（2 月 10 日—3 月 31 日）	2402 发	269 发	263 发	2886 发	403 发	6223 发
第三阶段（4 月 1 日—5 月 4 日）	1550 发	684 发	145 发	1354 发	312 发	4045 发
第四阶段（5 月 8 日—7 月 15 日）	1588 发	106 发	173 发	1841 发	125 发	3833 发
总计	6919 发	1491 发	632 发	7235 发	1024 发	17301 发

东部地区，1968 年 1 月 15 日—3 月 31 日主要弹药消耗统计：

152 毫米榴弹 1342 发、130 毫米榴弹 3638 发、105 毫米榴弹 2817 发、100 毫米榴弹 2521 发、H12 火箭弹 303 发、82 毫米迫击炮弹 3106 发、82 毫米高射炮弹 4216 发、75 毫米山炮弹 1387 发、104.7 毫米火箭弹 1510 发、122 毫米火箭弹 475 发、120 毫米迫击炮弹 610 发、82 毫米无后坐力炮弹 154 发，总计消耗 22079 发。

附录 4：越南人民军战史记载的 1968 年新春总攻击的顺化战役

由于溪山战役是 1968 年新春总攻击的战役佯动，其作战行动决定了新春总攻击的成败，故而笔者从《抗美救国战争史》九卷本摘译和溪山战役直接相关的 1968 年新春总攻击之顺化战役，以觞读者。

顺化，作为 1968 年新春总攻击和总奋起的三大主要目标之一，很早就开始了战役准备工作。越南劳动党中央就决定专门成立一个战役指挥部来直接指挥这个决定性的攻城战役。根据党中央的指示，治天军区直接指挥顺化战役，并向中央军委和党中央负责，计划是分成几个方向对顺化市区和顺化周围县份实施总攻击：治天军区主力第 4 步兵团负责进攻海云 (Hai Van) 公路北面的富禄 (Phú Lộc) 县；第 5 步兵团负责进攻顺化市区和市郊的向茶 (Hương Trà)、向水 (Hương Thuỷ)、富汪 (Phú Vang) 乡；第 6 步兵团要夺取丰奠 (Phong Điền) 和广奠 (Quảng Điền)；第 7 步兵团要解放潮丰、海朗。第 31B 步兵团，由 B5 战区（9 号公路—溪山战役指挥部）指挥，任务是负责解放 9 号公路北面到临时军事分界线（北纬 17° ）之间的地区。

1967 年 12 月，中央军委向治天军区司令员兼政委陈文光少将下达顺化战役动员令：“集中兵力，采取三种力量同时进攻的打法，出敌不意，同时对顺化发起总攻击和总奋起，干脆利落地消灭城内的伪军，推翻伪政权，接管顺化。然后你们要继续进攻，歼灭和瓦解全省（指承天省）的伪军和伪政权，解放广大农村县乡，建立革命政权。同时通过打败美伪军的反扑，求得大量消灭美军，并重创敌一部，确保承天省的首先解放。”

同时，中央军委对治天军区的总攻击目标做了明确的指示，即顺化、广治和富禄。

为了贯彻中央军委的指示，确保首先彻底解放顺化，治天军区调整了最初计划，决定采取集中兵力两面夹击的进攻方式来夺取顺化：

北路进攻部队由第 6 步兵团、第 9 步兵团的 816 营、治天军区直属第 12 特工营、1 个 12.7 毫米机枪连（6 挺机枪）、1 个 75 毫米无后坐力炮连（4 门 75 毫米无后坐力炮）、1 个 82 毫米迫击炮连（6 门迫击炮）、1 个工兵连、1 个侦察连、1 个通信连、1 个运输连和 2 个别动队组成并担负主攻，任务是由北路对顺化实施总攻击，攻克伪第一师指挥所、伪承天省政府，并夺取芒嘎（Mang Cá）、西禄（Tây Lộc）、大内等地，彻底解放香水河左岸和向茶县，摧毁同林的美军基地，在市内建立革命政府，维持市内秩序和治安，准备打敌反扑。

南路进攻部队由治天军区第 5 步兵团 804 营和 810 营、治天军区第 9 步兵团的 815 营和 818 营、治天军区直属特工 1 营和 2 营、1 个 82 毫米迫击炮连（6 门迫击炮）、1 个高射机枪连、1 个 75 毫米无后坐力炮连（6 门无后坐力炮）、1 个通信连、1 个工兵连、1 个侦察连和 1 个别动队，以及周围县份的乡村游击队、自卫队组成。任务是解放香水河右岸市区和向水（Hương Thuỷ）、富汪（Phú Vang）两县，摧毁市政府和承天省军区司令部，消灭香水河右岸三角区盘踞之敌，放手发动向水和富汪两县，以及周围各乡的人民群众，压制芙拜美军装甲团基地，做好南面的打敌反扑准备。

在计划的同时，治天军区也成立了顺化战役指挥部，黎明（Lê Minh）同志担任战役指挥部司令员兼政委，黎掌（Lê Chưởng）同志担任战役指挥部副政委，治天军区副司令员武南隆（Nam Long）同志担任战役指挥部副司令员，邓经（Đặng Kinh）同志担任战役指挥部参谋长。

顺化战役准备过程艰苦而漫长。1967 年 8 月初，治天军区的主力部队仅有 1 个团又 4 个步兵营和 2 个特工营。经过不断扩编，到 1967 年 9 月，治天军区新扩编了第 9 步兵团和大量的独立步兵营。为了突击扩编任务，全军区行动起来，地方部队向主力部队输送了大量兵员，南下补充的干部战士也以扩编新部队为最高优先，同时对新编的各团营进行速成营连战斗训练，并开办团营连级指挥员以及参谋培训班，突击培训出了大批各级指挥员，完成了军区的扩编任务……另一方面，应治天军区的请求，中央军委还给治天军区增调了 2 个步兵团、3000 名补充兵、2 个炮兵营、1 个高射炮营、1 个坦克营、1 个通信营。这样，在 1968 年新春总攻击和总奋起开始的时候，治天军区一共拥有 4 个团又 4 个营的步兵、4 个特工营、15 个别动队和大量的技术兵种。

战役爆发前，治天军区不断调整部署，力图将主要兵力全部集中到顺化战场。治天军区最初决定以第 9 步兵团从广治省向顺化开进。但总部认为突击兵力不够，于是又命令 B5 战场以 324 师第 2 步兵团接替第 18C 步兵团阵地，让第 325C 步兵师 18C 团沿 9 号公路增援顺化。

作为越南南方的第三大城市，美伪军对顺化的守备也是下了一番苦心的。在顺化市区内外，美伪军驻扎着 2.3~3 万兵力（主要是伪军第 1 步兵师）。

在顺化市区北部（香水河左岸），有设在芒嘎（Mang Cá）的伪军第 1 步兵师指挥所，兵力约 700 人，由师部、师部直属连（警卫连）、卫生连、心理战连组成。

西禄机场驻有 250~300 名敌人，含 1 个装备 40 架直升机的美伪军直升机中队，以及 100 辆卡车，1 个地勤机务大队和警戒机场的黑豹连。

皇城所在的大内区守敌约 120 人。在市区内还分散着大约 8 个排的伪警察，他们既要警戒重要的目标，又肩负镇压市区民众的任务。在市郊周围基地驻扎着伪军 4 个营和美军 2 个营，他们作为市区的机动预备队，随时准备从北面驰援顺化。此外，美伪军在顺化市区接近地还分布着几个重要的基地，并重兵驻防，诸如同林基地（驻有美军 2 个空中骑兵营、1 个装甲战斗群和 1 个炮兵营）、施河基地（驻有 1 个步兵营、1 个装甲战斗群和 1 个炮兵营）、溪阿（Sịa）基地（伪军第 2 步兵团所属的 1 个营）、云圣（Văn Thánh）基地（伪军 1 个步兵营）。

在市区南部（香水江右岸），承天小区指挥部位于潘高南（Phan Sào Nam）区，这里驻有 2 个伪机动警察营。全市最豪华的顺化大酒店和香江宾馆分别是美军中情局顺化分站点和美军顾问生活区。雷达站位于市区东部的体育馆附近。各国驻顺化大使馆和领事馆区、承天省政府、承富监狱中心、中分（Trung phần）区（顺化市各大伪政府机构所在地）、顺化特区指挥部、市区仓储中心等等都由伪军保安部队分兵把守。在城南周围基地，美伪军也驻扎了 6 个步兵营的兵力（美军 2 个营和伪军 4 个营）。其中，芙拜基地驻有美军 2 个步兵营、1 个炮兵营和大量坦克群。城南区也有机场可供直升机快速起降投送兵力和技术装备，同时还有同岘新兵训练中心，由于位置重要，伪军常驻兵力约为 2 个营；三台驻有伪第 7 装甲团，常驻兵力为团部和 2 个坦克营，是伪军重要的战略值班预备队，战备程度相当高；富归—富琴基地，驻扎的兵力是南方天主教反动势力自发组织的民卫队和伪军别动部队。

除了市区内外，联军在周围也有快速机动增援的能力：在广治省南部，敌人驻扎着美国海军陆战队 2 个营的兵力、伪第 1 步兵师 1 团、2 个装甲战斗群和 2 个炮兵营，以及不少保安、警察、民卫队（总兵力约 1 万人）。福禄基地也驻有美国海军陆战队 1 个营和保安、民卫部队。

1968 年 1 月 30 日 2 点 33 分，南方解放军炮兵突然对三台区、潘高南区、芙拜基地、同全基地、同巴基地实施猛烈炮击，打响了总攻顺化的战役。伴随着炮声，我军兵分 2 路直扑顺化市区内外的 40 个主要目标。

特工 12 营 1 连和 6 团 1 营 2 连首先对伪第 1 步兵师师部所在地芒嘎实施突击。由于对市区地形不甚熟悉，特工 1 连和步兵 2 连在冲击时队形散开了，仅有部分兵力冲到了芒嘎大门口，在敌人火力阻击下，最终只有 4 位战士冲了进去。敌人依托坚固的建筑物和窗户猛烈射击，并出动坦克群反击，4 位战士寡不敌众，全部牺牲。但特工 1 连和步兵 2 连并不气馁，扛起 B40 火箭筒（56 式 40 火箭筒）将敌坦克群击退。接着，特工 12 营 1 连 14 名战士和 6 团 1 营 2 连的 12 名战士组成敢死队再一次冲进了芒嘎基地，强行夺占了伪 1 师卫生连驻地和心理战连驻地。敌人在坦克群支援下对我军进行激烈反扑，试图将突入的我军敢死队赶出去。特工 1 连和步兵 2 连为了支援突入基地的战友，几次冲击大门，但均被敌人极为猛烈的火力击退。激烈的战斗一直持续到 11 点，我军的伤亡越来越大，却始终无法冲进芒嘎基地。为了避免更大的伤亡，并增援其他方向，特工 12 营 1 连和 6 团 1 营 2 连撤出战斗。对芒嘎基地的进攻战暂告一段落。

就在特工 12 营 1 连和第 6 步兵团 1 营 2 连苦战芒嘎基地不克的同时，特工 12 营 2 连和第 6 步兵团 1 营 1 连也对西禄机场发起攻击。在市区内的党组织派人带路的情况下，进攻的 2 个连悄悄穿过水关（Thuỷ Quan），继而迅速渡过香水河冲进西禄机场，占领了机场西南角（含机场警戒区和部分机场跑道区），炸毁了 20 架飞机和部分军用车辆。接着，我军又以一部兵力扑向机场西北的塔楼和待机、维修站，占领了机场通信中心。敌人激烈反扑，我军坚持战斗到晚上 20 点 00 分才撤出了机场。1968 年 1 月 30 日夜到 31 日凌晨，我军又调上第 6 步兵团 1 营第二次攻打西禄机场。战至 1968 年 1 月 31 日凌晨 5 点，我军顺利夺取了整个西禄机场。随后，敌人从芒嘎出动兵力以反击夺回了机场。在两次战斗中，我军共击毁 40 架飞机、100 台军用车辆，炸毁 1 座弹药库，烧毁 1 座油库。

在皇城区和大内区，1968 年 1 月 30 日凌晨 2 点 40 分，4 连首先展开了攻击，于 4 点 30 分占领了大内区。接着，4 连和赶来支援的 3 连一道从黎勋答（Lê Huân đánh）路向皇城区发展进攻。5 点 00 分，我军解放了整个皇城区，全歼了 1 个伪警察连，毙敌 130 人，俘敌 26 人。早上 8 点，南方解放阵线的旗帜高高飘扬在顺化市政府大楼上空。2 月 1 日，顺化市大部分地区获得了解放，90% 的顺化市民翻身做了主人。

在我军主力部队向芒嘎、西禄机场、大内—皇城区展开攻击的同时，我军别动队、乡村游击队和武工队也参加总攻击，并引导民众奋起，进攻嘉惠区。这是一个位于顺化市区东南，敌人重点防备的人口稠密区，我军解放了嘉惠区，并广泛发动群众进行总奋起，为保障我军在城北区的胜利和我军依托地利在顺化区坚持战斗 25 天做出了重要的贡献。

城北诸乡也在我军地方部队的引导下积极奋起，自行解放了许多乡村。

1月30日3点，第806步兵营占领了安化（An Hoà）和督索（Đốc Sơ）两县，击毙和俘虏了所有守敌，然后引导民众奋起搜捕市区内躲藏的伪军政要员，予以革命专政，同时调整兵力部署，准备打敌反扑。

与此同时，第9步兵团所属的816营也对罗宇（La Chữ）、桂宇（Quế Chữ）、朋治（Bồn Trì）诸乡守敌展开攻击，全歼伪1个连和大量伪军民卫队。接着，我军又用迫击炮火力压制了施河敌炮兵基地和柳谷尚（Liễu Cốc Thượng）直升机基地。

在向茶乡，我军地方部队和积极奋起的革命群众联合消灭了大批敌人，解放了向茶乡并成立了革命政府。这是向茶乡在20年抗美救国战争中革命运动的最高潮。

还在北路进攻部队和奋起的民众在顺化城北区内外猛烈进攻敌人，扩大解放区的时候，敌人就已经开始主动放弃部分据点，集中兵力固守重要的据点，同时迅速抽调兵力准备反击，以防顺化市彻底落入“共党”之手。

1968年1月31日8点00分，伪军第7伞兵营在第7装甲团3营的支援下组成战斗群从安鲁（An Lỗ）出发，沿着1号公路对顺化市区进行了敌人的第一次反扑，但他们遭到了我军第6步兵团的猛烈阻击，损失惨重，大批M113装甲运兵车被击毁，3辆M113装甲运兵车被我军缴获。

1968年2月1日，伪军步兵1团3营又对朋治反击，试图冲击顺化。2月2日，伪军伞兵1营和2营突入顺化市区，和芒嘎的敌坦克群会合，并夺回了西禄机场。

2月3日，美国陆军空中骑兵1个营从同林基地出发，在柳谷尚直升机基地机降，然后对我军展开反击，迫使我军撤出了罗宇和桂宇乡。

这时，治天军区及时调第325C步兵师18C团（欠8营）进入顺化市区。在援军的支援下，我军顶住了敌人的进攻，并于安化乡成功挡住了美军空中骑兵营的前进步伐，然后对其形成包围态势。

这样，在新春总攻击和总奋起开展的几天后，北路的我军进攻部队完全转入了打敌反扑，巩固顺化城北解放区的激烈战斗中。

在南路，我军各路进攻部队大张旗鼓，兵分多路穿过诸多乡村向各个目标挺进。途中，敌人对部分行军中的我军组织伏击，因此部分部队未能按时打响总攻。尽管遇到了不小的困难，但我军南路进攻的大部分部队还是按时发起了总攻，进攻了诸如承天小区指挥部、顺化宾馆、三台的伪军第7装甲团驻地和南教的敌工兵营驻地等许多重要的敌人目标。

在承天小区，在用DKB单管火箭炮轰击后，特工2营2连迅速冲进了小区指挥部，夺取了目标，继而向香江宾馆和美军雷达站发展进攻。

与此同时，特工2营1连也对顺化宾馆展开攻击，这里是顺化城南最重要的目标，因为它是美国远征军分部和美军承天省顾问团驻地。敌人依托宾馆建筑进行激烈抵抗，1连难以克敌。我军只得调来预备队进攻，但还是没能攻克顺化宾馆。战至1968年1月30日4点，特工2营1连和2连撤出战斗，转移到市郊的云阳休整巩固。

特工2营3连任务是在别动队的支援下负责夺取安九（An Cựu）集市。在连续实施2次突击后，3连夺取了安九集市，继而向库濂（Kho Rèn）桥发展进攻，击毙了大批伪警察和伪军，击毁23

辆M113装甲运兵车。与此同时，第804步兵营3连也负责进攻伪警察指挥所，并向库濂桥发展进攻。在特工2营3连和第804步兵营3连的合力进攻下，到9点，我军完全夺取了顺化市伪警察局。

1968年1月30日13点，敌人以1个步兵连在坦克的支援下从黎利基地出发，对古具（Cò cũ）实施反击。我特工2营3连和第804步兵营3连英勇战斗，歼敌一部。但，众寡悬殊，我军被迫往李常杰—同沱（Lý Thường Kiệt–Đống Đa）十字路口退却。就在这时，第804步兵营1连和2连赶到了战场，稳住了形势。1月31日，第804步兵营以2连展开攻击，压制敌人的反扑基地——黎利基地，接着以1连进攻楚油（Sở Bưu）电厂，继而向顺化广播电台（Đài phát thanh）和钱长（Tràng Tiền）大桥发展进攻，虽然一度占领了大部分目标，但都在伪军的反扑下无法立足。2月1日，第804步兵营暂停进攻，后撤转移到安九（An Cựu）河一线，和反扑之敌展开激烈而艰苦的战斗。

和第804步兵营一样，第815步兵营在行军途中也遭到了敌人的伏击，因此未能在1月30日凌晨按时向指定目标发起攻击。

1月30日清晨，第815步兵营仅有2连进入顺化市区，越过边玉（Bến Ngự）桥展开攻击，一连占领了顺化国立中学、同庆中学和承天省高级法院（早上7点）。接着，第815步兵营2连又向承富（Thừa Phủ）监狱发展进攻，一举解放了2200名被捕关押的我地方干部和爱国群众（伪军统称“政治犯”）。其中，近千名释放的地方干部和爱国群众参加了解放军，有力支援了第815步兵营2连的战斗。

1月30日清晨，第815步兵营3连赶到南教（Nam Giao）桥，并和第818步兵营6连（南路进攻部队预备队）一起对顺化市体校和顺化市区制高点——顺化市法院展开攻击。与此同时，第815步兵营1连也对驻普其的伪第1步兵师工兵营驻地发起攻击，憾未成功。

2月3日，在得到1个75毫米无后坐力炮班和1个82毫米迫击炮班的支援下，第815步兵营1连和3连二度对驻普其的伪军第1步兵师工兵营驻地展开攻击。激烈的战斗一直持续到2月5日，但1连和3连却始终无法攻克普其基地，反而在被敌人集中强大兵力连续反扑的情况下退出了市区，撤至安九河南岸。

截至1968年2月7日，在香水河右岸，即南路进攻部队（城南区奋战）完全撤出了顺化市区，退到了郊外的安古河与文阳河一线，调整部署，继续将妄图经城南向城北区反扑的敌人援军挡在市区外，减轻和陆战1师恶战苦斗的北路进攻部队的压力。

在北路进攻部队基本完成作战任务，并增兵打击美军陆战1师反扑和南路进攻部队一度冲进市区，歼敌一部后退到市郊继续打击反扑之敌期间，特工1营、第818步兵营和第810步兵营也积极展开攻击，解放了向水和富汪乡……

1968年1月30日凌晨2点33分，就在特工2营3连进攻承天小区的同时，承天省特工1营（欠）也在4门75毫米无后坐力炮、4门82毫米迫击炮和第818步兵营1个排支援下进攻了三台（Tam Thai）的伪第7装甲团驻地。这是一个极为重要的目标，如果我军能全歼这个装甲团，就能给进攻顺化其他主要目标的我军创造出极为良好的作战条件，也能极大震慑敌人。怀着高度的使命感和英勇顽强的斗志，特工战士、步兵战士和炮兵战士密切协同，勇猛冲击，占领了大半个三台基地，击毁35辆坦克装甲车，缴获大批枪支弹药。但残敌退到基地一角继续殊死抵抗。战至1968年2月2日，眼看无法彻底攻克三台基地，我军只得撤出战斗，转移到伍西（Ngũ Tây）乡巩固。

与此同时，特工1营5连在第818步兵营1个排加强下也对南教（Nam Giao）的伪工兵营驻地展开攻击。经过30分钟的战斗，特工1营5连毙敌100人，俘敌12人，摧毁10台军用车辆。但由于兵力不足，也没有预备队，特工1营5连不得不在1月30日7点撤出战斗。同时，第818步兵营8连也对福果（Phước Quả）天主教堂守敌展开攻击。这座教堂修在城南的一个山头，敌人利用和蛊惑天主教同胞将其修建成了一个坚固的据点和伪军别动队员的训练中心，在教堂周围环绕着绝不亚于美军基地外围防御带的多层带刺蛇腹形铁丝网和鹿砦。我军对福果天主教堂第一次进攻以失败告终。2月1日，在得到2门75毫米无后坐力炮的加强后，第818步兵营8连第二次攻打福果天主教堂，终于攻克了教堂，全歼守敌（全部击毙），缴获200支各型枪支。第818步兵营6连也经过苦战攻克了黎利基地、光中基地，缴获大批武器弹药。

在北路进攻部队和南路进攻部队结合部展开的第810步兵营进攻了驻阳蒙（Dướng Mông）的伪军第3步兵团4营3连，毙敌45人，继而向叁同（Tam Đông）的伪军第3步兵团4营营部和驻同怡（Đồng Di）的伪军第3步兵团4营2个连发展进攻。

2月2日，第810步兵营在特工的配合下，夺取了美军雷达站和伸云（Thẩm Vấn）区……

为了支援在城北区正艰苦进行打击陆战1师反扑的北路进攻部队，南路进攻部队指挥部决定伏击芙拜基地（美军炮兵火力基地）和东团基地（美军装甲部队基地），削弱美军火力基地对顺化反扑的陆战1师的炮火支援力度。

在向水和富汪乡，当地地方部队、别动队、武工队和民众一起参加了总攻击和总奋起，并自行解放了顺化周围许多乡村，并在不少乡村建立了革命政府。

总的来说，在对顺化市进行总攻击和总奋起的头几天，我军顺利地攻克了许多重要目标，并发动民众总奋起，解放了周围许多县乡。治天军区还给全市人民一个和平和民主的社会，继而建立起承天—顺化省人民革命委员会。这是一个巨大的胜利。法新社1968年2月7日电："经过一夜战斗，越共就控制了顺化90%的市区和人口。第二天清早，解放阵线在顺化市区就掀起了各种政治运动和积极支前活动，在如此短的时间内能动员那么多人为他们工作，表明他们已经牢牢地控制住了顺化。"英国的路透社也在1968年2月7日发表社论，赞叹道："经过5天逐屋逐房的巷战，共军仍占据着大半个顺化市区，而'政府'军却一筹莫展。从军事上看，共军在顺化战斗中的表现是进退自如，掌控着战斗进程。目前还没有迹象表明他们打算撤出顺化。"

然而，奇袭因素的丧失，诸如芒嘎、顺化宾馆、西禄机场等不少重要目标未能攻克，导致部分市区持续不断的反复而激烈的争夺战，给我军造成了很多伤亡，武器损坏和弹药消耗也不小，但始终无法获得补充。这是参加顺化总攻击和总奋起的我军民在下一阶段打敌反扑战斗中面临的最大的问题和困难。

从 1968 年 2 月 8 日起，敌人展开激烈反扑。他们从西贡调来伪军 A 陆战团战斗群和从第 1 军区抽调战略预备队参加反击。2 月 11 日，美国海军陆战队 5 团 1 营也在大内区展开兵力，使美伪军在顺化的参战兵力达到了 15 个营，顺化方向的战斗出现了异常复杂的局面。

在城北区，我军从 2 月 9 日到 12 日不得不转入打击连续反扑之敌的艰苦战斗。2 月 13 日，第 18C 步兵团 9 营进入市区和第 6 步兵团一起战斗。然而，敌人利用香江用登陆艇和直升机源源不断迅速向市区增兵，很快在兵力对比上压倒了我军。在这种情况下，继续进攻市区内残存的敌据点已不可能，我军只得调整部署，转入防御态势，阻击同时从正西门、午门、上思门和东巴门进攻，以及沿 1 号公路朝安化展开攻击之敌。然而，连续不断的战斗使我军在困难日益增长的同时，弹药消耗大难以补充，兵力伤亡大，战斗力急剧下降。在这种情况下，顺化战役指挥部和治天军区军事委员会 2 月 15 日决定撤离顺化市区，可越南中央军委这时却发来急电，要求暂缓撤退，再坚持一阵："鉴于顺化市的重要性，望治天军区发扬艰苦奋战的传统，咬紧牙关继续再坚持一阵。"既然中央军委从政治角度考虑要继续打下去，那么军事服从政治，战役指挥部和治天军区党委决定再坚守作战一周。2 月 16 日和 17 日，敌人组织了激烈反扑，夺下了东巴门。2 月 18 日，敌人占领了水关（Thuỷ Quan）港，并继续加大对午门、安化门和上思门的进攻压力。形势急转直下。战役指挥部决定从南路进攻部队抽调第 9 步兵团 816 营阻击向朋治和安九推进之敌，减轻北路的第 6 步兵团和第 8 步兵团 9 营的压力，同时调第 810 步兵营从南路的嘉会区穿过敌人封锁线，赶到城北区，阻击由东巴门突入皇城区之敌。

在城北区外围，2 月 13 日，敌人从柳谷尚直升机基地出动，分别向桂字乡和朋治推进，负责阻援的第 816 步兵营打得非常聪明，既分兵正面阻击，又集中主力伏击敌人后方部队，让敌人首尾不能相顾，迫使敌人放弃出援，乖乖退回了基地。

为了加强阻敌援军的力度，战役指挥部又决定从南路进攻部队抽调第 9 步兵团 815 营接替第 816 步兵营，继续阻援。

截至目前，我军在顺化的参战部队已经很多，但仍不足以击退强敌。敌人一面朝芒嘎步步推进，一面以 1 个营的美国海军陆战队从东巴门突入，两相结合，妄图包围歼灭香水河左岸市区据守的我军主力。在步步压进的同时，敌人还以炮艇溯航而上和轰炸机配合，不分昼夜轰炸我军阵地。2 月 18 日，第 18C 团团部和 7 营进入市区，和全体军民一起奋战，但还是没法挡住敌人冲击，倒反在敌人逐步攻击下逐次被压缩进一个死角里。

在城南区，我军除了留下小股兵力牵制敌人外，第 9 步兵团主力、第 810 步兵营和特工 4 营撤到安九河与云阳之间休整巩固。

1968 年 2 月 10 日，南路进攻部队连续组织了几次袭击和伏击战斗，在大内区和 6 号十字路口歼灭了大量敌军。

在第 810 步兵营和第 815 步兵营加强北路进攻部队后，南路进攻部队战斗力受到了很大的削弱，无力组织进攻。与此同时，敌人却在顺化周围云集了 23 个营的兵力（其中 11 个营进入市区战斗，12 个营在外围各个基地和重要路口警戒，随时准备增援市区）。敌人对顺化市区压力是越来越大。在这种情况下，我军必须在 9 号公路—溪山战役东西两个战场，以及广治省南面加大进攻力度，间接支援在顺化市区内苦战的第 6 和第 8 步兵团。于是，治天军区决定对敌人防守薄弱，但位置较为重要的福禄基地发动进攻，钳制进攻顺化之敌。

2 月 20 日，治天军区和战役指挥部决定撤离顺化市区，转移到郊外，解放和扩大乡村解放区。根据这个决定，战役指挥部决定调整部署，边打边撤出顺化市区，逐次向周围乡村转移。

尽管北路的第 6 步兵团和第 18C 步兵团(7、9 营和团部)，以及第 815 步兵营和第 810 步兵营(在外围)竭尽全力战斗，歼灭了美军一部，但仍无法扭转局势。2 月 21 日，敌人夺取了市郊要地——安九、桂字、古邮。在市区内，敌人夺取了上思门、午门、东巴门，将我军在市区内的主力向西压迫。

在这种情况下，为了保存战斗力，避免被敌包围，1968 年 2 月 22 日，治天军区和顺化战役指挥部决定将第 6 步兵团和第 18C 步兵团撤出顺化市区。

2 月 22 日和 2 月 23 日，为了协助在市区内战斗的第 6 步兵团和第 18C 步兵团安全转移，外围的我军主动袭击安九、安和、竹留（Trúc Lưu）、富柴（Phú Tài）和富善（Phú Thiện），歼敌一批。在外围佯攻掩护下，顺化战役指挥部决定兵分两路，从皇城区往承安和沿着香水河往顺化城南两路突围。23—25 日，第 6 步兵团和第 18C 步兵团化整为零，按计划展开突围。至 1968 年 2 月 25 日，第 6 步兵团和第 18C 步兵团隐蔽而安全地从城内撤出。转移出城的我军继续沿香水河左岸战斗，2 月 27 日又解放了富汪县。新春总攻击和总奋起第一阶段规模最大的顺化巷战就此落下帷幕。

在 25 昼夜的奋战中，参加总攻顺化的我军虽然兵力不多，但决心大，战斗顽强，共歼敌 2.5 万人，击落击毁 200 多架敌机，打坏 41 艘炮艇、巡逻艇和登陆艇，击毁和打坏 533 辆各型军用车辆，解放 21 万人口、20 个乡和 271 个村，并在 200 个村建立了革命政府。在顺化市英勇奋战的 25 个昼夜里，我军英勇奋战，涌现出几百名大无畏的革命英雄，特别是香江女游击排（共 11 位女游击队员），在排长范氏莲的指挥下，和 K10 特工连的战士们打退了美军 1 个陆战营对富春地区的反扑。在这场众寡悬殊的战斗中，香江女游击排的 4 位姑娘英勇牺牲。香江女游击排 11 位姑娘的英勇奋战，是 1968 年对顺化总攻击和总奋起中我军民英雄气概的一个缩影。

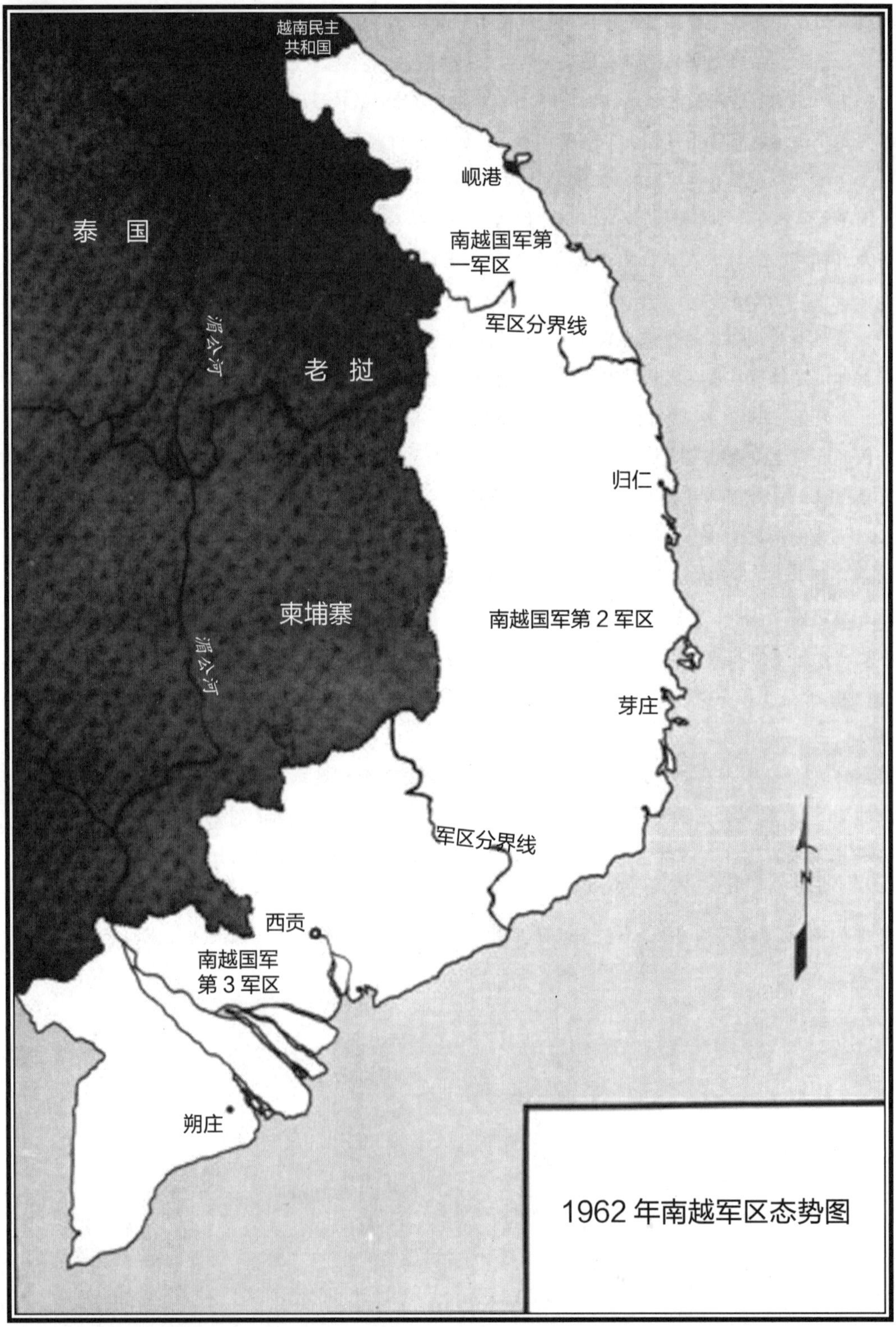

▲1962年南越军区态势图